관광서비스 매너

한올

머리말

오늘날 관광산업은 유망한 미래 산업의 하나로 정착되고 있으며, 이러한 사회 · 경제적 여건변화에 따라 관광에 대한 관심도가 크게 높아지고 있다. 특히 관광산업은 타 산업과는 달리 고객에 대한 인적 서비스가 주축을 이루고 있고, 국내 · 외적으로 관광수요에 대비하기 위한 전문적인 기술과 지식을 습득한 종사원의 양성은 시대적 사명이라 아니할 수 없다. 또한 고객의 욕구와 사고를 잘 이해하고 고객의 마음에 감동을 전달하기 위해서는 고도로 정서적이고 감성적인 서비스 기술을 갖춘 서비스 전문인이 필요하다. 향후 현장에서 직무인정을 받을 수 있도록 전문 지식을 체계적으로 숙지시키며, 이것이 대고객 서비스에 기술적으로 전달됨과 동시에, 보다 세련된 전문인으로 육성시키는데 있으므로 관광분야를 전공하는 학생과 실무자들에게도 많은 도움이 될 것이다.

본서는 서비스를 제공하는 서비스 전문인이 고객을 응대하며 그 역량을 펼쳐 나가기 위해 필요한 바람직한 마인드와 태도 및 대인관계 능력을 갖추도록 구성 하였고, 관광 서비스 이론과 실무에 기초를 제공하고자 본서를 출간하게 되었다.

본서의 구성 체계는 PART 1(이론), PART 2(실전) 편으로 나누어 구성하였다.

PART 1(이론)편에서는 서비스 사회의 관광서비스를 개념화 하였고, 고객과 관광서비스, 고객만족에 대해 살펴보았다. 관광 서비스의 개념을 정립하기 위해 기술하였으며, 현장에서 실천하고 있는 최신 관련 사례들을 들어 쉽게 이해하도록 함으로써 전략적 실천방안 습득에 바탕이 되는 지식이 되도록 구성하였다.

PART 2(실전)편에서는 개인매너, 기본매너, 일반매너, 직장매너, 관광서비스 실무 매너를 살펴보았다. 아울러 현장에 있는 서비스 맨들 중 관광분야에 포커스를 맞추어 현장에서의 매너와 금기 사항을 정리해 보았다.

본서를 집필하기 위해 나름대로의 최선의 노력을 기울였지만, 여전히 미흡한 부분이 있으리라 생각한다. 본서가 관광분야를 전공하는 학생과 실무자들에게 많은 도움이 되길 진심으로 바란다. 본서를 만드는데 여러분들이 도움을 주셨다. 이 지면을 빌려 감사를 드린다. 본 원고를 소중히 출간해 준 한올출판사 임 · 직원 여러분과 동료 교수님들께 깊은 감사의 말씀을 전하고 싶다.

2013년 1월

저자 일동

CONTENTS

Part 1 이 론

CONTENTS

CONTENTS

CONTENTS

CONTENTS

Part 1
이론

Chapter 1

관광서비스의 이해

Chapter 1. 관광서비스의 이해

01 관광서비스의 개념

1. 관광이란

관광서비스의 개념을 이해하기 위해선 그 각각의 용어가 가지고 있는 뜻을 이해해야 한다. 여러 가지 학자와 기관들의 관점에 의해서 관광의 의미가 해석되고 있다.

관광은 자신의 거주지를 벗어나 16km 이상(또는 시, 군 등 행정구역을 벗어난 여행) 여행하는 것이며 그 목적은 여가이용(위락, 휴가, 건강, 연구, 신앙, 스포츠 등)이나 사업, 가족관계, 임무수행, 회합에 참가하는 행위라고 (한국관광공사)는 정의하였으며, 가계소득 중 잉여가 발생하고 여가가 주어질 때 또는 정책적 · 제도적 지원혜택으로 여가비와 여가가 주어질 때 재노동 의욕 고취와 궁극적인 국민 복지 증대를 위해 국민 스스로가 주거지의 위락과 관광활동에 자발적 또는 계도적으로 참여해 가는 대중문화 속의 사회현상과 문화현상의 복합현상이라고 (이장춘) 학자는 정의하였다.

또 다른 학자는 자유의사대로 자유재량시간을 활용하는 여가의 한 가지로서 돌아올 예정으로 일상영역을 벗어나 견문을 넓히고, 에너지를 보충하며 완전성을 추구하고 즐거움을 누리는 일련의 행동과 이러한 행동으로 인해 발생되는 경제적, 사회적, 문화적 현상의 총체라고 (박석희) 학자는 정의하였다.

즉, 관광이라는 것은 영리추구와는 상관없이 일상생활권을 떠나 다시 돌아올 예정으로 관광객의 욕구충족 발생과정에서 나타나는 사회적, 문화적, 환경적 영향의 총체적인 현상으로 볼 수 있겠다.

2. 서비스란

서비스는 봉사, 노예 신세, 종살이, 고역, 섬김을 의미하는 라틴어 'Servitium'과 종, 노복, 복종하는, 노예적인 등의 뜻을 가진 'Servus'에서 유래하였다. 그래서 서비스란 의미를 전문적인 분야가 아닌 하인의 업무 등으로 하찮은 직업의 일종으로 여기는 그릇된 경향이 있다.

최근 미국 공급관리협회(ISM)에서는 9월 서비스업 지수가 55.1로 2012년 8월보다 53.7보다 상승했다고 3일(현지시간) 밝혔다. 블룸버그가 조사한 전문가 추정치는 53.4였으나 예상과 다르게 상승했다. 블룸버그의 조사대상이었던 77명의 전문가들은 51.5에서 54.7까지를 전망했는데 예상치 최고보다도 높은 결과다. 발표된 ISM 제조업 지수가 4개월 만에 경기 확장을 나타낸 데 이어 서비스업 경기도 예상보다 견고한 확장세를 드러내며 미 경제 회복세에 긍정적인 신호가 될 것으로 보인다고 전망했다.

이와 같이 서비스업은 점차적으로 사람들에게 긍정적인 이미지로 자리매김하고 있다.

그러나 잠재적으로 과거에 하인들이 제공했던 것이 서비스라고 연상시키는 사람들이 아직도 남아 있어 오히려 서비스업 종사자들이 고객에게 자신들의 전문적인 위치를 상기하고 싶어 고객들에게 무례하게 대하는 경우가 발생하기도 한다.

이와 같이 하인이나 하인의 일을 말하던 어원의 의미가 아직도 고객들의 마음속에 남아 있게 되는 경우, 서비스 종사자들에게 무례하게 대하게 된다. 또는, 서비스 종사자들도 스스로를 자신의 업무 자체를 하인의 업무로 보게 된다면 단순히 복종하면 된다거나 혹은 시키는 일만 하면 된다고 생각하는 등 스스로의 자리를 낮춰 '하인이 되는 것, 하인이 하는 일'로 격하시키게 된다.

따라서 그 의미를 다시 한번 깨우치고 높아지는 서비스의 위상만큼 서비스를 제공하는 제공자들도 전문성을 가지고 고객들에게 다가갈 수 있도록 해야 할 것이다.

현재 사람들이 사용하고 있는 서비스의 사전적인 의미를 보면 ① 사람을 접대함, 또는 그 접대, ② 보수를 바라지 않고 남을 위해 봉사함, 또는 그 봉사, ③ 상점 따위에서 값을 싸게 하거나 경품 따위를 붙여 파는 것이라고 정의했고, 네이버 백과사전에서는

'물질적 재화를 생산하는 노동과정 밖에서 기능하는 노동을 광범위하게 포괄하는 개념으로서 용역의 의미를 더한 것'이라고 정의하였다.

앞에서 말한 사전적 의미에서는 상대에 대한 배려의 마음을 가지고 상대에게 보다 많은 혜택을 주기 위한 노력을 나타낸 것으로 굳이 자신의 희생을 언급하지 않고도 상대를 우선시하고 상대에게 혜택을 주는 것으로 정의하고 있다. 뒤에 말한 백과사전적 의미에서는 서비스에 여러 가지 노동이나 활동을 포함하여 정의하였다.

이를 통해 서비스의 개념을 정리해보면 다음과 같다.

1) 혜 택

남을 위해 무엇인가를 해주는 것으로 혜택을 주는 것을 말한다.

즉, 호텔을 찾아 숙박하는 것, 비행기를 타고 여행하는 것 등 상대방에게 소유권의 이전 없이 제공해 줄 수 있는 무형적인 효용이나 활동을 통해서 만족을 주는 행위를 말한다.

2) 친 절

'그 사람은 서비스가 좋다'라는 의미로 사용될 때의 친절하다는 뜻으로 사용된다. 즉, 찾아온 손님에 대해서 환영하고 친절을 베풀며 대접하는 것을 말한다.

3) 무 료

'경품' 등과 같은 일명 '공짜'로 제공되어지는 서비스 품목을 뜻한다.

일반적으로 소비자들은 고객이 경품에 대한 대가를 지급하지 않고 받는 것으로 여기는 경우가 많으나 이미 그 가격은 구매한 상품에 포함되어 있다. 다만, 소비자가 느끼지 못할 뿐이며 이것을 확장된 혜택의 의미로 해석하여 서비스라 일컫는 것뿐이다.

즉, 서비스라고 하는 것은 모두 그것을 제공받는 사람들에게 편리함이나 이익 또는 혜택을 제공하는 활동이며, 과정이고 그 결과를 말한다고 할 수 있겠다.

3. 관광서비스란

위에서 말한 관광과 서비스의 수많은 의미를 통해서 그 의미를 살펴보면, 관광서비스는 사람들이 관광을 할 수 있도록 돕는 활동으로 사람들이 여행을 통해 세상을 보고 세상의 이치와 사람의 도리를 깨닫고 자신의 나아갈 삶의 의미를 깨달을 수 있도록 도와주는 모든 활동을 말한다.

즉, 관광서비스의 목표는 관광서비스를 제공받는 사람이 감동과 깨달음을 얻을 수 있도록 하는 것을 말하는데, 사람들에게 여행과 관련된 편의를 제공하고 기대를 충족시켜 관광으로 얻을 수 있는 감동과 깨달음에 도달하도록 하는 것이다. 더 나아가서 관광을 통해 삶의 질이 향상되고 존경받는 삶이 될 수 있도록 하는 것이다.

관광서비스는 앞에서의 관광의 정의처럼 일상생활권을 떠나 여행을 통해서 겪게 되는 다양한 어려움과 불편함을 해소하려는 욕구, 재미욕구, 특정 관광지나 문화를 체험하고자 하는 욕구 등과 관련된 서비스가 있다. 그리고 여행을 통해서 가치를 얻고자 하는 욕구도 포함된다. 관광서비스는 여행을 위한 제반서비스, 즉 여행편의서비스와 관광가치제공서비스로 나눠 볼 수 있다.

우선 여행편의서비스는 여행에 필요한 모든 관련사항으로 여행, 숙박, 음식, 교통, 체험, 기념품 및 쇼핑 서비스 등이 포함된다.

두 번째로 관광가치제공서비스는 의미 있는 체험활동이 되도록 전문적이고 고차원적인 깨달음과 감동을 얻을 수 있도록 하는 서비스를 말한다.

02 관광서비스의 구성

관광서비스는 다음과 같은 관광상품, 서비스 체계, 서비스 환경, 서비스 전달 4가지의 구성요소로 나눠진다.

1) 관광상품

고객이 관광과 관련하여 이용하는 모든 것들을 관광상품으로 볼 수 있다.

즉, 호텔의 숙박시설, 식당의 음식, 기념품 구매, 관광지 체험, 여행상품 구매, 항공권, 관광지 입장권 등 모두가 해당된다.

관광상품이란 것은 고객의 욕구와 욕망을 충족시키기 위해 객관적으로 제시된 상품을 말한다. 즉, 고객에게 상품의 형태로 전달할 수 있는 모든 것들이 포함된다.

관광상품은 눈으로 직접보거나 만져보거나 구매하기보다는 무형의 관광상품을 유형적 단서를 이용하여 비교가능하도록 만들어 고객들로 하여금 객관성을 가지고 구매할 수 있도록 노력을 기울인다.

예를 들어 호텔의 경우 등급을 정해서 호텔의 퀄리티 정도를 나타낸다. 특1급 호텔인지 관광호텔인지 등으로 나타내어 선택하는 관광객들로 하여금 객관성을 가지고 선택할 수 있도록 한다. 또 항공권의 경우도 이코노미, 비즈니스, 퍼스트 등의 좌석 등급으로, 직항인지 경유지가 있는지 등으로 나누어 제시하여 고객들이 객관성을 가지고 선택할 수 있도록 유도한다.

2) 서비스 체계

이 서비스 체계는 고객이 관광상품을 선택하여 어떠한 결과물을 얻기 위한 일련의 과정으로 특히 서비스를 제공하는 서비스 종사원관의 상호작용시 반드시 필요하다고 하겠다.

예를 들어 항공기 좌석의 경우 이코노미 좌석과 비즈니스 좌석이 있는데, 출발지와 도착지는 같음에도 불구하고 좌석에 따라 그 금액의 차이가 2~3배 이상 난다. 또한 좌석 역시 이코노미 좌석보다 비즈니스 좌석은 좌석의 배치부터 좌석 간격 등도 훨씬 넓고 커서 이용하는 사람들에게 편리성을 더한다. 그리고 제공되는 기내식도 차이가 있다.

또한 가장 중요한 이 모든 서비스를 제공하는 서비스 체계가 확연히 다르다.

항공기 승무원은 이코노미 좌석 승객과 비즈니스 좌석 승객에게 다른 서비스를 제공하고 제공하는 승무원도 다르다. 고객과 접촉하는 횟수에서부터 기내식을 제공하는 방법도 모두 다르게 구성되어 있다. 그리고 한 명의 승무원이 서비스를 제공하는 고객의 수도 다르게 구성되어 있어 비즈니스 좌석을 구입한 고객에게는 다른 서비스를 제공하도록 되어 있다.

3) 서비스 환경

서비스를 둘러싸고 있는 환경으로 고객이 종사원과 상호작용을 하며 서비스를 경험할 때 영향을 주는 외부요인들로 보면 된다.

예를 들어 호텔을 이용할 때 부대시설 종류, 객실의 위생, 향기, 실내장식, 벽에 걸린 그림 등을 보고 개인적 취향에 맞으면 더 좋은 느낌을 가지게 된다. 또한 호텔 밖의 좋은 경치는 호텔 서비스 전체를 연상하도록 하여 아름답고 즐거웠던 기억으로 남게 해준다.

서비스 환경의 범위는 위의 예처럼 범위가 아주 넓다. 평범한 관광지라고 하더라도 그날의 특별한 이벤트가 있는 등의 새로운 사건이 있다거나, 날씨가 좋다거나, 이벤트 참가 기회를 가졌다거나 좋은 사람을 만났다거나 하는 등의 다양한 좋은 느낌을 가질 수 있도록 하였을 때는 서비스가 더욱 선명하고 즐겁게 기억된다.

4) 서비스 전달

서비스 종사원이 고객에게 서비스를 수행하게 되는 것을 말한다.

아무리 좋은 시스템으로 좋은 상품이 제공된다고 하더라도 그것을 제공하는 서비스 종사원이 이것을 제대로 수행하지 않거나 제대로 받아들이지 못한다면 고객은 만족에 도달하기 어려워진다. 따라서 서비스 전달은 관광서비스에 있어서 가장 중요한 구성요소다.

예를 들어 좋은 여행상품을 시간과 돈을 들여 여행사에서 만들었다고 가정했을 때 미리 그 여행상품을 고객에게 직접 판매하는 상담자 혹은 고객과 함께 여행할 가이드에게 체험하도록 한다. 이는 고객의 접점에서 상품을 판매하는 상담원이나 가이드의 역할이 중요하기 때문이다. 즉, 좋은 여행상품이 있고 돈을 들여 광고를 하고 많은 사람들이 관심을 갖게 되어 여행사로 문의를 해왔을 때 전문성을 가지고 고객에게 정보를 제공하는 상담자가 좋은 서비스를 고객에게 제공하지 못한다면 고객들은 그 상품을 구매하지 않는다. 혹은 구매해서 이용하게 되었을 때 동행하게 되는 가이드의 불친절한 서비스로 인해 여행시나 여행이 끝난 후에 컴플레인으로 남아 재구매 고객으로 이어지기 힘들어지게 된다.

이처럼 서비스를 전달하는 종사원의 역할은 무엇보다 중요하다.

03 관광서비스의 특징

서비스의 특성과도 밀접하게 연관되어 있다.

첫째, 무형성으로 손으로 만질 수 없으며 형태가 없는 것을 말한다.

예를 들면 레스토랑에서 식사할 때 식사로 제공되는 음식은 유형적인 것으로 만지거나 냄새를 맡을 수 있지만, 그 음식을 제공하는 종사원의 태도, 말씨, 표정 등은 손으로 만질 수 없다는 것이다.

두 번째, 동시성으로 비분리성이라고도 한다. 서비스는 생산과 소비가 동시에 이루어지는 특징을 가진다. 즉, 서비스가 생산되면 소비자를 통해서 바로 소비가 이루어진다는 것으로 구입 전에 미리 체험해보거나 시험해 볼 수 없다는 것이다.

세 번째, 이질성으로 변동성이라고도 하는데, '서로 다르다'란 의미를 가진다. 즉, 서비스는 표준화되기 어렵다는 것이다. 모든 서비스업체에서는 고객들에게 동일한 서비스를 제공하기 위해서 표준 매뉴얼이란 것을 작성해서 서비스 질의 균일화를 지향한다. 즉, 어떻게 서비스를 일정한 수준 이상으로 유지하고 표준화시킬 것인가가 서비스를 제공하는 업체들이 가지는 공통적인 고민이다. 하지만 이질성이 나쁜 것만은 아니다. 고객들에게 개별화된 개성 있는 서비스 제공으로 다양한 고객들의 욕구에 대응할 수 있는 기회를 제공하기도 한다.

마지막으로 소멸성이다. 서비스는 재고를 가질 수 없다. 즉, 오늘 판매되지 않는 서비스는 보관했다가 이후에 판매할 수 없다는 것이다.

예를 들어 1일 밤은 1일 밤이 지나고 나면 호텔의 객실은 보관되지 않고 없어진다는 것이다. 1,000개의 객실을 지니고 있는 호텔이 1일 밤 100개의 객실만 사용했다면 900개의 객실은 재고로 보관되지 못하고 소멸되어진다는 것이다.

앞에서 말한 서비스의 특성에 따라서 관광서비스는 다음과 같은 특성을 가진다.

① 유/무형적 모든 활동을 제공하는 복합적 서비스이다.

② 서비스 종사원에 의해서 서비스가 제공된다.

③ 고객의 만족을 통해서 유지 또는 사멸될 수 있다.

④ 추상적인 기대를 갖는 서비스이다.

Chapter 1. 관광서비스의 이해

04 관광서비스 유형

관광서비스의 범주를 설정하는데 그 차이가 있을 수 있으나 관광의 주체인 관광자와 관광자원 및 관광대상이 되는 관광객체의 시각보다는 관광지를 관광할 수 있도록 하는 그 행위적인 측면에서 관광매체인 관광산업을 고찰하여 관광서비스의 범주를 설정할 수 있다. 따라서 관광서비스의 유형 또한 관광산업 범위에 속해 있는 모든 영역을 대상으로 개념을 살펴보아야 하겠지만, 여기에서는 관광자를 안내하고 관광자와 관광관련업자(Principal)를 위하여 상호 알선하고 관광자를 위하여 기타 필요한 서비스를 행하는 여행서비스, 관광자가 관광활동을 하면서 숙박 및 부대시설을 이용하도록 서비스하는 호텔서비스, 여러 다양한 교통서비스가 있으나 장거리 여행을 가능하게 하며 관광교통업에 있어서 대표적인 항공서비스, 식당서비스로 불리는 식음료서비스에 관하여 알아본다.

1. 여행서비스

국내 관광진흥법에 의해 규정된 여행업은 “여행자 또는 운송시설 기타 여행에 부수되는 시설의 경영자 등을 위하여 당해 시설이용의 알선이나 계약체결의 대리, 여행에 관한 안내 기타 여행의 편의를 제공하는 업”으로 정의하고 있다. 결국 고객에 따른 여행서비스란 여행상품을 생산 · 판매하고 관광자를 안내하며 관광자와 관광관련업자

(Principal)를 위하여 상호 알선하고, 관광관련사업자의 사용권을 매매함과 동시에 기타 관광에 필요한 업무를 수행하는 여행사 내의 관광서비스이다.

하지만 여행사 내에서 행해지는 모든 구성원의 서비스가 고객과의 직접적인 대면으로 서비스가 이루어지는 것은 아니다. 또한 여행업의 유형은 내국인의 국내 · 외 여행 및 외국인의 외래관광 모두의 업무기능을 담당하는 일반여행업과 내국인의 국외여행업, 그리고 내국인을 대상으로 국내여행을 알선하는 국내여행으로 나누어진다.

2. 호텔서비스

국내 관광진흥법에서의 관광호텔은 "관광객의 숙박과 체제에 적합한 시설을 갖추어 이를 이용하게 하고 식음료를 제공하는 업"으로 규정하고 있다. 호텔이라는 존재는 고객을 위한 숙박과 음식에 따른 제반 서비스가 주류를 이룬다. 이밖에 부대시설 이용에 따른 서비스가 있을 수 있다. 호텔서비스의 특성을 일반 서비스의 특성 이외에 서비스 구매시간의 단기화로 고객에 의한 서비스 평가시간이 짧으며, 호텔서비스의 구매는 접객요원, 장식품, 기물, 유니폼 등에 따라 달라지고, 호텔서비스는 독립적이면서도 상호 보완적인 조직이 필요하다. 호텔은 그 자체가 서비스로 구성되어진 것이다. 따라서 그 서비스 범위 또한 매우 다양하므로 모든 것을 열거하기란 어렵다.

호텔서비스를 대분류하여 볼 때 고객과 직접적인 접촉으로 인해 서비스가 이루어지는 Front of the House(접객부서)의 시각에서 객실부문(room department), 식음료부문(food & beverage department) 그리고 기타 부문으로 크게 나누어 각 부문의 핵심서비스와 부가서비스가 이루어진다.

3. 항공서비스

항공법에 규정하는 항공운송사업이란 "타인의 수요에 의해 항공기를 사용하여 유상으로 여객 또는 화물을 운송하는 사업"으로 정의하고 있다. 또한 항공운송사업의 분류를 보면 운항의 정기성 여부, 수송객체, 수송지역 등으로 구분할 수 있다. 운항의 정기성 여부에 의한 분류는 국내외에서 한 지점과 다른 지점 사이에 노선을 정하여 정해 놓은 시일에 항공기가 운항이 되는 정기 항공운송(scheduled airline)사업과 정기성이나 항공노선에 제한을 받지 않고 수용의 요구에 따라 불특정 지점을 일시에 운항하는 부정기 항공운송(non-scheduled airline)사업으로 구분된다. 운송대상이 되는 운송객체에 의한 분류를 보통 여객운송사업과 화물운송사업, 우편물운송사업으로 분류되고 있다. 또한 운송지역에 의한 분류로는 국내운송사업과 국제운송사업으로 구분하고 있다.

항공 운송서비스의 특성은 타 운송교통보다 빠른 고속성(시간 단축성), 절대적인 안전을 요구하는 안전성, 공표된 스케줄(schedule)에 따라 운항하는 정시성, 타 운송교통보다 시간 단축에 의한 운임의 경제성, 객실 내의 시설 및 기내서비스 등에 의한 쾌적성, 비교적 자유로이 활동할 수 있는 국제성 등이 될 수 있다.

항공서비스는 고객과의 접촉성의 관점에서 항공여객예약, 발권서비스, 공항여객서비스, 객실서비스, 기타 부문서비스 등으로 구분할 수 있다.

4. 식음료서비스

우리나라 관광진흥법에 명시된 관광편의시설업의 종류를 보면 식음료부문에 해당하는 부문을 볼 수 있다. 한국표준산업분류표상의 음식점업에 관한 정의를 보면 “구내에서 직접 소비할 수 있도록 접객시설을 갖추고 조리된 음식을 제공하는 식당, 음식점, 간이식당, 카페, 다과점 등을 운영하는 활동과 독립적인 식당차를 운영하는 산업활동을 말한다. 그 밖의 미국의 경우 영리를 목적으로 하는 미국식당협회(National Restaurant Association ; NRA)에서 음식업을 분류한 형태를 보면 일반음식점 및 전문·패스트푸드 음식점(limited-service · fastfood restaurant) 등과 같은 일반음식점업, 항공기내식과 대학교 등에서 판매되는 위탁경영방식외식업, 호텔식당 및 모텔 등의 숙박시설에서의 음식업, 그리고 편의점 및 자판기 등에서 판매되는 기타 음식업 등으로 되어 있다.

식음료서비스의 구성요소를 보면 시설에 관련된 물적 서비스, 편리를 도모한 입지성, 요금, 요리 및 음료, 인적 서비스 등으로 되어 있다. 이러한 식음료서비스의 구성요소 가운데 고객과의 직접적인 접촉에 따른 서비스, 즉 인적 서비스는 접객서비스(hospitality service)이다. 식음료서비스는 시설 및 규모, 영업형태 등에 의해 달라질 수 있으나 크게 테이블서비스(table service)와 카운터서비스(counter service)로 나눠어진다. 테이블서비스는 일반적인 레스토랑과 호텔 식당에서 이루어지는 서비스 형태이며, 카운터서비스는 뷔페(buffet) 혹은 카운터에서 요리사가 직접 식음료를 제공하는 형태의 서비스를 의미한다.

Chapter 2

관광서비스의 고객

01 고객의 개념

국어사전에서의 의미를 보면 고객은 상점 따위에 물건을 사러 오는 손님, 단골로 오는 손님을 말하는 것으로 서비스를 제공받는 모든 사람들을 말한다. 즉, 기업의 상품을 습관적으로 구매하는 소비자로부터 기업과 직/간접적으로 거래하고 관계를 맺는 모든 주변인을 말한다.

앞에서 말한 것과 같이 고객은 나 이외의 사람을 말한다고 볼 수 있는데, 일반적으로 고객은 내부고객, 외부고객, 중간고객 등으로 프로세스적 관점에서 보는 고객으로 분류할 수 있다. 이는 뒤의 내부고객과 외부고객에서 자세히 다뤄보도록 하겠다. 그 외 그레고리스톤의 경제적, 윤리적, 개인적, 편의적 고객으로 분류하는 기준을 볼 수 있는데, 첫 번째 경제적 고객은 자신이 투자한 시간, 돈, 노력에 대해 최대한의 대가를 얻으려고 하는 고객을 말한다. 이들 고객은 까다롭고 정보도 밝은 편이라 고객을 대할 때 주의를 기울여야 하는 고객이다. 두 번째는 윤리적 고객인데, 서비스 기업의 윤리적 행동에 큰 비중을 두고 있는 고객유형이라 할 수 있겠다. 이들은 기업의 사회적 이미지가 깨끗하고 윤리적이어야 한다는 데 큰 의미를 둔다. 예를 들어 사회에 얼마나 기여하는가? 매출의 일정부분이 어려운 사람들을 위해 사용되고 있는가? 등 사회적 마케팅 활동을 이행하고 있는지에 관심이 있는 고객이다.

세 번째는 개인적 고객인데, 표준화된 일관된 서비스보다는 세심하게 개인을 알아주는 서비스를 원하는 고객들이다. 예를 들어 이름을 불러준다든지 하는 서비스를 제공하는 기업을 선호한다. 마지막으로 편의적 고객은 추가비용을 지불하더라도 편의를 위해서라면 서비스를 제공받기 원하는 고객이다. 예를 들어 배달서비스를 이용하는 경우 거리당 추가비용이 발생하더라도 직접 가지고 가는 것보다 편의적인 측면에서 비용을 지불하고 서비스를 이용하는 고객들을 말한다.

이외에도 잠재고객, 서비스평가자 등 다양한 형태로 고객은 존재한다.

1. 나의 고객은 누구인가?

좁은 의미 : 단순히 우리의 상품과 서비스를 구매하거나 이용하는 손님

넓은 의미 : 상품을 생산하고 이용하며 서비스를 제공하는 일련의 과정에 관계된 자기 이외의 모든 사람

2. 고객은 가장 중요한 사람이다.

고객은 우리에게 급여를 주는 사람이다.

고객이 우리에게 의존하는 것이 아니라, 우리가 고객에게 의존하는 것이다.

고객은 우리의 일을 중단시키는 귀찮은 존재가 아니라, 바로 그들을 위해서 우리가 존재하는 것이다.

고객은 우리에게 자신이 원하는 것을 해주기 바라는 사람이다. 고객이 원하는 것을 수행하는 것이 바로 우리의 할 일이다.

02 내부고객과 외부고객

내부고객	가치생산에 직접 참여하는 고객(종업원)
중간고객	기업과 최종고객이 되는 소비자 사이에서 그 가치를 전달하는 고객
외부고객	기업이 생산한 가치를 사용하는 고객

1. 내부고객

확대적 의미로 고객을 분류하면 크게 가치생산자이자 동시에 판매자인 내부고객과 가치전달고객인 중간고객 및 가치를 구매하여 사용하는 최종고객을 합친 외부고객으로 나눠볼 수 있다.

이 분류에서 내부고객이란 나를 중심으로 상사, 부하, 동료를 포함하여, 경영자, 관리자, 서비스접객 종사원 등 가치를 생산하고 판매하는 종업원 모두를 말한다. 이 내부고객에 대한 개념은 고객만족을 이끌어내는 데 중요한 요소로 종업원의 만족이 고객의 만족에 크게 영향을 끼치기 때문이다.

이는 앞에서 말한 서비스 특성에서도 언급했듯이 생산과 소비가 동시에 일어나는 서비스의 특성상 서비스를 제공하는 종업원과 고객은 직접적인 접촉이 일어나고 큰 영향을 끼친다.

그래서 최근에는 내부고객 관리에 많은 기업들이 시간을 투자하고 있다.

즉, 경쟁이 심화되고 시장을 둘러싸인 환경요인이 급변함에 따라서 종업원이 고객에게 밀접한 영향력을 행사한다는 것을 인지하고 '내부고객'에 대한 중요성을 갖게 되었다고 할 수 있겠다.

2. 외부고객

앞에서 고객의 정의에서도 살펴보았듯이 고객은 회사의 서비스 상품을 구매해서 서비스를 제공받는 나 이외의 모든 사람을 말한다고 할 수 있다.

여기에는 상품을 구매하는 구매자, 추후에 구매하게 될 잠재고객 등 외부에서 서비스에 대한 대가를 지불하고 이용하고자 하는 모든 사람들을 외부고객이라고 할 수 있다.

외부고객	
구매자	잠재고객
상품구매자	욕구를 가지고 추후 구매의사가 있는 사람

고객이란?

1. 습관적으로 자사의 물품을 구매하거나 서비스를 이용하는 사람
2. 높은 친밀감과 애용가치를 가지고 반복적으로 이용하는 사람을 단골고객이라 한다.
3. 일정기간 동안 다양한 커뮤니케이션을 통해 반복구매하고 기업이나 조직에게 수익을 창출해 줄 수 있는 사람을 말한다.

03 고객들의 요구와 기대

1. 고객의 요구

고객들은 자신이 원하는 여러 가지 요구 유형에 따라서 다양하게 나타난다. 제품에 대한 고객의 요구사항을 분류하는 것은 매우 중요한 문제이다. 이는 고객에게 만족과 불만족을 줄 수 있는 기본적인 원인이 될 수 있기 때문이다.

이에 KANO 고객요구 모델을 보면 4개의 고객요구 유형을 정의하고 있다.

● KANO 고객요구 모델

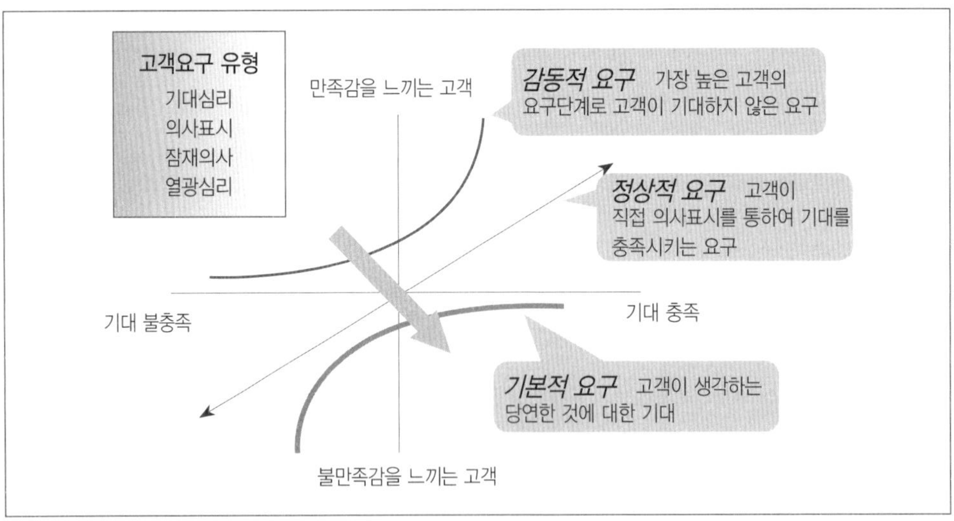

1) **기대심리** : 무엇인가 예상했던 것이 나타나기를 바라는 심리

2) **의사표시** : 좋다, 나쁘다는 의사표시

3) **잠재의사** : 불만을 가지고 있지만 겉으로 표출되지 않은 상태

4) **열광심리** : 어떤 상품에 대해 집착하는 상태. 금액이나 다른 조건에 관계없이 구입하는 심리

처음에 접해보지 못했던 상품을 이용하게 되었을 때는 그 만족감이 높아진다. 이후 사용해보는 사람들이 많아지고 상품에 대한 장점과 단점이 나타나면서 이용해본 고객들의 의사가 나타나게 된다. 또한 겉으로 표현되는 의사만 있는 것이 아니라, 잠재적으로 의사를 가지게 된다. 시간이 더 지나면 같은 종류의 경쟁사도 생기게 되고 더 나은 기능이 나타나면서 기능이나 디자인 등에서 경쟁사보다 경쟁력이 떨이지게 되는 경우 고객을 만족시킬 수 없는 단계로 진화하게 된다. 따라서 그래프상에서 보는 것과 같이 기본적 욕구가 마이너스(-)로 내려가게 되어 불만족을 느끼는 고객들이 생기게 된다.

2. 고객의 기대

고객의 기대란 고객의 마음속에 서비스를 받기 전에 그 서비스의 결과에 대해서 가지고 있는 생각, 일종의 신념이라고 할 수 있다.

고객이 서비스에 대해서 갖게 되는 기대수준을 알기 위한 구분으로 희망서비스와 적정서비스로 나눠볼 수 있다. 이때 실제 고객이 원하는 서비스는 희망서비스와 적정서비스 사이의 일정 수준의 서비스로 그 사이에 존재한다.

우선 희망서비스란 고객이 서비스에 대해서 제공받기를 희망하는 서비스로 고객의 바람이나 소망을 말한다. 즉, 고객이 제공받는 서비스가 희망서비스 이상이 되는 경우 고객은 매우 만족하게 되는 것이다.

예를 들어 고객이 가족과 함께 레스토랑 서비스를 받고자 하는 경우 방문하기 전 예

약을 하기 위해 전화를 했을 때 예약이 모두 완료되어 이용할 수 없다는 얘기를 전해 듣고도 가족과 함께 매장에 방문했는데, 좌석을 배정받지 않아도 다른 레스토랑을 이용하겠다는 마음의 준비를 하고 있을 것이다. 이 수준을 희망서비스라고 할 수 있다. 만일 매장에 방문해서 좌석 취소건으로 식사를 할 수 있게 되면 이상적인 서비스 수준과 거의 일치가능하게 될 것이다. 즉, 보통의 경우 희망서비스 수준은 일반적인 이상적 서비스 수준보다 낮은 게 보통이다.

그렇다면 이상적 서비스란 고객이 기대할 수 있는 최상의 서비스이다. 이는 고객의 입장에서 가장 바람직한 수준의 서비스이다. 고객이 더 이상 바랄 것이 없는 서비스로 고객의 욕구에만 집중했을 때 나타날 수 있는 서비스이다.

앞에서 얘기한 예처럼 레스토랑을 이용할 수 없는 고객이 매장에 무작정 방문했을 때 좌석 취소건으로 자리를 배정받아 즐거운 식사를 즐길 수 있게 된 것이 이상적인 서비스라고 할 수 있다.

이상적인 서비스는 전적으로 고객의 입장만을 고려한 서비스이기 때문에 실질적으로 환경적 · 회사적 입장을 고려하지 않는 서비스이므로 현실적으로 기대하기 어렵다. 따라서 일반적으로 고객의 기대는 희망서비스 수준에 맞춰진다.

마지막으로 회사의 입장에서도 무리가 없고 고객도 불만 없이 받아들일 만한 서비스 수준을 가지는 것이 적정서비스이다.

대부분의 고객들은 희망서비스 수준 정도를 제공받고자 하지만, 안 되는 경우 최소한의 서비스로 받아들일 수 있는 서비스의 수준을 적정서비스라 한다.

만일 서비스 수준이 적정수준 이하라면 고객들은 서비스를 이용하지 않으려 할 것이고 그 서비스에 대한 만족도도 감소할 것이다.

앞에서 말한 희망서비스와 적정서비스 사이에 있으면서 고객이 수용할 수 있는 수준의 서비스 영역을 허용영역이라고 하는데, 고객은 이 간격에 해당하는 수준으로 제공된 서비스는 받아들이기 때문에 고객이 실망하더라도 잘 드러나지 않는다. 이 영역은 신축성을 가지고 있어 그 영역에 변동이 있다.

3. 고객관계 강화하기

1) 고객 알기

고객의 입장 및 문제를 파악하는 단계로 고객의 현재 상황과 당면한 문제를 다각도로 파악해야 한다. 고객의 최근 사업, 주요 취미, 기념일에서부터 회사에 대한 선호도까지 알아낼 수 있는 모든 정보를 파악한다.

2) 접근하기

고객과 의사소통을 밀접하게 하는 단계로 고객과 충분한 대화를 통해 유대감을 형성하기 시작하는 단계이다. 건강, 날씨, 가족사 등 일상적인 대화에서부터 고객의 사업이나 업무에 대한 유용한 정보제공까지 고객의 관심을 최대한 유도해야 한다.

3) 관계 맺기

고객과 신뢰 형성을 통해 관계를 갖는 단계로 고객이 회사에 호감과 신뢰감을 갖도록 해야 한다. 고객의 입장에서 불만을 처리하는 것은 물론, 고객의 애경사 및 기념일에 적절한 조치를 취함으로써 고객의 신뢰를 얻어야 한다.

4) 충성고객 만들기

고객을 내편으로 만드는 단계로 회사의 의도와 정책에 호응하게 하는 것이다. 고객의 입장과 회사의 입장을 동시에 충족시킬 수 있는 대안을 제시하는 것이 중요하다.

5) 관계 강화하기

고객의 충성도를 지속적으로 유지하는 단계로 고객에 대한 지속적인 지원과 관계를 통해 유대관계를 강화하는 것을 말한다.

사례

반쪽짜리 고객응대

최정아의 고객만족서비스 통화

"따르릉, 따르릉, 따르르릉...."

연신 울려 대는 전화벨 소리에 손에서 땀이 흥건하게 배어 나왔습니다. 분명히 편집장의 독촉 전화일 텐데 이제는 피할래야 피할 수가 없었습니다.

"여보세요?"

"김 작가! 왜 이렇게 전화를 안 받아? 오늘 마감 날인 거 몰라? 사람 죽는 꼴 보고 싶어?"

"저기...그게 말이죠..."

잔뜩 긴장한 채 어디서부터 말을 꺼내야 할지 한참 난감해 하고 있는데, 편집장의 통보가 떨어졌습니다.

"마감 시간 한 시간 줄 테니까, 그리 알고 원고 넘겨요!"

전화를 끊고 난 후 허망한 눈으로 컴퓨터 모니터를 바라보았습니다.

'이를 어쩐다지? 한 달을 꼬박 쓴 특집 기사가 다 날아가게 생겼으니........'

정말 하늘이 무너지고 땅이 꺼지는 듯 했습니다. 열심히 원고를 작업해 놓은 컴퓨터가 갑자기 작동을 하지 않았기 때문이었습니다. 나는 우선 컴퓨터 서비스센터에 전화를 걸었습니다.

"여보세요? 제 컴퓨터 모니터가 갑자기 안 보여요. 본체가 다 나간 것 같은데요."

너무나 난감한 상황에 나도 모르게 목소리가 떨렸습니다.

"네, 고객님. 본체에 이상이 있다는 말씀이시죠. 그런데 오늘은 업무시간이 종료되어서 내일 방문 서비스가 가능합니다."

"안돼요!! 오늘 안에 꼭 고쳐야 하는데... 어떻게 안 될까요?"

나는 다른 방도가 없을까 하는 마음에 지푸라기라도 잡는 심정으로 부탁했습니다. 그러나 기대와는 달리 즉시 상담원의 답변이 돌아왔습니다.

"죄송합니다. 내일이 되어야 기사님 방문 수리가 가능합니다."

"제가 오늘까지 넘겨야 할 원고가 있는데... 이거 못 넘기면 저 잘리게 생겼단 말이에요. 정말로 어떻게든 안 될까요? 제발......"

나는 임금에게 선처를 바라는 백성처럼 불쌍한 목소리로 호소했습니다. 하지만 들려오는 소리는 아까와 똑같은 내용의 앵무새 같은 답변이었습니다.

"죄송합니다. 내일이 되어야 기사님 방문 수리가 가능합니다."

"아... 정말로 급하다니까요."

"......"

다시 한 번 사정을 했지만 직원은 묵묵부답이었습니다.

"알았습니다. 내일 다시 연락드리지요. 휴."

이내 체념한 나는 전화를 끊으려고 했습니다. 그러자 그때 수화기 건너편으로 낭랑한 상담원의 목소리가 들려왔습니다.

"감사합니다, 고객님. 좋은 하루 되십시오. 저는 상담원 ooo이었습니다."

'응? 내가 잘못 들었나?'

순간 귀를 의심했습니다. 그렇게 애원을 했건만 계속 안 된다는 똑같은 답변만 연속으로 세 번을 해놓고, 생긋 웃으며 좋은 하루 되라니!!!!

갑자기 난 바보가 된 기분이었습니다. 그리고 혹시 내가 자동응답기와 통화를 한 건 아닐까 하고 다시 한 번 전화기를 바라보았습니다.

고객의 기대는 당연히 컴퓨터가 수리되는 것이지만, 문제가 해결되지 못하면 적어도 안타까움에 대한 표현을 통해서 고객의 불만을 최소한으로 줄여 고객의 희망서비스에 가까워지도록 해야 한다.

Chapter 3

관광서비스의 고객만족

01 고객만족의 개념

만족이란 소비자가 제품 또는 서비스의 결과를 예상하고 지불한 비용과 그 대가를 소비자가 사후에 비교하는 데서 발생하는 결과라고 할 수 있다. 즉, 고객이 제품 또는 서비스에 대해 원하는 것을 기대 이상으로 충족시켜 감동시킴으로써 고객의 재구매율을 높이고, 그 제품 또는 서비스에 대한 선호도가 지속되도록 하는 상태를 말한다고 할 수 있겠다.

고객만족이란 지극히 개인적이고 감성적 또는 감상적인 영향을 받고 있기 때문에 동일 상품/브랜드라고 해도 사람에 따라서, 시간에 따라서 혹은 상황이나 장소에 따라서 가변적일 수 있다고 본다는 것이다.

이런 것이 고객의 기대에 따른 만족과 불만족을 알 수 있는 모델, 즉 기대 불일치 모델에 의하면 고객의 사전 기대와 사후 평가 간에 생기는 기대 불일치의 여하에 따라 만족이 결정된다. 이 이론은 고객만족을 일치 또는 불일치의 패러다임을 기본으로 하고 있다. 기대에 대한 긍정적 불일치를 고객이 경험하게 되었을 때 만족을 느끼게 되고 부정적 불일치를 느끼게 되면 불만을 가지게 되는 것이다.

즉, 고객이 미리 예상했던 기대수준에서 벗어나 그 결과가 기대보다 더 좋을 경우 만족하게 된다는 것이다.

1. 고객감정과 고객만족과의 관계

고객의 감정적 반응은 구매시간, 재구매, 재방문 등에 영향을 미친다. 사람이 첫인상을 가지는 데 불과 7초 이상이 걸리지 않는다고 한다. 긍정적인 감정을 받은 고객의 경우 고객의 태도에서 협력적 행위를 증대시켜 고객 이탈 및 갈등을 줄어들게 하고 고객만족 및 충성도와 같은 호의적인 태도를 형성하게 만든다. 반대로 부정적인 감정을 받은 고객의 경우 태도가 비협력적이고 반감정을 증대시켜 고객이 이탈하고 갈등을 겪게 되는 결과를 초래한다.

이와 같이 고객감정은 고객만족과 충성도를 형성하는 핵심적인 요소로 인식되고 있다.

① 고객의 기대가 충족되었을 때

② 감정에 긍정적인 영향을 받았을 때

2. 기대와 고객만족

고객은 서비스를 받으면서 바랬던 목표를 성취하고 기대를 넘어서게 되면 만족하게 된다. 즉, 기대했던 것보다 훨씬 뛰어넘어서 더 많이 충족하게 되면 만족을 느끼게 되는데, 이때 만족을 넘어서게 된 것을 감동이라고 한다.

고객은 그 기대치가 모두 다르다. 따라서 그 기대수준과 비교해서 더 나은 서비스 더 좋은 서비스를 제공해야 만족을 얻을 수 있다. 그러나 앞에서 말한 것과 같이 기대치가 다르다 보니, 기대하는 수준에 이르지 못하면 불만족을 가지게 되는 것이다.

고객은 광고나 촉진노력에 의해 의도적으로 만들어진 이미지나 가치 등을 보고 기대를 하게 된다. 또 주변사람들의 경험한 이야기를 통해서도 서비스에 대한 기대를 하게 된다. 따라서 서비스를 제공하는 서비스종사원의 전문성 스킬이 중요하므로 지속적인 교육 및 피드백 과정을 통해 고객의 기대 수준 이상의 서비스를 제공하여 고객들로 하여금 만족을 줄 수 있어야 하겠다.

3. 고객만족이 필요한 이유

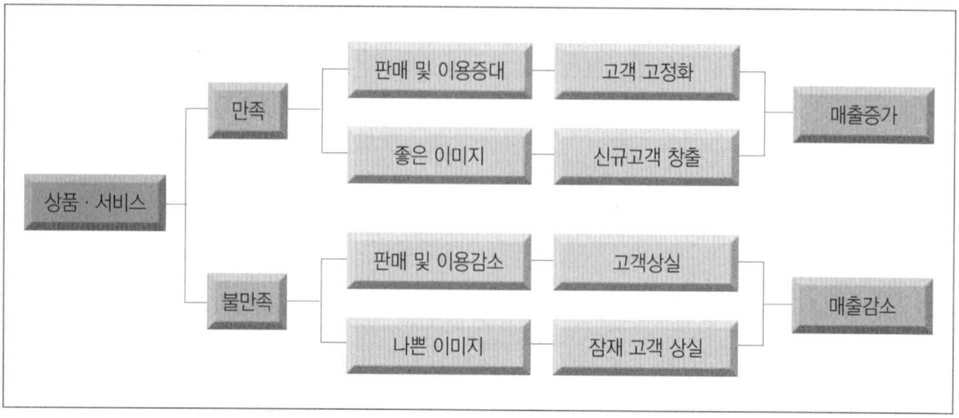

기 타

- 불필요한 지출 감소

  고객의 욕구 · 기대치를 예측하여 불필요한 지출 절감

- 원가 절감

  만족한 고객은 가격에 민감하지 않음

- 고객의 서비스 선호

  만족한 고객은 같은 서비스의 재이용 의도가 높음

- 판매비용 절감

  만족한 고객에게는 판매비 · 광고비 등이 적게 듦

- 광고효과

  만족한 고객은 이웃 · 친지에 구전효과가 높음

표 3-1 ●●● 고객만족을 위한 서비스의 기본조건 체크리스트

항 목	예	아니오
고객의 기대치보다 높은 서비스를 제공하고 있다.		
약속한 날짜 · 시간을 단 한번도 어긴 적이 없다.		
결코 고객을 기다리게 하지 않는다.		
자사의 상품 및 서비스 자체에 대한 지식을 충분히 갖추고 있다.		
항상 단정한 복장으로 깍듯한 예절로서 고객을 대하고 있다.		
고객의 전화는 곧 받는다.		
고객의 이야기를 경청하며 알기 쉽게 설명해 준다.		
고객의 입장을 충분히 고려하여 그를 만족시키려 애쓰고 있다.		
고객을 보호하고자 하는 나의 마음을 고객이 신뢰하고 있다.		
고객에게 쾌적하고 좋은 환경을 제공하고 있다.		
나의 서비스에 만족한 고객은 고정고객이 되었다.		
각종 고객정보를 관련부서에 알리고 있다.		
고객의 불만사항을 접수한 순간부터 진심으로 해결해주고자 노력하고 있다.		
회사의 서비스 제도나 시스템, 의사결정 과정에 적극 참여한다.		
나는 회사의 대표이다.		
나의 습관, 허물, 개선점을 알고 이를 개선하기 위해 노력하고 있다.		
"바빠서 곤란합니다." 라는 말을 결코 사용하지 않는다.		
나의 의견은 당당하고 조리 있게 발표한다.		
나의 직위나 관례 등에 얽매이려 하지 않고 항상 새로운 의견에 귀를 기울인다.		
내 일이 아니더라도 동료가 곤란을 겪고 있으면 적극적으로 도와준다.		
"내 소관이 아닙니다."라고 말하기에 앞서 내가 할 수 있는 것이 무엇인지 생각한다.		
윗사람이라 해서 무조건 눈치 보거나 아부한 적이 결코 없다.		

02 고객만족 경영

고객만족 경영이란 두산 백과사전의 정의에 따르면 경영의 모든 부문을 고객의 입장에서 생각하고 고객을 만족시켜 기업을 유지하고자 하는 신 경영기법으로 1980년대 후반부터 미국과 유럽 등지에서 주목받기 시작하였다.

고객만족을 높이기 위해서는 고객의 기대를 충족시킬 수 있는 제품을 제공하고, 고객의 불만을 효과적으로 처리하며, 사원들의 복지 향상과 일체감 조성 등 기업에 대한 사원만족도 필수요소이다. 결국 고객만족은 상품의 품질뿐 아니라 제품의 기획 · 설계 · 디자인 · 제작 · 사후 서비스 등 모든 과정에 걸쳐 제품에 내재된 기업문화 이미지와 함께 상품 이미지 · 기업이념 등을 고객에게 제공하여 소비자에게 만족감을 기대 이상으로 충족시킴으로써 고객의 재구매율을 높이고 선호가 지속되도록 해야 한다. 고객만족 경영이란 경영의 모든 부문을 고객의 입장에서 우선적으로 생각하고 진정한 의미에서 고객을 만족시켜 기업의 생존을 유지하고자 기업의 최종목적을 고객만족의 향상에 두는 경영전략이라고 할 수 있다. 고객과의 거래는 단 한번에 그치는 것이 아니라 일생 동안 계속되며 한 사람이 불만을 갖게 되면 주위의 모든 사람에게 영향을 미쳐서, 결국엔 고객 한 명을 잃는 것이 아니라 수십 명을 잃는 결과를 낳게 된다. 이에 대해 고객만족 경영은 고객이 제품 또는 서비스에 대해 원하는 것을 기대 이상으로 충족시킴으로써 고객의 재구매율은 높이고 고객의 선호가 지속되도록 하는 것이다.

고객만족은 결국 상품의 품질뿐만 아니라 제품의 기획, 설계, 디자인, 제작, 애프터

서비스 등에 이르는 모든 과정에 걸쳐 제품에 내재된 기업문화 이미지와 더불어 상품 이미지, 이념 등 고차원적인 개념까지 고객에 제공함으로써 소비자들에게 만족감을 제공하는 것으로 요약될 수 있다.

고객만족을 위해서는 고객이 기대를 충족시킬 수 있는 품질을 제공해야 하고 고객의 불만을 효과적으로 처리해야 한다. 또한 고객만족을 위해서는 기업에 대한 종업원의 만족이 필수적이므로 사원들의 복지향상, 일체감 조성 등 사원만족도 아울러 뒤따라야 한다.

1. 불평하는 고객이 귀한 고객이다.

- 불평하는 고객이야말로 귀한 고객이다. 서비스란 바로 그런 고객을 위하여 필요한 것이다. 어떻게 해주든지 아무 불평이 없는 고객만 있다면 고객서비스란 필요 없을지 모른다. 따지고 드는 고객, 꾸짖을 줄 아는 고객이야말로 도움이 되는 사람이다.
- '꾸짖는 말을 하는 사람을 보석이 있는 곳을 가르쳐 주는 사람으로 생각하라.'고 했다. 아무리 사소한 것일지라도 소중히 받아들이고 앞으로는 똑같은 불평이 절대로 일어나지 않도록 한다.
- 고객의 불만을 불평으로 간주해서는 안 된다. 이것이야말로 고객이 우리 회사를 위해 시간과 돈을 들여가며 제공해 주는 귀중한 산 정보이다.
- 고객의 불평은 서비스의 품질을 높여주는 활력소이다. 또한 서비스 개선과 회사 발전의 힌트를 제공한다. 고객의 불평은 정말 소중한 것이다.

2. 고객의 불평 · 불만 발생원인

- 고객의 불만이 발생하는 원인은 고객의 기대치에 대한 서비스 결과의 차이가 과다한 경우에 있다.

- 이러한 불평 · 불만은 표면으로 나타나지만 고객의 의식에 잠재되어 있어 노출되지 않는 경우도 있다.
- 미국의 갤럽 조사에 의하면 고객서비스에 불만족을 느끼는 고객 중 그것을 말로 표현하는 사람은 4%에 불과하다고 한다. 그러므로 불평을 말하는 고객의 한 사람 뒤에는 24명의 불만자가 숨어 있음을 알아야 한다.

고객의 불평 · 불만 원인은 대개 다음과 같다

- 영업사원이 서비스 이용방법 · 요금 등을 충분히 설명하지 않았을 경우
- 설명을 나름대로 하였으나 고객이 오해나 오인을 할 소지를 남겼을 경우
- 상품 자체에 결함이 있는 경우
- 생각한 것보다 서비스 요금이 많이 나온 경우
- 약속시간 내에 A/S 등을 해 주지 않을 경우
- 영업사원과 고객과의 인간관계가 잘 이루어지지 못했을 경우
- 고객이 구입한 상품에 대해 가족 및 제3자의 의견이 일치하지 않는 경우

3. 고객의 불평 · 불만처리의 4단계

1) 사유를 듣는다.

- 끝까지 전부 듣는다.
- 반드시 메모한다.
- 선입관을 버리고 겸허하게 듣는다.
- 절대로 피하지 않는다.

2) 원인을 규명한다.

- 업무적 측면에서 규명한다.

- 심리적 측면에서 규명한다.
- 복합적 측면에서 규명한다.

3) 해결책을 강구한다.

- 신속하게 응대(난이도에 따라 대책강구)한다.
- 책임한계를 명확화한다.
- 예의 있게 잘못을 시정한다.
- 조기에 진화한다.

4) 결과를 알려주고 효과를 검토한다.

- 피드백

4. 고객이 바라는 것은?

1) 고객의 기본적 욕구

- 기억되기를 바란다.
- 환영받고 싶어 한다.
- 관심을 바란다.
- 중요한 사람으로 인식되기를 바란다.
- 편안해지고 싶어 한다.
- 존경받고 싶어 한다.
- 칭찬받고 싶어 한다.
- 기대와 요구를 수용해 주기를 바란다.

2) 고객의 욕구와 가치의 변화

- 생활수준이 높아질수록 문화적 · 정신적 측면을 중시한다.
- 시간 가치를 중시한다(상품소비가 시간소비로).
- 서비스에 가치를 둔다.

사례

SK텔레콤, 주요 고객만족도 조사 그랜드슬램 달성

3대 고객만족도 조사(NCSI, KCSI, KS-SQI) 이동통신 부문 모두 1위

2012년 10월 24일 수 IT DAILY 김민숙 기자

SK텔레콤(대표 하성민)은 23일 발표된 KS-SQI(한국서비스품질지수) 이동통신 부문에서 1위를 달성함으로써 기존에 발표된 국가고객만족도(NCSI), 한국산업고객만족도(KCSI)와 더불어 2012년 3대 고객만족도 조사 모두 1위를 차지했다고 24일 밝혔다.

특히 SK텔레콤은 NCSI와 KCSI 조사 이동통신 부문에서 15년 연속 1위를 석권한 명실상부한 고객에게 가장 사랑받는 국내 최고 이동통신사임을 재확인했다.

회사측은 금번 성과에 대해 2008년 도입한 고객경험관리(CRM)체계를 올해부터 CEM Renovation으로 재편해 더욱 차별화된 고객서비스를 제공한 것이 주효했다고 설명했다.

CEM Renovation은 소액결제, T 스토어 등을 이용할 때 발생하는 고객불만을 획기적으로 개선하고 차별적 경험을 제공해 고객이 자부심을 느낄 수 있도록 도입한 경영체계로 회사의 주요한 불만사항이 전년대비 50% 이상 감소하는 등 획기적인 개선이 이루어졌다.

SK텔레콤은 주요 고객만족도 3대 조사 그랜드 슬램이 치열한 경쟁산업 환경에도 불구하고 고객행복을 최우선의 가치로 삼고 고객중심 경영체계를 더욱 확고히 한 결과라고 설명했다.

이에 SK 정경화 고객중심경영실장은 "SK텔레콤은 고객의 신뢰를 얻고 고객과 더불어 발전하기 위해 노력하고 있으며, 그 결과 3대 고객만족도 조사에서 그랜드 슬램을 달성할 수 있었다."며, "지난 9월 국내 최초로 LTE가입자 500만 명을 돌파하는 등 고객에게 많은 사랑을 받고 있는 만큼, 향후에도 고객의 소리에 더욱 귀 기울여 고객이 자부심을 느낄 수 있도록 하겠다."고 밝혔다.

Chapter 4

매너와 이미지

01 매너와 에티켓

02 이미지메이킹

01 매너와 에티켓

1. 매너(Manner)

현대사회에서 매너와 에티켓 예절 등은 서로 비슷한 의미로 사용되고 있다. 매너(manner)는 마음의 문을 여는 열쇠로서 '변하지 않고 오래 갈 수 있는 인간관계 기법'이다. 매너의 기본적인 원칙은 타인을 존중하고 배려하는 것이며, 상대방을 편안하게 해 주는 것이다. 매너는 사전상 어원이 '방법 · 방식 · 태도'이며, 복수로는 '예의범절'로 명시되어 있다.

매너의 어원과 정의

매너(Manners)는 라틴어의 Manuarius(마누아리우스)에서 생겨난 말로 Manus(마누스)는 영어로 Hand, Arius(아리우스)는 More at Manual, More by the Manual을 뜻한다. Manus는 손이라는 의미 외에도 사람의 행동, 습관이라는 뜻을 내포하고 있으며 Arius는 방식, 방법 등을 의미하므로 매너는 사람이 행동하는 방식과 방법 등을 나타낸다고 볼 수 있다.

매너는 사람마다 갖고 있는 독특한 행동방식으로 얘기할 수 있으며, 어떤 일을 할 때 더 쾌적하며 우아한 느낌을 받고자 소망하는데서 비롯된 습관으로, 상대에 대한 경의를 표하는 것이고 배려이며, 상대를 인식한 행동으로서 서비스의 기본을 이루는 것이라 할 수 있다. 매너를 딱딱한 예절로 인식하고 마음을 담지 않은 채 습관적으로 반복하는 것을 '매너리즘(mannerism)'이라 표현하는 것처럼, 저마다 갖고 있는 독특한 행동방식, 습관이지만 상대를 배려하는 마음이 담기지 않으면 매너가 좋은 사람으로 인식될 수 없을 것이다.

2. 에티켓(Etiquette)

에티켓(etiquette)은 프랑스어로 '예의범절(estiquier : 붙이다)'이라는 뜻 외에 '명찰', '꼬리표'라는 의미도 있다. 17세기 프랑스의 루이 14세 시대의 베르사유(versailles)궁전은 귀족들과 출입할 수 있는 출입증을 발행했는데, 이 티켓(명찰, 꼬리표)을 프랑스어로 에티켓(etiquette)이라고 하였다. 이는 세련된 궁정 예법을 뜻하며, 귀족 신분을 나타내는 증표가 되었다. 또 한 가지 에티켓의 유래는 '푯말(출입금지)'이다. 베르사유 궁전의 정원사가 궁전의 정원을 보호하기 위해 '푯말'을 설치한 것에서 비롯되어 결국 '마음의 정원'을 해치지 말아야 한다는 뜻으로 '예의범절'로서 사용되었다고 한다. 이러한 프랑스의 궁전 예절은 후에 영국과 스페인 왕실 등으로도 전파되었다. 결국 에티켓은 예식의 절차를 적은 티켓으로 오늘날 '옳은 행위'나 '바른 처신'이라는 의미로 발전되며 일반 대중들에게까지 전해져 보편화되었다.

에티켓의 정의

인간관계를 원활하게 하기 위한 규범으로 타인에 대한 마음의 형식이다. 상대방을 존중하고 상대방의 감정과 정서를 고려하며 상대방에게 호감을 줄 수 있도록 헤아리는 마음가짐의 행동기준이다.

에티켓의 기본은 상대를 먼저 생각하는 친절한 마음에서 비롯되는 것이다. 기초적인 단위의 공동사회이건 국가이건 간에 인간이 집단생활을 하는 곳에는 저마다의 풍습이 있다. 우리 선조들이 예를 갖추어 맞이하는 상황에서 프랑스인들은 포옹과 악수를 나누고, 호주의 원주민들은 얼굴에 침을 뱉으며, 마오리족이나 티벳에서는 서로 코를 부벼 상대의 체취를 기억하고자 하는 것이 예를 갖춘 인사법이다. 그들의 눈에는 우리의 인사법이 우수워 보일 것이다.

상대의 문화와 전통을 존중하면서 인간의 평등과 존엄을 바탕으로 한 지켜야 할 생활 예절이며, 아울러 상대의 인격을 존중하고 형편을 이해하면서 마음을 다치지 않도록 노력하는 행위로 이를 지키지 않게 되면, '상대의 마음의 화원'을 해치게 되고 상대의 마음을 언짢게 하는 것이 에티켓이다. 에티켓의 기본은 상대를 먼저 생각하는 친절한 마음에서 비롯한다. 친절한 마음을 바탕으로 상대를 편하게 해 주려는 생각을 하고, 그리하여 타인에게 불쾌감을 주지 않는 것이다. 상대방을 기쁘게 하고 타인과 원만하게 지내는 기술은 살아가며 배워야 할 많은 것들 중에서 가장 유용하고 가치 있는 것이다.

에티켓도 지키지 않는 사람에게 매너를 기대할 수 없다. 에티켓은 매너의 기본 단계로써 상대의 마음을 불편하지 않게 하는 예절의 습관이 행동화된 것이라면, 매너는 '이렇게 해 줬으면…' 하는 상대의 마음을 헤아리고, 생활 속의 습관이 행동으로 표출되는 에티켓의 세련된 표출 방식인 것이다. 특히 매너는 서비스 맨에게 고객을 위해서도 자신을 위해서도 필수불가결한 기본 자질이다.

그렇다면 우리가 흔히 혼동하여 사용하는 매너와 에티켓에는 어떠한 차이점이 있을까?

표 4-1 ●●● 매너와 에티켓의 차이

매너(manners)	에티켓(etiquette)
에티켓의 적절한 사용, 사람마다 가지는 습관 또는 몸가짐	인간관계를 원활하게 하기 위한 규범으로 타인에 대한 마음의 형식화
'좋다, 나쁘다'의 질적인 평가	'있다, 없다'의 유무로 평가
방식(way)	형식(form)
예) 경우와 상황에 따라 인사하는 방법 (아침, 점심, 저녁 인사와 인사 각도의 차이)	예) 사람을 만나면 인사를 해야 한다.

3. 동서양의 예절

예절과 의식을 중시하는 유교의 영향을 받은 동양 문화권에서는 2천 5백 년 전에 유교의 태두인 공자에 의해 「예기(禮記)」가 출현을 했을 정도로 예절과 관련된 오랜 전통을 갖고 있으며, 인간관계에서의 예절과 사회 관습상의 예의를 중시하였다. 우리나라의 경우는 유교의 종교성보다는 사상적 성향을 수용 발전시켰다. 고려시대의 유교사상이 수용된 이래 종교적 의미보다 학문적 성격으로 강조되면서 '예기'가 과거 시험과목으로 채택되는가 하면, 14세기에는 종합적 예서(禮書)인 '상정 고금 예문'이 편찬되었다.

예절의 목적은 공동생활을 영위함에 있어서 인간들 상호 간에 절도를 지켜 조화를 이루며 화합하는 데 있다. 예절의 기능은 크게 3가지로 구분할 수 있다. 첫째, 자기 수양으로 자기 자신에 관계되는 것이다. 스스로 부단히 바르게 관리하는 것으로 정성스러운 마음이라고 할 수 있다. 둘째, 다른 사람과 관계되는 것이다. 타인과 바른 관계를 갖기 위해 공경하는 자세로 사랑의 마음을 가지면 상대방도 편안함을 느끼게 되고 그 결과 나 자신도 기쁨을 얻는다. 마지막으로, 일반적으로 우리 모두에게 관계되는 기능이다. 수기(修己)와 치인(治人)이 온전히 유지될 때 공동체 구성원인 우리 모두가 편안하고 기쁘게 조화를 이루며 밝고 명랑한 사회를 이룩할 수 있다. 전통문화의 한 부분으로서 예절은 인간의 생활양식이나 시대, 환경에 맞게 변화해 왔지만 동서고금을 막론하고 변하지 않는 근본 개념은 남을 존중하고 배려하는 마음가짐이라고 할 수 있다.

예절(禮節)의 정의

생활문화의 전통 속에서 형성된 도덕성에 근거한 사회적 질서규범 및 행동의 표준절차. 예(禮)란 인간이 지켜야 할 규범이며, 절(節)이란 규범을 따라 실행하고자 하는 행위로서 예의범절(禮儀凡節)의 준말이다.

1) 동양 예절

동양의 예는 실천적인 구체적 행동이다. 공동체나 신과 인간과의 조화를 의미하며 분별과 구분화를 통한 질서로서의 차례이자 정당성과 적합성의 원리이다. 공자는 '극기복례위인(克己復禮爲人)'이라 하여 인간 최고의 덕목인 인(仁)을 실천하는 방법을 극기(克己)와 복례(復禮)에서 찾았다. 예와 인을 동일시하고 예를 인간 도덕성을 실현하기 위한 과제이자 목표로서 제시하고 있다. 유학자 주희(朱熹)는 예를 하늘 이치의 절도 있는 문체이자 인간 사무의 본이 되는 행동규범으로 파악하여, 근본 개념이 관념적이지만 실제 적용에서는 구체적으로 현실 생활과 관련된 행동규범으로 제안하고 있다. 동양 예절은 상대방의 인격을 존중하는 마음으로 윗사람을 공경하고 아랫사람을 사랑하는 경애(敬愛)의 정신이다. 아울러 상대방의 입장에서 생각하는 역지사지(易地思之)와 어렵고 힘든 일을 서로 돕는 상부상조(相扶相助)의 정신으로 자기를 낮추고 남을 높이는 데 있으며 검소함과 진실함을 드러내는 데 있다. 동양 예절의 기본은 실천 도덕인 유교에 바탕을 두고 있으며, 한국의 예절 또한 인 · 의 · 예 · 지 · 신(仁義禮智信)에 기본을 두고 있다. 따라서 동양 예절을 이해하려면 유교에서 가르치는 예(禮)의 개념을 잘 이해하여야 한다.

2) 서양 예절

서양 예절의 근본 정신은 중세 기사도에서 출발하여 기독교적 사랑과 경건, 헌신과 용기, 겸양과 명예를 존중하며 상호 평등한 관계에서 조화를 꾀하는 행동규범을 형성하였다. 그리고 근세에 이르러서는 명예와 봉사, 친절과 관용, 이해와 조화를 꾀하는 신사도(gentlemanship)로 발전하게 되었다. 근본적으로 서양 예절은 여성 존중(lady first)의 정신이면서 개인주의와 합리주의를 바탕으로 타인을 인격적으로 대우하는 현대 국제사회에서 보편적으로 통용되는 중요 수단이다.

3) 동 · 서양 예절의 차이

동 · 서양 예절의 차이는 다음과 같다. 서양 예절이 자연을 내면화시켜 인간 생활의 연결수단인 언어와 동작의 법칙을 가르치는 말을 에티켓 또는 매너로 표현하고 있다면 동양 예절은 인간의 마음에 호소하여 스스로 예를 잘 지켜 나가도록 예방적 차원에서 훈육하였다는 점이다. 동 · 서양 예절은 표면상으로는 근본적인 차이가 많은 것처럼 보이지만 다른 사람에 대한 배려와 상대방을 공경하는 진실한 정신에서 출발한다는 점에서 그 근원이 같다.

02 이미지메이킹(image making)

1. 이미지메이킹

이미지메이킹(image making)이란 개인이 내적으로 가지고 있는 성격, 인성, 잠재능력 등을 밖으로 표출시켜 타인에게 적극적이고 신뢰감 있는 사람으로 느껴지도록 하는 것이며, 외적인 요소를 개선하고 더욱더 돋보이게 꾸며 호감을 주는 사람으로 보여지게 하는 것이다.

이미지는 외적 이미지(Appearance)와 내적(Personality : 인성) 이미지로 구성된다. 내적 이미지는 가치관, 성격, 신념, 인격, 이상, 지적 수준, 신뢰감, 겸손함, 배려, 성의 등을 통해 은연중에 표출되지만, 외적 이미지는 옷차림, 태도, 표정, 메이크업, 헤어스타일, 말투, 자세 등으로 표현되어 보다 직접적으로 전달된다. 따라서 이미지메이킹은 단순히 겉만 그럴듯하게 치장하거나 포장하는 것이 아니라 은연중에 표출되는 내적인 가치를 높이기 위해 자신의 인성을 다듬는 것이며, 직접적으로 전달되는 외적인 가치를 높이기 위해 자신을 꾸미는 노력인 것이다.

따라서 서비스 전문인은 서비스에 대한 이해를 바탕으로 기업을 대표할 수 있는 경쟁력 있는 친절 이미지를 구축해야 한다. 개인적 호감도를 높일 뿐 아니라 직무와 개성의 성공적 표현기법인 이미지메이킹의 구성요인으로는 다음과 같은 것들이 있다.

1) **외모(appearance)**는 사람의 심성과 생각의 작용을 받고, 감정이나 습관에 영향을 준다. 자세와 행동을 동반하며 표정과 화술에도 영향을 미친다. 저변에는 욕구가 잠재되어 있는데, 외모는 이러한 종합적인 요인들에 의해 외부로 표현되는 것이다.

그림 4-1 ●●● 이미지메이킹 구성요인

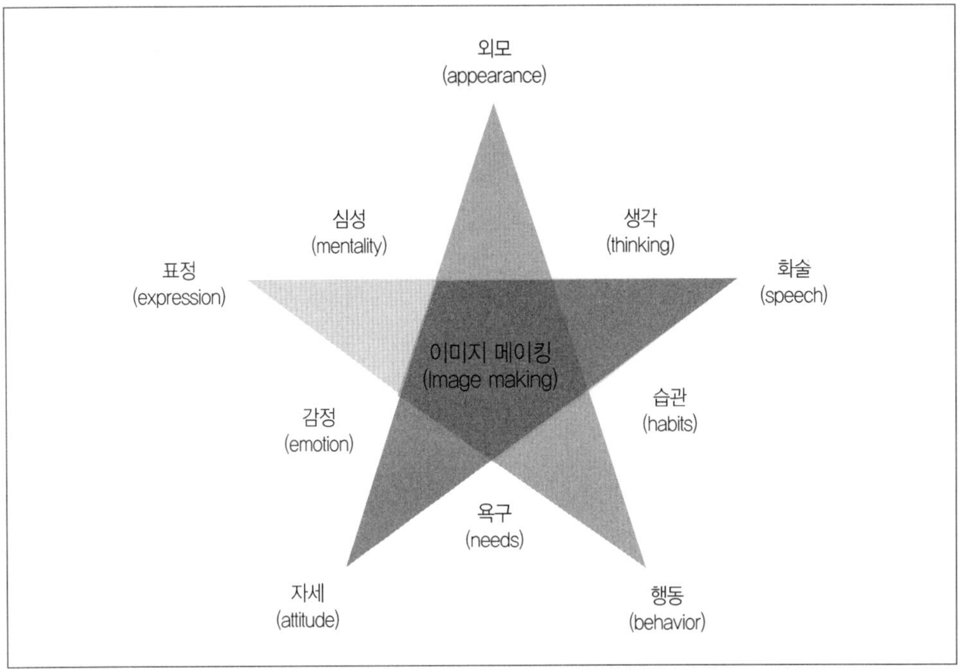

2) **표정(expression)**은 사람의 심성과 감정의 작용을 받고, 생각이나 욕구에 영향을 미친다. 화술과 행동이 동반되며, 외모와 자세에도 영향을 미친다. 저변에는 습관이 잠재되어 있다.

3) **자세(attitude)**는 사람의 감정이나 욕구의 작용을 받고, 심성과 습관이 영향을 준다. 외모와 화술이 동반되며 표정이나 행동에도 영향을 미친다. 저변에는 생각이 잠재되어 있다. 현재의 감정 상태에 따라 자세가 달라지고, 욕구 성향에 따라서 태도가 다르게 나타난다.

4) **행동(behavior)**은 욕구와 습관의 작용을 받고, 감정과 생각에 영향을 준다. 표정과 외모가 동반되며, 화술과 자세에도 영향을 미친다. 저변에는 심성이 잠재되어 있다. 평소의 습관이 행동으로 나타난다.

5) **화술(speech)**은 생각의 작용을 받고, 심성과 욕구에 영향을 준다. 표정과 자세가 동반되며, 외모와 행동에도 영향을 미친다. 저변에는 감정이 잠재되어 있다. 개 개인의 독특한 생각이 습관을 만들고 습관은 생각과 상호작용을 하여 말로 표현된다.

이미지메이킹은 포장술이나 위장술이 아니라 바람직한 내면의 변화로 이루어지는 외면의 변화이다. 성격이나 대인관계, 문제점이 한번에 바뀌는 것은 불가능하지만 다른 사람에게 보이는 모습이 긍정적인 방향으로 바뀌면 자신감을 얻고 활기차고 건강해진다. 이 같은 시도는 근래에 정치인, 경영자, 일반인들 사이에서 활발하게 이루어지고 있는데 존 F. 케네디 대통령은 이미지메이킹을 전략적으로 활용한 최초의 정치인이다. 블랙슈트로 젊은 나이에 비즈니스 감각을 드러낸 빌 게이츠나 신체적 약점을 특유의 따뜻하고 부드러운 목소리의 친근한 이미지로 부각시킨 프랭클린 루즈벨트 대통령, 현대적 감각의 세련됨으로 이미지리더십 시대를 풍미한 일본의 고이즈미 총리는 모두 성공적인 이미지메이킹으로 자신을 부각시킨 대표적인 사람들이다.

2. 이미지메이킹의 개념

1) 이미지의 개념

이미지(image)는 라틴어의 이마고(imago)에서 유래된 것으로 사람이나 사물로부터 전달되는 잠재된 느낌과 모습을 의미한다. 영어로 이미지(image)의 사전적 정의는 심상, 즉 마음에 투영된 영상으로 특정 대상에 대한 시각적 인상을 넘어서 느껴지는 상(象)을 의미한다.

이미지

감각대상에 대해 감지된 정보가 마음속에 정보처리 과정을 거치며 재구성되어 만들어지는 형상(形象), 어떤 사람이나 사물에 대해 가지는 시각상이나 기억, 인상, 평가 및 태도의 총체이다.

이미지의 어휘로 의미를 풀어보면, 지성적 이미지, 표정이미지, 태도이미지, 복장이미지, 감성이미지, 음성이미지 등 다양한 요소가 포함되어 있다.

image의 요소

- ▶ I (intelligence) – 지성적 이미지
- ▶ M (mask) – 표정이미지
- ▶ A (attitude) – 태도이미지
- ▶ G (grooming) – 복장이미지
- ▶ E (emotion) – 감성이미지
- ▶ V (voice) – 음성이미지

즉, 이미지는 누구에게나 존재하며 얼굴표정, 헤어스타일, 옷차림, 목소리, 걷는 모습, 태도, 제스처, 말투 등 여러 가지 복합적 요소들이 포함되어 결정되는 것으로 그 사람에 대한 생각이나 독특한 감정, 고유한 느낌이라 할 수 있다.

사람들은 상대방의 이미지를 평가할 때 '그 사람은 부드럽다, 온화하다, 서글서글하다, 밝다, 차갑다, 무뚝뚝하다, 어둡다' 등의 표현을 한다. 이러한 이미지는 개인의 성공이나 일의 성패 여부를 결정할 만큼 막강한 영향력을 행사한다. 그래서 많은 기업들이 그 기업의 이미지 향상을 위한 홍보와 투자에 역점을 두고 있다.

기업의 이미지 홍보를 위해 인기 연예인들을 기용하는 것도 이미지 관리의 전략이 되고 있다. 개인이든 집단이든 이미지는 매우 중요하며, 성공 여부를 좌우할 만한 요소이다.

2) 이미지메이킹의 구성요소

행복하고 성공적인 삶을 위해서는 이미지메이킹이 중요한데, 이미지는 자신의 노력에 의해 변화될 수 있고 창조될 수 있는 것이기에 더욱더 이미지메이킹에 노력을 기울

여야 한다. 자신이 원하는 이미지를 정하여 그대로 된다는 믿음을 갖고 행동하며 노력한다면 원하는 이미지대로 실현될 수 있다. 머릿속에만 있는 이미지를 현실 속으로 표출하여 행동으로 옮기고 나타내는 노력들이 곧 이미지메이킹의 방법이다. 성공적인 이미지메이킹의 노하우는 가장 먼저 첫인상에 호감을 줄 수 있도록 하는 것인데 이를 위해 시각적 이미지에 해당하는 밝고 부드러운 표정, 미소, 바른 태도, 단정하고 깔끔한 옷차림, 적극적인 인사 등이 표현되어야 하며 청각적인 이미지에 해당하는 바르고 명확한 발음, 공손한 어투, 밝고 명랑한 음색, 더불어 대화할 때의 좋은 언어표현과 세련된 화술 등이 자연스럽게 나타나도록 해야 한다. 이러한 외적인 이미지와 더불어 자신의 긍정적인 사고방식과 상대에 대한 배려, 따뜻한 마음씨 등이 표현될 수 있어야 이미지메이킹이 완성되는 것이다.

이미지메이킹(5 Steps of Image Making)

1단계 : Know yourself(자신에 대해 파악하고 문제점을 찾는 단계)
2단계 : Develop yourself(목표를 설정하여 자신을 계발하는 단계)
3단계 : Package yourself(자신을 포장하는 단계)
4단계 : Market yourself(자신을 알리고 파는 단계)
5단계 : Be yourself(진실한 이미지를 전달하는 단계)

이미지메이킹의 단계는 자기 자신에게 기대하는 구체적인 이미지를 만들어가는 과정으로 자신을 정확하게 진단하고 판단하는 것에서부터 출발한다. 또한 내적, 외적 이미지의 일치를 위한 자아실현의 부단한 과정이 반복되어야 한다.

Part 2
실무

Chapter 5

개인매너

Chapter 5. 개인매너

01 용 모

1. 표 정

얼굴은 마음의 거울이며, 웃음은 그 사람이 살아 온 삶의 기록이고, 표정은 그의 '신상명세서'라고 한다. 비즈니스 현장에서 얼굴 표정은 고객에게 호감을 전달할 수 있는 대단히 중요한 요소인 동시에 상대방의 기분을 짐작하는 근거가 되기도 한다. 전문가들은 얼굴만 보아도 상대방이 거짓말을 하는지 판단할 수 있다고 한다. 잔뜩 굳은 표정으로는 밝고 아름다운 대화를 나누거나 성공적인 만남을 기대하기가 어렵다. 링컨 대통령은 나이가 들면 자신의 얼굴에 책임을 져야 한다는 애기를 했다. 우리는 인생을 살면서 자신의 얼굴을 본인보다도 주로 타인이 접하고 있음에도 이를 깨닫지 못하는 것 같다.

표정이란 우리의 외형적 모습이 어떠한 의미를 나타낼 때를 말한다. 의사소통에 있어서 말을 사용하여 자기의 의사표현을 하지만 표정을 통해서도 말하는 이의 마음을 읽을 수 있다. 좋은 인간관계의 형성을 위해서 본래의 자신의 표정과는 달리 좋은 느낌을 전달하도록 노력해야 한다. 상대방은 일반적으로 얼굴 표정만으로도 우리의 마음을 읽는다. 항상 긍정적인 마음가짐과 더불어 늘 아름다운 미소를 지니도록 노력하는 것은 매우 중요한 일이다.

상대방의 마음을 열자면 무엇보다도 호감을 주는 표정을 유지하는 것이 바람직하다. 표정은 대인관계나 사회생활의 출발점이므로 평상시 고객이나 상사를 대할 때 밝고 명랑한 표정으로 대하는 것이 좋다. 내가 좋은 모습을 보여주면 상대방도 나에게 좋은 모습으로 대하기 마련이다.

비즈니스맨은 스스로 노력을 통하여 좋은 인상, 밝은 인상을 창조해야 한다. 평소에도 따뜻하고 부드럽고 밝은 미소로 상대방을 대하는 습관을 지녀야 한다.

1) 표정의 중요성

- 표정은 첫인상(first impression)에 작용하여 이미지를 결정짓는다.
- 첫인상이 좋아야 그 이후의 대면이 가능하며 호감을 형성할 수 있다.
- 밝은 표정은 인간관계의 기본이다. 밝은 표정은 환영을 의미하고, 자신감을 갖게 해주고 소극적인 감정을 치료해준다.
- 상대방의 표정은 자신의 책임이다. 나 자신의 표정이 밝고 환하면 보는 이로 하여금 즐겁게 만드는 효과가 있다.

2) 밝은 표정의 효과

- 마인드 컨트롤 : 밝은 표정을 지으면 내 기분이 좋아진다.
- 감정 이입 효과 : 내 기분은 물론 상대의 기분까지 좋게 만든다.
- 건강 증진 효과 : 위장병의 치유
- 신바람 효과 : 상호 간의 밝은 표정은 업무의 효율을 증진시킨다.
- 호감 형성 : 표정은 내 것이지만 내가 보는 것이 아니라 상대에게 보여지는 것이다.

3) 밝은 표정의 체크포인트

- 자신의 웃는 표정이 마음에 드는가?

- 자신의 얼굴을 웃는 얼굴로 바꾸고 싶은 생각은 없는가?
- 자신의 웃는 얼굴에 대해 칭찬받은 적이 있는가?
- 웃을 때 입을 가리는 버릇은 없는가?
- 사진을 찍거나 사람을 대할 때 자연스러운 미소를 지을 수 있는가?
- 자신의 표정이 다양하다고 생각하는가?
- 자신의 표정 관리 수준은 어느 정도인가?

4) 밝은 표정을 만들기 위한 단계별 연습

웃는 얼굴을 갖기 위해 무엇보다 중요한 것은 언제 어디서나 미소를 짓는 습관이다. 웃는 얼굴은 크게 3단계로 나누어 살펴볼 수 있다.

(1) 기초단계(긴장을 푼 얼굴)

처음에는 웃는 얼굴을 짓지 말고 입술 위아래 사이에 약간의 틈이 생기게 긴장을 푼다. 그 다음 건강하고 쾌활한 표정을 지어 보도록 한다. 웃고 있지 않아도 상대에게 좋은 느낌을 주는 표정을 언제나 유지할 수 있도록 연습한다.

(2) 1단계(작게 미소 짓는 얼굴)

입술의 양 끝을 좌우 균등하게 위로 끌어올려 4개의 앞니가 잘 보일 수 있게 한다. 약 7초간 그대로 하고 다시 제자리로 돌아간다. 끝나면 긴장을 푼 얼굴로 돌아간다.

(3) 2단계(보통 미소 짓는 얼굴)

중간 정도의 미소 짓는 얼굴로 천천히 근육의 긴장을 강하게 하고 웃는 얼굴을 만든다. 작게 미소 짓는 얼굴보다 좀 더 이를 보이도록 한다. 이때 입술 끝은 좌우로 균등하게 올라가 있어야 한다. 균등하게 올라가지 않으면 웃는 얼굴이 아름답지 않고 비웃음으로 보일 수 있다. 특히 미소 짓는 얼굴을 만들 때는 눈도 같이 미소 짓도록 한다. 앞쪽 윗니가 6개에서 다시 조금 더 안쪽에까지 보이는가? 약 7초간 계속 했으면 본래 모습으로 돌아가고 끝나면 긴장을 푼 얼굴로 돌아간다.

(4) 3단계(크게 미소 짓는 얼굴)

입매의 근육을 마음껏 사용해서 크게 미소 짓는 얼굴(풀 스마일) 표정을 만들어 보자. 입술 끝이 좌우 균등하게 올라가도록 하고 눈도 미소 짓는다. 입매의 근육을 마음껏 사용해 앞 윗니가 8~10개까지 보이도록 한다. 약 7초간 완전한 미소 짓기를 했으면 본래 모습으로 돌아가고 끝나면 긴장을 푼 얼굴로 돌아간다. 이것이 웃는 얼굴 중 가장 아름다운 파워 스마일이다.

그림 5-1 ●●● 1, 2, 3단계의 스마일

- 스마일 지속어 : 위스키, 치즈, 도라지, 고사리 등
- 스마일 지속어를 길게 발음하여 입 모양이 끝까지 올라가도록 유지

2. 얼굴 주위 근육 만들기

우리의 얼굴은 80여 개의 근육으로 지어낼 수 있는 표정이 7천여 가지에 달한다. 80여 종의 근육 중 웃을 때 사용되는 근육이 50여 종으로 볼이나 입매에 집중되어 있지만 늘 웃는 사람도 20개의 근육을 모두 사용하지 못한다고 하니 얼굴 근육을 푸는 훈련을 통해서 자연스럽고 상냥한 표정을 가꾸어 보자.

표 5-1 ●●● 미소 짓는 얼굴 근육을 만들기 위한 발성법

눈썹	- 찡그린 표정의 눈썹을 만든다. - 웃는 표정의 눈썹을 만든다. - 검지손가락을 눈썹 위에 가볍게 대고 눈썹만 내리는 것을 반복한다.
눈	- 조용히 눈을 감고 마음을 안정시킨 후 눈을 반만 뜨고 눈동자를 오른쪽 → 왼쪽 → 위 → 아래로 회전시키는 것을 3회 반복한다. - 눈두덩에 힘을 주어 꼭 감는다. - 깜짝 놀랄 때의 표정으로 눈과 눈두덩을 올리는 것을 3~4회 반복한다. - 난처한 표정으로 눈에 힘을 주어 뜬다. - 눈동자를 다시 한 바퀴 회전시켜 준다.
입	- 입을 다문 상태에서 양쪽 입 꼬리 부분을 잡아당기는 기분으로 올렸다가 내린다. - 높은 톤으로 또박또박 아-이-우-에-오를 반복하여 발성한다. - 입을 다문 상태에서 뺨을 부풀린 채로 오른쪽, 왼쪽으로 반복해 움직인다. - 입가를 최대한 당긴 후 입술을 뾰족하게 내미는 훈련을 반복한다.
턱, 코	- 윗니와 아랫니 사이를 띄우고, 턱을 오른쪽, 왼쪽으로 반복해서 움직인다. - 코를 나쁜 냄새를 맡듯이 쑥 올린다.

3. 미 소

좋은 첫인상의 시작은 미소 띤 얼굴에서부터 시작된다. 프랑스의 부모들은 자녀들에게 "네 얼굴은 너 자신을 위한 것이 아니라 주위 사람들을 행복하고 즐겁게 하기 위한 것이다."라며 남을 불쾌하게 하는 표정을 일종의 공해라는 개념으로 타인의 심리에 긍정적 영향을 줄 수 있는 표정 만들기를 권한다. 미소의 효과는 1998년 스위스 바젤에서 열린 국제학술대회에서 입증되었듯이 건강증진에도 탁월하다. 15개의 안면 근육을 동시에 수축시키고 몸속에 있는 230개의 근육을 한꺼번에 움직일 수 있는 최고의 전신운동(앉아서 하는 조깅, stationary jogging)이다. 또한 웃을 때 사람 몸에서는 통증을 없애주는 호르몬이 다량 분비되어 스트레스 해소 및 혈액순환 촉진의 효과가 있다. 웃음은 스트레스 호르몬인 코디즐의 양을 현저하게 줄이는 수명 연장의 효과도 있다.

1) 미소 만들기

얼굴을 이용하여 밝고 매력적인 웃음을 연출하기 위한 근육 훈련법으로 자신의 표정과 웃음을 만들도록 한다. 모나리자의 미소를 떠올리며 눈과 코는 그대로 둔 채 입꼬리만 살짝 올려 보면 눈까지 함께 웃는 모습으로 보일 것이다.

2) 미소의 효과

- 마인드 컨트롤의 효과 : 일부러라도 웃다보면 기분이 좋아지고 기분이 좋아지면 마음의 평온함을 느낄 수 있다.
- 감정 이입의 효과 : 웃음으로 자신만 즐거워지는 것이 아니라 자신을 바라보고 있는 사람까지 즐거워지게 만든다.
- 건강 증진의 효과 : 미소는 앉아서 하는 조깅이라는 말이 있듯 웃음이 건강에 좋다는 것은 여러 학자와 의사들의 공통된 견해이며 스트레스까지 풀어준다. 미국의 유력 잡지인 'Saturday review'의 편집장인 노만 카슨스는 50대에 강직성 척수염이라는 희귀병으로 회복 불가 판정을 받고 실의에 빠져 지내던 중 코미디 프로그램을 보며 웃다보니 고통이 상쇄되는 것을 알게 되었고, 혼자 웃는 것보다 여럿이 모여 웃을 때 33배를 더 웃게 됨을 알게 되었고 웃음을 치료와 병행함으로써 4년 만에 기적적으로 치유했고 UCLA 의대 예방 의학교수로 건강하게 재직하였다. 패트릭 플레너겐 박사는 "일부러 웃는 척해도 그 행동은 진짜 웃음의 효과가 있다."는 플라시보 효과를 발표했다. 헌터 아담스를 모델로 한 영화 '패치 아담스'의 주인공은 선배 의사들의 경직된 표정을 보고 광대 복장으로 고객을 진료하는 모습을 보이며 '웃음병원'을 개원한다. 환자들에게 웃음을 선사하여 회복의지를 높인 것이다.

- 호감 효과 : 우리의 인상을 좋게 해주면 고객으로 하여금 호감과 친근감을 느끼게 한다.
- 신바람 효과 : 상호 간의 밝은 표정은 업무의 효율을 증진시킨다,
- 나를 바라보는 사람의 얼굴은 나의 표정의 거울이다.
- 내가 웃으면 나를 바라보는 사람도 웃고, 내가 짜증을 내면 나를 바라보는 사람도 짜증낸다.

3) 스마일 테스트

NO	항 목
1	당신은 자신의 웃는 얼굴에 자신이 있습니까?
2	당신의 웃는 얼굴에 대해 남의 칭찬을 받은 적이 있습니까?
3	당신은 눈 표정을 다양하게 연출할 수 있습니까?
4	눈 웃음을 연출할 수 있습니까?
5	시선을 마주하면서 웃는 것이 쑥스럽게 느껴지지 않습니까?
6	웃을 때 손으로 입을 가리지 않습니까?
7	당신의 치아 모양에 자신이 있습니까?
8	웃을 때 입 꼬리가 위를 향하고 있습니까?
9	목젖이 보일 정도로 크게 웃는 일이 자주 있습니까?
10	자신의 웃는 얼굴을 더 밝게 바꾸고 싶은 생각이 있습니까?

점수	결과
7점 이상	살인 미소입니다. 모두가 당신의 미소에 행복해집니다.
4~6점	당신의 미소는 아름다워요. 조금 더 보여주세요.
1~3점	누군가 당신을 보면 얼굴을 찡그리고 있군요. 웃어볼까요?

항목당 1점

4. 용 모

얼굴을 의미하는 용(容)을 중심으로 한 전체적인 모습, 즉 겉으로 드러나는 외적 모습을 용모라고 한다. 한 개인의 이미지가 생성되는 데 여러 감각 기관이 사용되지만

시각적 요소가 가장 크게 작용하고, 이미지의 형성에 첫인상(first impression)이 90% 작용한다.

용모는 타고난 것이지만, 개인의 관심과 노력에 따라 개선할 수 있다. 단정함과 청결함을 바탕으로 자신의 개성을 표출하면 된다. 용모와 복장은 자신의 첫인상일 뿐 아니라 조직의 이미지까지 결정되는 것이다. 즉, 나의 용모가 내가 속한 조직의 이미지인 것이다. 서비스맨이라면 본인의 용모에서 신뢰감과 편안함을 고객들에게 보여 줄 수 있어야 한다.

또한 상대에 대한 인상을 새기는 데 있어서 첫인상이 90%를 좌우하고, 3초면 호감 여부를 결정할 수 있으며 그것의 67%가 시각적 요소에 의해 작용된다고 한다. 또한 시각적 감각기관인 눈길이 처음 가는 곳이 얼굴이라고 한다면 용모 관리는 더없이 중요한 경쟁력이다.

근래 들어 용모에 대한 관심은 더욱 고조되어 '외모지상주의'라는 말까지 출현한 현실이다. 용모는 타고나는 것이지만, 개인의 관심과 노력에 따라 개선할 수 있다. 따라서 단정함과 청결을 바탕으로 자신의 개성을 표출하면 된다.

용모의 기본점검

서비스맨이 갖추어야 할 용모에 대해 점검해보자.

① 머리

머리는 깨끗이 손질하여 흘러내리지 않도록 헤어관련 제품으로 고정해야 한다. 서비스 중에 머리를 만지거나 흘러내린 머리를 쓸어 올리는 모습은 고객에게 불쾌함을 제공한다. 짧은 머리일 경우 귀 뒤로 넘기어 고정하고 긴머리의 경우 하나로 묶어서 그물망으로 고정해야 한다. 화려한 머리장식이나 과도한 염색, 파마머리는 절대 금물이다.

② 손톱

손톱은 너무 길지 않게 유지하고, 호텔 근무 및 요식업관련 근무자의 경우 손톱이 자란 하얀 부분이 보이지 않게 자르고 매니큐어 사용을 금한다. 항공 승무원 및 기타 서비스직의 경우 짧은 손톱의 경우 투명 매니큐어, 손톱의 길이가 있는 경우는 너무 화려하지 않은 색의 매니큐어를 깔끔하게 바른다. 서비스직의 경우 손의 사용으로 많은 노출이 되기에 늘 청결에 힘써야 한다. 손톱주변의 각질, 큰 흉터, 문신 등은 고객들에게 혐오감을 준다.

③ Make-up

짙은 화장이나 과도한 향수 사용은 자제해야 한다. 그러나 자연스럽고 정성스러운 화장으로 고객을 대해야 한다. 강한 아이라인, 진한 색의 아이섀도, 짙은 입술은 강한 인상을 심어준다. 자연스러운 핑크, 오렌지 계열의 색이나 유니폼의 색을 이용하는 것이 좋다.

남성

① 머리

머리 길이는 셔츠 깃에 닿지 않도록 짧게 하고 뒤를 드러낸다. 또한 헤어관련 제품을 이용하여 머리가 흩날리지 않도록 고정한다. 과도한 염색이나 파마는 피한다. 또한 이마를 드러내는 것이 자신감 있는 모습으로 보인다.

② 얼굴

매일 면도를 하여 단정함을 유지하고 콧 속의 털도 밖에서 보이지 않도록 전용가위를 이용하여 매일 손질하여야 한다.

① 피부관리

수면 부족이나 피로 누적을 고객들에게 비치는 것은 프로다운 모습이 아니다. 또한 청결하지 못한 인상을 줄 수 있는 여드름 및 기타 피부질환의 경우도 관리를 통하여 최소화하여야 한다.

② 적절한 운동

나이와 자신에 맞는 운동을 선택하고 지속적으로 시행하여 건강을 유지하고, 적정 체중을 유지하면서 자신이 원하는 체형을 만들어 감으로써 당당하고 자신감 있는 모습이 되도록 한다. 건강을 잃으면 모든 것을 잃는 것이다. 그리고 건강은 자신이 만들어 가기도 하는 것이다. 젊은 시절에 운동에 취미를 붙이는 것은 자신의 노후를 위한 가장 좋은 보험이다.

③ 철저한 자기 관리

평상시의 적절한 영양 섭취와 규칙적인 생활 습관, 자기 통제 등을 통해 생활 리듬을 깨지 않도록 철저한 자기 관리를 시행한다.

표 5-2 ●●● 용모 복장 체크리스트(여성)

항 목	용모 복장
머리	청결하고 손질이 되어 있는가?
	일하기 쉬운 머리형인가?
	앞머리가 눈을 가리지 않는가?
	유니폼에 어울리는가?
	머리 액세서리가 너무 눈에 띄지 않는가?
화장	청결하고 건강한 느낌을 주고 있는가?
	피부 처리 및 부분화장이 흐트러지지는 않았는가?
	립스틱 색깔은 적당한가?
복장	구겨지지 않았는가?
	유니폼에 얼룩은 없는가?
	다림질은 되어 있는가? (블라우스, 스커트의 주름 등)
	스커트의 단처리가 깔끔한가?
	어깨에 비듬이나 머리카락이 붙어 있지 않은가?
	통근시의 복장은 단정한가?
손	손톱의 길이는 적당한가? (1mm 이내)
	손의 살은 깨끗한가?
스타킹	색깔은 적당한가? 늘어진 곳은 없는가?
	예비 스타킹을 가지고 있는가?
구두	깨끗이 닦여 있는가?
	모양이 일그러지지 않았는가?
	뒤축이 벗겨지거나 닳아 있지는 않는가?
액세서리	방해가 되는 액세서리, 눈에 띄는 물건은 착용하지 않았는가?

자료 : 김진익(2000), 『(생명을 살리는) 친절 도우미 감동 교육비결』, 예사랑, p.440.

표 5-3 ●●● 용모 복장 체크리스트(남성)

항 목		용모 복장
머리		깨끗이 면도하여 앞머리는 눈을 가리지 않는가?
		잠을 잔 흔적은 없는가?
		비듬은 없는가, 냄새는 안 나는가?
얼굴		수염, 코털이 있는가?
		이는 깨끗하고 입냄새는 안 나는가?
		눈은 충혈되지 않고 안경은 더럽지 않은가?
복장	와이셔츠	소매 부분이나 칼라 부분이 더럽지 않은가?
		칼라 부분의 단추가 느슨하지 않은가?
		색상, 무늬는 적당한가?
		다림질은 잘 되어 있는가?
	넥타이	비뚤어지거나 풀어져 있지 않은가?
		때, 얼룩, 구겨짐은 없는가?
		양복과 어울리는가?
		길이는 적당하고 타이핀 위치는 적당한가?
	상의	너무 화려하지 않은가?
		일어설 때 단추를 잠그는가?
		주머니가 불룩할 정도로 많이 넣어져 있지 않은가?
	바지	다림질되어 있고 무릎이 나와 있지 않은가?
		벨트가 너무 꽉 조여 있지 않은가?
손		더럽지 않은가?
		손톱이 길지 않은가?
양말		냄새나지 않는가?
		신고 있는가?
구두		잘 닦여 있는가?
		굽이 닳아져 있는가?
		색상이나 형태가 비즈니스에 적당한가?
가방		형태가 망가져 있지 않은가?
지갑		깨끗이 손질되어 있지 않은가?
명함지갑		명함은 명함지갑에 넣고 매수는 적당한가?

표 5-4 ●●● 여성의 외모 평가 선호 용어

세대	외모 평가		선호하는 피부색	선호하는 체형
	좋아한다.	싫어한다.		
20대	얼굴이 작다. 반쪽이다. 섹시하다. 개성이 있다. 해쓱하다. 튄다. 주먹만 하다. 분위기가 있다.	훤하다. 건강하다. 부었다. 달덩이 같다. 순진하다. 복스럽다. 착하게 생겼다. 맏며느리감이다.	갈색	167cm 이상의 키에서 115 ~ 120을 뺀 체중
40대	곱다. 복스럽다. 훤하다. 세련됐다. 아름답다. 고상하다.	중후하다. 편안하다. 해쓱하다.	흰색	160cm 이상의 키에서 110을 뺀 체중

자료 : 박종원. 직장 예절. 학현사. 1999

02 복 장

단정한 용모와 복장은 비즈니스의 기본으로 상대에 대한 본인의 첫인상이며, 그에 따라 타인의 신뢰와 일의 성과도 좌우된다. 또한 본인에게 있어서도 상쾌한 기분으로 업무에 임할 수 있는 자세를 만들어 직장의 분위기를 명랑하게 만들어 준다. 고객을 만남에 있어서도 신뢰감을 주는 이미지를 형성하는 데 가장 기본이 되는 것이 복장 매너라고 할 수 있다. 물론 품위 있는 용모와 복장이 되기 위해서 청결과 단정함은 기본적인 요소이다.

단정한 복장 매너가 중요한 이유는 우선 자기 스스로가 일하는 자세를 확고히 할 수 있어서 업무의 성과를 높여주며, 타인에게 호감을 주는 첫인상과 신뢰감을 전달해 줄 수 있기 때문이다. 단정하고 깨끗한 용모와 복장은 좋은 첫인상 만들기의 기초이면서 타인에게 가장 영향을 많이 미치는 부분이 된다. 물론 이러한 용모와 복장은 품위 있고 바른 몸가짐과 잘 조화를 이루어야 한다.

1. 여성의 체형에 따른 복장

우리나라 여성의 체형은 크게 삼각형, 역삼각형, 직사각형, 둥근 형, 모래시계형의 5가지 유형으로 나눌 수 있는데, 그에 따른 패션 코디와 이미지메이킹은 다음과 같다.

1) 삼각형 체형

어깨 폭보다 엉덩이 폭, 즉 하체가 상체보다 큰 체형으로 우리나라 여성들에게서 많이 나타나는 체형이다. 일반적으로 어깨는 좁으면서 쳐지고 가슴은 작고 허리선 아래의 엉덩이, 허벅지와 다리가 풍만하며 발목이 굵은 사람이 이 유형에 속한다.

이미지 개선 방법

- 견장과 커다란 어깨패드가 있는 디자인을 활용한다. 약간 밝은 색으로 상체를 보완하여 시선을 상체로 유도한다. 재킷의 길이는 엉덩이 가장 큰 부분에 맞추지 말고 그 부분보다 짧거나 더 길게 입는다.
- 하의는 A라인 스커트, 원피스, 어두운 색상의 하의, 테이퍼드(tapered) 스타일 바지(발목 부위에서 약간 좁아지는 타입), 앞에 주름이 없는 캐주얼 바지, 허리선이 높은 원피스 등이 적당하다.
- 특히 등이 넓은 바지나 타이트한 상의, 허리 아래에 주름이 많이 들어간 스커트는 하체를 강조하므로 피한다.
- 시선이 상체로 집중될 수 있도록 액세서리를 착용해 주면 효과적이다.

2) 역삼각형 체형

어깨가 엉덩이 폭보다 넓거나 상체가 하체보다 무겁다. 어깨선은 올라간 편이고 엉덩이가 좁고 다리가 가늘다. 따라서 넓은 어깨와 큰 가슴으로 인해 시각적으로 체형이 더욱 커 보여 신체적으로 균형이 잡히지 않은 것처럼 보일 수 있다.

이미지 개선 방법

- V넥라인 상의, 하체를 부풀려 주는 스커트나 넉넉한 바지를 입음으로써 상체는 몸에 맞도록 입고, 하체는 넉넉하게 코디하여 시선을 하체로 유도한다.
- 상의에 두꺼운 재질이나 주름장식, 견장 및 어깨나 소매 끝이 부풀어 오른 소매 등을 피하고 어깨를 분할하는 디자인의 상의를 입는다.
- 액세서리나 장신구는 상체보다는 하체 쪽으로 착용한다.

3) 직사각형 체형

굴곡이 없는 형태로서 어깨, 허리, 엉덩이 넓이가 일직선인 형으로 허리가 들어가지 않아서 특히 허리가 굵어 보이고 골격은 가늘고 야윈 모습을 하고 있다. 부드럽지 않고 각진 느낌으로 목이 길고 가늘며 엉덩이의 부피감이 없는 사람이 이 형에 속한다.

이미지 개선 방법

- 몸에 꼭 맞는 옷, 너무 작거나 큰 옷, 얇은 옷, 큰 무늬, 세로줄 무늬나 목이 많이 파진 옷은 체형을 강조하므로 피한다.
- 허리선이 들어간 재킷으로 우아하고 자연스러운 느낌을 살려 준다.
- 굵은 벨트를 착용하여 허리에 시선이 유도되는 디자인은 허리를 더욱 굵어 보이게 하므로 피한다.

4) 둥근 체형

어깨, 허리, 엉덩이의 폭이 큰 차이가 없이 둥글게 보이며, 등, 허리, 배에 군살이 많아 어깨와 엉덩이가 오히려 작아 보일 수 있다.

이미지 개선 방법

- 허리 부분에 시선이 덜 가도록 어깨패드를 넣은 부드러운 옷감이 유리하다. 긴 셔츠, 수직선이 프린트된 상의가 체형 보정에 효과적이다.
- 짙은 색상의 가늘고 길어 보이는 의상을 선택하여 허리를 강조하는 것이 덜 살쪄 보인다. 부피감이 있는 소재는 피한다.

5) 모래시계 체형

상체와 하체는 크지만 허리가 가는 모래시계형은 가는 허리로 인해서 가슴과 엉덩이가 실제보다 더 커 보이는 체형이다.

이미지 개선 방법

- 상반신과 어깨가 상대적으로 강조되어 보이는 신체적 단점을 보완하기 위해 가슴과 엉덩이 부분을 넉넉하게 입어 가슴과 허리 사이의 시각차를 줄이도록 한다. 몸매의 곡선과 가는 허리는 강조하되 박스형 재킷과 일자바지, 엉덩이를 강조하는 플레어스커트나 폭이 넓은 벨트는 피한다.

2. 남성의 체형에 따른 복장

남성의 체형은 여성에 비해 단순하며 역삼각형, 직사각형, 둥근 형으로 나누어 분석할 수 있다.

1) 역삼각형

근육질의 남성으로 어깨가 가장 넓다. 어깨가 각이 진 반듯한 형으로 남성적인 건강함이 돋보인다. 짙은 색의 가로 줄무늬 옷차림은 피하도록 한다.

2) 직사각형

전체적으로 어깨, 가슴, 허리의 차이가 많이 나지 않고 균형이 잡혀 날씬한 느낌을 준다. 어깨는 넓지 않고 가슴과 엉덩이가 일직선이다. 남성적인 느낌을 살리기 위해서는 어깨를 강조하고 허리를 가늘게 코디해 준다. 짙은 색보다는 중간색, 회색이나 갈색 계열의 두께감 있는 옷감이 효과적이다.

3) 둥근 형

전체적으로 둥글고 통통한 체형으로 허리가 두꺼운데, 특히 어깨에 살이 많고 목은 짧아 보인다. 날씬한 느낌이 들도록 시선을 분산시키고 옷을 너무 끼게 입으면 살찐 것이 강조되므로 꼭 끼는 옷을 피한다. 목이 끼는 와이셔츠는 뚱뚱한 것을 강조하므로 칼라에 각별히 신경 쓴다.

3. 남성의 비즈니스 정장

"옷을 잘못 입은 여성을 보면 사람들은 그녀의 옷에 주목하지만, 옷을 잘 입은 여성을 보면 그녀라는 사람을 주목할 것입니다." 세계적인 디자이너 코코 샤넬(Coco Chanel)의 말이다. 우리는 사람들이 옷을 입은 것을 보고 그 사람의 모든 것을 평가하기도 한다. 단정하고 깔끔한 용모는 인품까지 돋보이게 하며 실제로 사회생활을 하는 데 있어서 단정한 복장은 좋은 인상을 준다.

서비스맨의 복장

20세기 초 에드워드 7세와 윈저공을 거치면서 양복에 유행과 흐름이 부각되기 시작하면서 남성들도 옷을 통해 자신의 지위는 물론 스타일을 드러내게 되었다. 정장은 기본적으로 슈트, 바지, 셔츠의 세 가지 품목으로 이루어져 있다.

① 슈트(suit)

슈트(suit)는 빅토리아 여왕 시대에 상류계급 남성들의 편히 입는 '거실용 신사복'에서 유래되었다. 자연스럽고 편안하며 잘 맞는 어깨선과 허리선, 알맞은 높이의 진동선을 가져야 한다. 특히 유행에 민감하고 야한 디자인은 피하고 감청색이나 회색을 기본으로 한다. 화려한 원색은 피하는 것이 원칙이다. 일반적으로 다음과 같이 3가지 스타일로 구분할 수 있다.

슈트의 기본 유형 »

- **영국형(British style)** : 영국의 윈저공이 즐겨 입던 스타일로 세계적으로 전통 있는 영국 런던의 신사복 맞춤 거리인 세빌(Savile)에서 만들어지기 시작한 스타일이다. 몸에 흐르는 자연스러운 선을 강조한다. 각이 지면서 어깨에 패드를 넣지 않은 부드러운 싱글 브레스티드 슈트(single-breasted suit)는 기본형의 가장 고전적인 스타일이다. 바지는 허리선이 높고 지퍼 양쪽에 2~3개의 주름이 잡혀 있다.

- **미국형(American style)** : 19세기 말 미국인들의 실용성을 바탕으로 나온 것이다. '아이비리그 슈트(Ivy League suit)' 또는 '색 슈트(sack suit)'라고 불리는데 활동성에 주안점을 두고 넉넉하고 편안함을 강조한다. 어깨는 패드가 아예 없거나 얇아서 자연스러운 어깨 라인을 보여 주고 허리는 재봉선이 없으며 소매와 바지통이 좁아진다. 일직선으로 떨어지는 허리선이 특징이기 때문에 체형의 단점을 감춰 준다. 바지는 영국 스타일과 달리 주름이 없다. 단정하면서도 편해 대표적인 비즈니스 슈트로 자리 잡았다.

- **이탈리아형(Italian style)** : 가장 최근에 만들어진 스타일로 어깨 폭이 넓고 허리선도 조금만 들어가 있다. 미국형의 넉넉함과 유럽형의 곡선미를 조화시켜 창조해낸 스타일로 상체의 곡선을 잘 살렸다. 편안한 착용감과 세련된 느낌을 주는 슈트이다.

슈트의 올바른 선택 요령

슈트는 한 벌로만 입고, 단추는 1개만 채운다. 단추를 채웠을 때 가슴 부위가 첫 단추 부분을 앞으로 당겨 주먹 하나가 들어갈 정도의 여유가 있으면 편안한 옷이다. 단추를 채운 뒤 앉아도 불편한 곳이 없어야 한다. 상의 길이는 엉덩이 부위의 굴곡을 가릴 만큼 길어야 하며, 앞길이가 뒷길이보다 1.5cm 정도 길어야 한다. 슈트의 착용감을 위해 어깨에 가로 세로 주름이 생기지 않는지 확인한다. 구김이 많은 옷은 단정치 못한 인상으로 비칠 수 있기 때문이다.

② 바지(pants)

바지의 종류는 크게 테이퍼드형과 스트레이트형으로 나눌 수 있다. 일반적으로 바지의 폭이 엉덩이에서 발목까지 서서히 좁아지는 테이퍼드형이 날씬해 보이고, 스트레이트형은 작은 키를 더욱 작아 보이게 한다. 따라서 통이 넓은 바지는 키 큰 남자에게 어울린다. 바지의 색상이 짙으면 차분하고 안정적이며 하체가 날씬해 보인다.

바지의 기본 유형 »

- **스트레이트형** : 바지의 실루엣이 일직선인 모양
- **테이퍼드형** : 아래로 내려가면서 통이 좁아지는 형

바지의 올바른 착용 요령

- 바지 길이는 밑단 앞쪽이 신발에 가볍게 닿고 뒤는 구두 굽보다 약간 위로 올라오는 정도로 양말이 보여서는 안 된다. 단을 접은 바지의 바지통은 신발의 3/4이 가려지는 것이 적당하며 단을 접지 않은 바지는 뒷부분이 구두창과 만나는 지점까지 내려오는 것이 적당하다.
- 바지, 구두, 양말은 같은 색으로 통일한다. 바지는 엉덩이 부분을 넉넉하게 입어야 주름이 생기거나 주머니가 벌어지지 않는다.
- 밑위는 높게 위치되어 있으면서 편안해야 하며, 허벅지는 여유를 충분히 두어야 당김이나 주름이 생기지 않는다.

- 뒷주머니에 지갑, 펜, 명함 등을 넣고 다니지 않는다.
- 반드시 다림질로 주름을 잡아 주어야 한다. 잘 다린 바지선은 남성의 옷맵시를 결정해 주는 포인트이다.

③ 드레스 셔츠(dress shirt)

셔츠의 어원은 스칸디나비아어인 스키르타(skyrta : 짧은 옷)가 100년 후 영어 스키르트(scyrte)로 변한 뒤 1530년경 'shirt'로 되었다. "짧은 상의"라는 뜻이었다. 현재의 드레스 셔츠는 19세기에 기본 스타일이 완성되었고, 후반까지는 슈트 속에 긴 소매의 화이트 셔츠를 입었다. 20세기에 들어서면서 다양한 스타일로 발전하였다. 드레스 셔츠는 비즈니스 셔츠(business shirt)라고도 하며, 신사복, 넥타이와 함께 갖춰 입는 슈트나 상의 재킷에 입는 옷으로서 신사임을 상징하는 중요 포인트이다.

셔츠 칼라의 종류 »

- **레귤러 칼라(regular collar)** : 기본형의 셔츠 칼라로서 다양한 슈트와 조화를 이룰 수 있다. 둥글고 살찐 얼굴에 어울린다.

- **버튼다운 칼라(button-down collar)** : 폴로 선수들의 복장에서 따온 것으로 드레스 셔츠 칼라 끝에 핀 대신 단추로 고정시켰다. 부드럽고 편안한 칼라로 인해 캐주얼한 느낌을 준다.

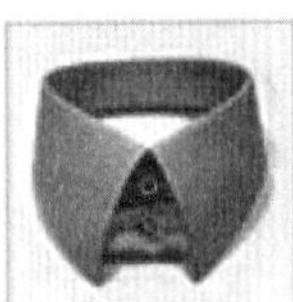

- **탭 칼라(tab collar)** : 1920~1930년대에 윈저공이 창안한 칼라로 미국 방문 때 처음 입은 것인데 칼라 양쪽에 고리(tab)가 달려 있어 타이의 매듭 밑에서 서로 연결하여 넥타이의 모양을 고정시키도록 되어 있다. 격식을 갖춘 비즈니스 모임에서 주로 입는다.

● 와이드 스프레드 칼라(wide spread collar) : 1930년대 영국의 윈저 공이 고안한 넓은 윈저 매듭(winsor knot) 넥타이에 잘 맞도록 디자인된 것으로 칼라의 양쪽 끝이 다른 칼라에 비해 더 벌어져 있는 가장 정장풍의 형태이다. 목이 굵거나 얼굴이 둥근 사람에게는 어울리지 않는다.

셔츠의 올바른 착용 요령

- 드레스 셔츠의 소재는 순면이 가장 적합하며, 면과 폴리에스테르의 혼용으로 구김이 덜 가는 소재를 이용할 수도 있다(속옷의 개념이므로 셔츠 속에 아무것도 입지 않는 것이 격식에 맞다).
- 연회, 저녁 모임, 공식 회의나 공무 수행, 외교 모임 등에서는 백색이 원칙이지만, 하는 일이나 때와 장소에 따라 겉옷과 무난한 조화를 이루는 셔츠를 선택한다(공식 석상에서는 반소매 셔츠는 슈트 차림에 입지 않는다).
- 선 자세에서 셔츠의 소매는 슈트 상의 소매 밖으로 1~1.5cm 정도 나오도록 입는 것이 보기에 좋다. 팔을 굽혔을 때 커프스가 손목 위로 올라간다면 소매가 짧은 것이다. 소매의 커프스는 여유 있게 손목에 맞아야 하지만 단추를 풀지 않고는 손을 넣을 수 없을 만큼 좁아야 한다(셔츠와 슈트의 깃은 평행).
- 셔츠의 길이는 허리 아래로 적어도 15cm 정도 내려와야 움직일 때 위로 빠져나오지 않으며, 바지의 앞부분이 단정하게 보인다. 반대로 길이가 너무 길어도 바지 앞부분의 옷매무새가 보기 싫어진다.
- 셔츠 칼라는 슈트 칼라 위쪽으로 1.5cm 정도 올라오는 것이 적당하다.
- 목둘레는 셔츠의 맨 끝 단추까지 채운 상태에서 셔츠 칼라와 목 사이에 손가락 하나가 들어갈 정도, 즉 0.5cm 정도 여유 있는 것이 바람직하며 목 언저리를 꼭 매어 준다.

④ 넥타이(necktie)

넥타이의 기원은 크로아트(croate : 크로아티아의 기마병) 장병의 목에 감은 선명한 빛깔의 천으로, 17세기 중엽부터 프랑스 상류사회에 등장해 1660년대부터 유럽 남성복에 일반화되었다. 1830년경부터는 넥타이라는 말이 사용되기에 이르렀다. 넥타이는 남성들의 분위기를 새롭게 연출할 수 있는 개성 표현 수단으로 옷차림에서 중요한 역할을 맡고 있으며 신사복과 함께 선택과 활용에 세심한 주의를 기울여야 하는 품목이 되었다. 넥타이는 그 사람의 첫인상과 신분을 느끼게 하며 취미와 기호, 성격이나 직업까지 예측할 수 있는 판단의 기준이 되므로, 넥타이를 선택할 때는 슈트와 셔츠의 색상을 고려한 후 조화를 이루는 것으로 결정한다.

넥타이 착용시 유의사항

- 목 언저리까지 꼭 여미도록 하고 넥타이의 폭은 유행에 따라 달라지지만 일반적으로 슈트의 라펠과 셔츠의 칼라 폭이 넓어지면 넥타이의 폭도 넓어진다. 좁은 칼라에는 작은 매듭이, 넓은 칼라에는 큰 매듭이 적당하다(일반적인 폭은 8.5cm 정도).
- 넥타이 색상은 양복과 동일한 색상이 무난하며, 보색 계통으로 조화를 이룬다면 화려한 매치가 된다(같은 색은 차분하고 단정한 인상을, 반대색 계열은 활동적인 인상을 준다. 타이의 바탕색이나 무늬 중 한 가지는 슈트와 동일 색상이어야 함).
- 소재는 자신의 개성과 센스가 돋보이는 것으로 착용한다(모직물 타이는 겨울에, 면으로 된 타이는 캐주얼 스타일에, 마는 여름철에 적당). 일반적으로 겉감이 100% 실크이고 안감은 100% 울인 것이 모양도 좋고 고급스럽다.
- 때, 얼룩, 구김이 없도록 한다.
- 타이를 맨 후에 타이 끝의 길이는 허리띠의 버클 밑부분에 살짝 닿을 정도가 적당하다(132~147cm). 타이 뒷날개의 길이는 서로 같거나 뒤쪽의 것이 짧아야 하며 폭은 상의의 깃과 같은 것으로 선택한다.
- 타이를 벗을 때에는 아무렇게나 잡아당기지 말고 타이를 매는 방향과 반대 방향으로 풀어 반듯하게 걸어야 타이의 수명이 길다.
- 조끼를 입을 때는 넥타이가 조끼 밑으로 나와서는 안 된다.
- 체형에 따른 타이 선택 요령
  - 키 작고 살찐 체형 : 단색의 어두운 컬러의 셔츠와 스트라이프 넥타이
  - 키 작고 마른 체형 : 밝은 색 셔츠와 잔무늬의 폭이 좁은 넥타이
  - 키 크고 살찐 체형 : 차분한 느낌의 푸른 계통의 셔츠와 잔무늬의 짙은 색 넥타이
  - 키 크고 마른 체형 : 옅은 회색, 핑크 등의 따뜻하고 밝은 느낌의 셔츠에 붉은 계열의 넥타이

⑤ 남성 액세서리

(가) 벨트

벨트는 의복을 여미는 기능에서 착용하기 시작했으며, 바지를 입고서 벨트를 하지 않으면 정장에 넥타이를 매지 않은 것과 같이 취급된다. 색상의 조화는 하의의 색상과 일치시키거나 구두를 기본으로 하며 슈트와 비슷한 색상이나 진한 것이 좋다. 버클은 될 수 있는 한 간결한 디자인이 좋고 요란한 무늬나 폭이 너무 넓은 것은 피한다.

(나) 양말

양말은 발을 따뜻하게 해주고, 신발과의 마찰이나 자극을 없애 준다. 정장의 양말은 실크 소재가 원칙이며 바지, 구두와 같은 계열의 색상이 무난하다. 기본적으로 정장 양말의 색은 검은색이지만, 바지 색보다 짙은 색상이나 같은 색 양말을 신는다. 대체로 흰색 양말은 신지 않으며 바짓단이 올라가 맨살이 보이는 것은 실례이므로 유의한다.

표 5-5 ●●● 남성 정장의 색상별 코디네이션 요령

감청색 슈트	• 가장 보편적인 형태로 깔끔하고 차분한 인상을 주며, 흰색의 레귤러 칼라 드레스 셔츠를 매치시키면 무난하다. • 넥타이는 레지멘탈 스트라이프와 같은 전통적인 패턴이 어울리며 감색, 회색 또는 자주색 계통이 좋다. • 구두와 벨트는 단순한 디자인의 검은색 가죽으로 된 것이 좋다.
베이지색 슈트	• 부드럽고 세련되며 깨끗한 느낌을 주며, 색조가 경쾌하고 스마트해서 현대적인 패션 감각에 잘 맞는다. • 흰색, 엷은 청색, 베이지, 회색, 갈색 드레스 셔츠와 갈색 계통의 넥타이가 적당하다. • 체격이 크고 얼굴이 흰 사람에게 잘 어울린다. 구두는 밝은 갈색이 무난하지만 짙은 밤색도 어울린다.
회색 슈트	• 대표적인 비즈니스 정장 중 하나로 점잖고 지적이며 자신감 있는 느낌을 연출할 수 있다.

회색 슈트	• 어떤 색상의 드레스 셔츠도 어울리지만 특히 자주색, 청색, 회색 계열이 잘 어울리며 소재 또한 광범위하다. • 넥타이도 거의 모든 종류가 어울리며, 자주색 바탕에 흰 줄무늬도 무난하다. • 벨트와 구두는 검정색이 좋다.
검정색 슈트	• 정중하고 권위적이며 성실한 느낌으로 예복으로 많이 쓰인다. • 흰색, 푸른색, 회색 계열의 셔츠와 노란색, 주황색, 푸른색 계열의 넥타이를 하면 세련된 느낌을 준다.

(다) 구두

패션의 마무리는 구두이다. 영국 신사들은 외모 중에서 구두에 가장 신경을 쓴다고 한다. 구두는 착용한 사람의 감각과 사회적 지위와 신분을 나타내며, 제대로 관리되지 못한 구두는 단정하지 않은 이미지를 줄 수 있다. 천연가죽으로 광택이 나는 부드러운 것이 가장 좋고, 슈트보다 어두운 색을 선택하는 것이 기본이다. 구두는 발 모양에 가장 가까운 것이 좋고 앞이 너무 뾰족하거나 뭉툭한 사각형은 피하는 것이 좋다.

기본적인 정장 구두의 종류 »

- 윙 팁 슈즈(wing tip shoes) : 두껍고 무거우며 화려한 장식으로 구두에 끈이 있는 정통 스타일의 구두
- 스트레이트 팁 슈즈(straight-tip shoes) : 구두코에 장식이 없고 가느다란 절개선으로 구분되며 구멍이나 바늘땀이 있는 클래식한 느낌의 구두
- 플레인 토 슈즈(plain-toe shoes) : 가장 기본적인 디자인의 구두로서 구두코에 장식이나 절개가 없는 구두
- 태슬 슬립 온 슈즈(tassel slip-on shoes) : 궁정의 실내용 구두에서 유래한 것으로 끈이나 버클이 없고, 술(tassel)이 달린 구두
- 몽크 스트랩 슈즈(monk-strap shoes) : 장식이 없는 평평한 구두코에 버클 장식이 있는 유럽형의 구두

4. 여성의 비즈니스 정장

1) 슈트(Suit)

여성의 경우 슈트라 함은 재킷과 블라우스 그리고 스커트 또는 재킷과 스커트를 같은 천으로 만든 한 벌을 말한다. 슈트의 종류는 디자인에 따라 다양하며, 각 종류에 따라서 그 이미지도 달라진다. 그 중에서 클래식한 테일러드 슈트와 블레이저 슈트는 유행에 민감하지 않아 어느 시대에나 통용되는 기본적인 차림이다. 특히 검정색, 회색, 베이지색 등의 베이직한 색상에 단순한 디자인의 슈트는 어느 장소에나 편안하게 입을 수 있는 정장이다. 슈트의 겉옷은 단순하고 기본적인 스타일로 하되 옷과 소품, 하의의 변화로 유행을 가미하면 정중하고도 개성 있는 변화를 줄 수 있다.

비즈니스 슈트는 상대에게 신뢰감을 주고, 일할 때 몸을 움직임에 있어서 불편함이 없는 실용적인 것이 좋다. 소재와 색상은 고급스럽고 품위 있는 것으로 선택하는 것이 싫증나지 않고 오래 입는 비결이다.

(1) 슈트의 유래

슈트는 원래 남자의 양복으로 등장하여 그 기능성이 좋아 급속히 일반화된 후, 여자의 운동복으로 적용되다가 테일러 슈트(Tailored suit)를 시초로 오늘날의 정장용 복장이 된 것이다. 여성용 슈트가 선보이기까지는 영국여성의 운동복이 선구적인 구실을 하였고, 프랑스에 도입되면서 일상복으로 보급되어 19C 후반에는 상류층 부인들의 컨트리 웨어(country wear)는 거의 테일러 메이드(Tailor-made)였다. 이것은 서서히 진행되어온 여성해방과 남녀평등의 의식을 의생활상에 반영시킨 것이었고, 19C 말기에는 사실상 일반화되어 테일러 슈트가 여성복 재봉사에 의해 만들어졌다. 제1차 세계대전 후 여성들의 사회진출이 증가하면서 슈트의 합리성과 기능성이 높이 평가되어 1930년대 후에는 여자 복장으로 완전히 정착하게 되었다.

(2) 슈트의 종류

① 클래식 스타일

남성 정장을 기본으로 한 베이직한 타입으로 비즈니스 정장의 전형적인 슈트이다.

- **테일러드 슈트(Tailored Suit)**

  신사복과 같은 단정하고 딱딱한 느낌의 슈트이다. 재킷은 남성의 어깨 넓이에 가깝고 칼라는 테일러 칼라로 노치(notch)가 들어가 있는 것이 보통이다. 단추는 싱글인 싱글 브레스트가 기본이지만 더블 브레스트도 많이 입는다. 셔츠나 블라우스 등으로 다양한 변화를 줄 수 있다.

- **블레이저 슈트(Blazer Suit)**

  블레이저 재킷과 스커트를 조화시킨 슈트이다. '블레이저'란 말은 '불꽃'이란 뜻으로 불꽃같이 빨간 스포티한 재킷의 디자인을 말한다. 금속으로 만든 싱글 단추, 3개의 포켓이 달린 디자인은 테일러드 재킷과 유사하다.

  블레이저는 원래 스포츠재킷으로 착용된 것으로서 얼마간 여유가 있는 라인이며 본래의 빨강색에 구애되지 않고 베이직 칼라가 많이 사용된다. 최근에는 상하를 다른 천으로도 만든 것도 블레이저 슈트라 한다.

- **이튼 슈트(Eton Suit)**

  영국의 명문 고등학교인 이튼의 제복에서 힌트를 얻어 만든 것으로, 칼라가 없는 V네크가 특징이다.

- **소프트 테일러드 슈트(Soft tailered Suit)**

  클래식한 테일러드 슈트를 기본으로 하되, 약간 캐주얼하고 소프트한 밝은 감각의 이미지를 추구한 슈트이다. 상하가 같은 천이라는 슈트의 제약도 없이 디자인 표현이 자유롭다.

② 엘레강스 스타일

우아하고 여성다운 이미지의 슈트이다.

- **가디건 슈트(Cardigan Suit)**

  칼라가 없고 재킷과 가디건 풍의 네크라인 및 조화를 지닌 재킷과 스커트를 입는 스타일이다. 천은 반드시 니트일 필요는 없지만 소프트한 소재를 사용한 것이 특징이며 선이 단순하기 때문에 블라우스 목의 장식, 스카프 등 액세서리를 이용하면 다양하게 입을 수 있다.

- **샤넬 슈트(Chanel Suit)**

  프랑스의 디자이너 가브리엘 샤넬이 디자인한 여성용 슈트로, 우아하고 고전적인 이미지의 슈트이다. 직선적인 실루엣이 대체적인 흐름이며, 칼라가 없고 비교적 길이가 짧은 가디건 풍의 재킷과 심플하고 스트레이트한 같은 천의 스커트를 조화시킨 스타일이다.

- **페플럼 슈트(Peplum Suit)**

  허리에 절개선이 있고 허리선 아래 부분을 플레이어지게 하거나 주름을 잡아서 단이 넓어지게 만드는 페플럼을 특징으로 한 재킷과 스커트의 슈트이다. 허리가 꼭 맞는 아워그라스 실루엣을 나타내므로 허리가 가는 사람에게 잘 어울린다.

2) 재킷(Jacket)

슈트의 필수 품목인 재킷은 짧은 코트의 일종으로 신체의 윗부분에 해당하는 상의의 총칭이다. 앞여밈에 따라 싱글 여밈 재킷, 더블 여밈 재킷으로 구분하며, 대표적인 재킷으로는 테일러드, 블레이저, 이튼, 스펜서, 셔츠, 피, 가디건, 샤넬 그리고 페플럼 재킷 등이 있다.

3) 블라우스(Blouse)와 셔츠(Shirt)

여성용 원피스 스타일에서 변화한 것과 남성용 드레스 셔츠에서 변화한 것으로 나눌 수 있는데, 슈트나 재킷 안에 입으며 단독으로 스커트나 팬츠와 입기도 한다. 정식 옷차림으로는 그 위에 상의를 걸쳐야 하나 19C 후반에 테일러 슈트(Tailored suit)가 도입되면서 스포티한 옷차림의 경우는 상의 대용으로 셔츠만을 입을 수 있게 되었다.

옷자락을 스커트나 팬츠 속에 넣어 착용하는 것은 '언더(under) 블라우스'라 하며, 겉으로 내어 착용하는 것은 '오버(over) 블라우스' 또는 '셔츠 웨이스트(waist)'라 한다.

정장차림에 있어서 특히 블라우스는 남성의 드레스 셔츠처럼 정장의 상징이요, 여성만이 가지고 있는 우아함의 징표로서 재킷과의 조화가 무엇보다 중요하다.

(1) 블라우스의 종류

① 페미닌 블라우스(Feminine Blouse)

여성다운 이미지를 가진 블라우스의 총칭으로 프릴이나 플리츠 등의 디테일을 사용한 블라우스이다.

② 새시 블라우스(Sash Blouse)

단추 없이 앞여밈 선을 사선으로 깊이 파서 좌우 앞판을 겹치게 여미고 넓은 띠를 매어서 입는 블라우스로 허리가 가는 사람에게 어울리는 엘레강스한 스타일이다.

③ 블루종(Blouson Blouse)

허리선보다 약간 아래 길이로 단에 고무줄이나 끈을 넣어 조임으로써 풍성하게 만든 블라우스로 오버 블라우스로 입는다.

④ 셔츠 웨이스트 블라우스(Shirts waist Blouse)

남자용 드레스셔츠 같은 모양의 블라우스로 소프트한 소재를 사용한 블라우스이다. 셔츠 칼라와 소매 단 등이 남성적인 스타일이다.

⑤ 보우 블라우스(Bow Blouse)

칼라 둘레에 끈으로 된 천을 돌려 그 끝을 앞에서 나비 모양으로 묶은 여성스런 블라우스로 부드럽고 로맨틱한 스타일이다.

(2) 셔츠의 종류

① 클레릭 셔츠(Cleric Shirt)

드레스 셔츠의 칼라와 소매 단이 희고, 다른 부분은 다른 색의 천을 사용하거나 다른 무늬가 있는 셔츠를 말한다.

② 드레스 셔츠(Dress Shirt)

남자용 드레스 셔츠 모양으로 가슴 부분을 U자형이나 V자형으로 절개했으며, 그 곳에 레이스, 프릴 등의 장식을 한 스타일이다.

③ 오픈 셔츠(Open Shirt)

오픈칼라의 형태로 앞여밈의 셔츠이다.

④ 터틀넥 셔츠(Turtle neck Shirt)

칼라가 거북이의 목처럼 늘어난 모양의 셔츠로서 어깨나 등 중심에서 지퍼로 여닫게 된 것이 많다.

⑤ 아이비 셔츠(Ivy Shirt)

칼라 앞을 버튼으로 여미는 버튼 다운이고 칼라 뒤 중앙에도 버튼을 붙여 뒤 중심에 박스 플리츠를 넣은 셔츠이다.

4) 스커트(Skirt)

스커트란 '하반신을 감싸는 독립된 의복'을 말하는데, 여성복 중에서 가장 오래된 것이다.

스커트는 다른 옷들에 비해 다양하게 변화를 줄 수 있어서 스커트의 실루엣은 유행 변화의 상징이 되기도 한다.

비즈니스용 스커트의 스타일은 타이트 스커트가 가장 보편적인데 플리츠 스커트,

플레어 스커트 등이 있으며, 치마 길이는 무릎 아래인 샤넬 선이 좋다.

(1) 타이트 스커트(Tight Skirt)

모든 스커트 중에서 가장 보편적인 스타일로서 옆선이 엉덩이 둘레에서 스커트 단까지 직선으로 내려오고, 허리둘레에는 앞뒤로 2 ~ 4개의 다트(dart)로 처리된 스타일이다. 뒤쪽에는 걷기에 불편하지 않도록 뒤트임 또는 겹친 주름이 있으며 앞쪽에도 장식용 주름을 넣은 것이 있다. 스트레이트(Straight) 스커트라고도 부르며, 몸매가 너무 드러나지 않는 것이 좋다.

(2) 플리츠 스커트(Pleated Skirt)

허리둘레 전체에 주름을 잡거나 또는 허리둘레에 부분적으로 몇 개의 주름을 잡은 스커트로서 여성스러운 스커트이다. 살찐 체형은 굵은 주름의 플리츠 스커트는 피하는 것이 좋다.

(3) A라인 스커트(A-line Skirt)

여러 체형에 어울리는 기본형 스타일로서 타이트 스커트보다 약간 여유가 있고, 엉덩이 부분부터 도련까지 A모양으로 약간 퍼진 스타일이다.

(4) 플레어 스커트(Flare Skirt)

허리선에서 엉덩이 부분까지는 잘 맞고, 단으로 갈수록 넓어지면서 나팔꽃 모양으로 퍼지는 스커트로서 짧은 재킷과 잘 어울린다.

(5) 고어드 스커트(Gored Skirt)

허리 부분은 잘 맞고 단으로 내려 갈수록 넓어지는 스타일인데, 옷감을 사다리꼴 모양으로 재단하여 여러 폭을 이어 붙여 만든 것이다.

5) 바지(pants)

바지는 과거에는 남성 전용의 의복 품목이었으나, 1968년 이브 생 로랑에 의해 팬츠 슈트가 발표된 이래 여성복 스타일로 정착되었으며 그 종류가 다양하다. 스커트에 비해 체형을 보완하는 데 유리하고, 기능성의 우수함과 멋의 연출이 다양한 품목이다.

비즈니스용 팬츠는 폭에 따라 스트레이트형, 와이드형이 많이 착용된다. 기본형의 스트레이트 팬츠는 발등을 덮는 정도의 길이가 가장 좋으며, 단정한 남성복 스타일의 다크한 와이드 팬츠는 폭과 길이가 적당한 것이 알맞다.

6) 넥웨어(Neck Wear)

목 주위의 머리, 목, 어깨 둘레에 착용하는 것을 말하는데, 얼굴과 목의 선을 부드럽게 해주는 효과 또는 보온과 세련된 장식효과를 동시에 줄 수 있다.

(1) 스카프(Scarf)

스카프는 목에 감거나 어깨 그리고 허리에 두르는, 폭이 넓은 밴드형 또는 장방형의 천으로써 섬유의 질감, 색상, 크기에 따라 매우 다양하며, 보통 화려한 색상과 여러 가지 무늬가 많다.

묶는 방법에 따라 다양한 형태로 바꿀 수 있는 스카프는 고급스러움에서 스포티한 느낌까지 줄 수 있다. 스카프와 옷을 모두 화려하고 요란한 것으로 착용하는 것은 효과적이지 못하므로, 서로 상반되게 연출하는 것이 좋다. 예를 들어 블라우스가 화려하면 스카프는 단색으로 조화시키는 것이 좋다.

(2) 스톨(Stole)

어깨에 거는 형태의 여성용 어깨걸이로 길이가 길고 폭이 좁은 것을 말한다. 양쪽 끝에 술(tassel)을 달아 고급스러움과 멋스러움을 더하기도 한다.

(3) 머플러(Muffler)

스카프나 스톨과 같이 목에 두르는 것인데, 특히 방한용으로 쓰이며, 코트 안에 착용함으로써 보온과 동시에 세탁이 힘든 옷의 깃이 더러워지는 것을 막아주기도 하며, 외부에 착용함으로써 멋스러움을 자아내기도 한다. 대표적인 소재로는 캐시미어가 있다.

(4) 해킹 머플러(Hacking Muffler)

머플러의 일종으로, 니트나 직물 소재로 만든 것인데 길이가 극단적으로 길다.

(5) 숄(Shawl)

큰 사이즈의 직사각형이나 정사각형 등의 형태로 만들어진 어깨 덮개를 말한다.
주로 모(毛) 제품이 많은데, 보온의 효과는 물론 여성스러움을 자아낸다.

7) 스타킹(Stockings)

스타킹은 계절에 따라 의복의 색과 동일한 톤으로 착용하기도 하나, 자신의 살색보다 약간 어두운 톤의 스타킹이 가장 무난하고 어떤 옷이나 잘 어울린다. 스커트 색에 조화되도록 하여 착용하면 다리가 길어 보이고 날씬하게 보이는 효과가 있으며, 검은색 스타킹을 신을 때는 소재가 얇을수록 다리 선을 예뻐 보이게 한다.

슈트 착용시에는 반드시 스타킹을 신어야 하며, 지나치게 무늬가 많거나 망사형 스타킹은 삼가해야 한다.

스타킹은 흠집이 잘 나므로, 여유분의 스타킹을 넣어 다니는 것이 센스이다.

8) 구두(Shoes)

구두란 발을 감싸는 신발의 총칭으로 발의 보호와 장식을 겸해서 다양한 모양으로 만들어져 왔다. 예전에는 보온성, 내구성, 편리함 등의 기능성이 가치의 척도였지만,

요즘에는 기능성을 바탕으로 한 패션성을 더욱 중시하게 되었다. 구두는 스커트, 바지와 어울려야 하고 또한 스타킹의 색이나 무늬와도 어울리는 것이 좋다. 정장차림에서 구두는 의복보다 더 짙은 색을 신는 것이 기본이며, 비즈니스 구두로는 단색으로 굽이 적당한 높이의 펌프스(Pumps)가 좋다. 발등 부분이 거의 노출되어 있어 끈이나 폭이 넓은 밴드로 여미도록 한 샌들(Sandle)이나 앞부분은 펌프스 스타일이나 뒤가 없는 슬리퍼 형의 구두인 뮬(Mule)은 정장용 구두로는 적합하지 않다.

(1) 종 류

① 펌프스(Pumps)

가장 클래식한 모양으로, 끈이나 고리가 없는 일반적인 구두의 형태를 말한다.

발등이 보이게 깊이 파인 구두로 발 전체를 날씬하게 보이게 하며 정장차림에 가장 잘 어울리는 구두이다. 색과 디자인에 따라 어느 계절에나 신을 수 있으며, 구두 굽은 하이힐에서부터 아주 낮은 것까지 있다.

② 스트랩 힐(Strap Heel)

발가락 부분은 일반 펌프스 모양이나 뒤꿈치 부분이 없이 끈을 걸어서 매는 구두이다.

③ 스트랩 펌프스(Strap Pumps)

발등 부분에 끈이 달려 있는 펌프스를 말하며, 모양은 다양하다.

④ 모던 펌프스(Modern Pumps)

모던감각을 취한 펌프스의 총칭으로 기하학적인 터치를 이용한 콤비네이션 형이나 수예풍의 패치워크(patchwork) 등을 특징으로 한 것이 대표적이다.

⑤ 콤비네이션 슈즈(Combination Shoes)

발끝 부분과 발등 부분, 뒤꿈치 부분을 적당히 두 가지 색 또는 두 종류의 다른 소재를 이용해서 만든 구두이다.

⑥ 슬립온(Slip-on)

끈이나 버클 또는 버튼 등 일체의 장식이 없으며, 발등 옆 부분은 신축성 있는 소재로 만들어서 발을 쏘옥 넣을 수 있는 디자인이다.

⑦ 로퍼즈(Loafers)

모카신의 특징을 도입한 슬립온(Slip-on) 스타일로 발등 쪽 가죽위에 슬릿을 넣기도 한다.

⑧ 사이드 오픈 슈즈(Side-open Shoes)

발끝부분과 뒤꿈치 부분은 펌프스 형태이나 구두의 측면이 뚫려 있는 형태의 신발로써 통기성이 있다.

⑨ 오페라 펌프스(Opera Pumps)

중간 굽 이상의 높은 신발로, 발 끝에 리본 등의 장식이 있는 펌프스이다.

⑩ 메시 슈즈(Mesh Shoes)

소재를 그물 형태로 만든 신발의 총칭이다. 통풍이 잘 되어 여름용 신발로 적합한 스타일이다.

⑪ 플랫폼 슈즈(Platform Shoes)

구두 굽뿐만 아니라 밑창 전체를 높게 한 구두를 말하는데, 키가 커 보이는 효과가 있다.

⑫ 오픈 토(Open toe)

발끝의 앞부분이 뚫린 스타일이다.

(2) 구두 선택 요령

발은 모든 건강의 근원이고, 외출시에는 물론이고 실내에서도 신발을 신어야 되는 경우가 있으므로 신발은 그 쓰임새에 따라 발의 편안함을 우선적으로 고려해야 한다.

발이 불편한 구두를 신으면 걸음걸이, 체형이 흐트러지고 건강에도 해로우므로 일단 신어서 편하고 가벼운 것을 선택하는 것이 좋다.

① 본인의 발 크기보다는 여유가 있어야 하므로 양쪽 모두 신고, 몇 발자국 걸어보아서 불편하지 않은 것을 고른다.
② 발뒤꿈치 부분이 맞는가의 여부를 확인하고, 구두 굽의 경사가 구두의 모양이나 발 모양에 적합한가를 살펴야 한다.
③ 바닥의 장심과 구두가 일치하는지를 살펴야 한다.
④ 구두를 구입할 때에는 발이 부어 있는 상태인 오후에 구입하는 것이 좋다.
⑤ 구두의 색은 의상의 색을 고려하여야 하는데, 옷 색상과 같은 색으로 또는 보다 짙은 색상을 신는 것이 좋다.
⑥ 가장 무난한 방법으로는 검정색이나 회색을 비롯한 짙은 색의 의상에는 검정색 구두를, 그리고 밤색이나 오렌지색의 의상에는 브라운 계열의 구두를 그리고 밝은 색의 의상에는 흰색이나 아이보리 색의 구두를 신으면 된다.
⑦ 정장차림에 맞는 구두 높이는 일반적으로 5~6cm 정도가 적합하다. 너무 높으면 미관상 세련되어 보이지만, 쉽게 피곤해져 일의 능률이 떨어지며, 3cm 미만의 굽은 의학적으로 볼 때 편안한 구두이지만 뒤로 기우는 느낌을 주고, 옷맵시가 아름답지 않게 보인다. 자신에게 적합한 구두를 선택하여 굽 모양 등 전신의 밸런스를 체크해 보는 것이 중요하다.

9) 벨트(Belt)

벨트는 복장의 실루엣을 살리는 실용성과 장식성을 겸한 패션의 중요한 아이템 중의 하나이다. 벨트는 구두와 마찬가지로 정장용과 캐주얼용이 있는데 구별하여 착용해야 한다. 넓은 모양의 벨트는 상체를 짧아 보이게 하고, 헐렁한 벨트는 몸체가 길어 보이게 한다. 또한 상의 색과 동일한 벨트는 상체를 길어 보이게 하며, 스커트나 바지와 같은 색의 벨트, 특히 처음부터 의상과 같은 소재와 색상으로 함께 만들어진 매치벨트(Match

Belt)는 다리를 길어 보이게 하는 효과가 있다. 버클의 역할 또한 중요한데, 지나치게 번쩍거리거나 크기가 큰 것은 경박스러운 느낌을 주므로 정장차림엔 적합하지 않다.

10) 코트(Coat)

코트는 의복 중에서 가장 겉에 입는 옷으로 방한 또는 방수의 기능을 갖는 실용성이 강조되며, 원칙적으로 옥외에서만 착용해야 한다.

(1) 길이에 따른 분류

코트의 길이는 유행에 따라 변하고 실루엣이나 칼라 모양도 따라 달라진다.

① 롱 코트

발목까지 오는 길이의 코트를 말한다. 롱 코트의 소재는 가벼울수록 좋으며, 특히 칼라의 넓이나 길이를 잘 살펴보아 자신에게 잘 어울리는 다지인을 선택하는 것이 중요하다.

② 미니 코트

무릎까지 오는 길이의 코트로, 롱 코트가 부담스럽거나 키가 작은 체형에 적합하다. 함께 착용할 옷은 허리에서 뭉치지 않도록 한 심플한 스타일과 얇은 소재와의 연출이 깔끔하게 보인다.

③ 반코트

무릎 위까지 오는 길이의 코트인데 자칫하면 뚱뚱해 보이기 쉽다. 마른 체형이 아니면 박스형이나 벨트를 묶는 A라인 디자인보다는 슬림한 디자인을 선택하는 것이 좋다.

(2) 형태에 따른 분류

① 트렌치 코트(Trench Coat)

레인코트(Rain Coat)나 더스터 코트(Duster Coat)로 널리 이용되는 활동적인 코트의 대표적인 것으로서 더블 브레스트이며 벨트가 달린 코트이다.

② 체스터필드 코트(chesterfield Coat)

뒤에는 뒤 중심에 봉제선이 들어가 있으며 노치드 라펠 칼라인 위 칼라에 벨벳을 사용하고 앞여밈은 싱글 또는 더블인 코트로 가느다랗고 길이가 그다지 길지 않으며 허리가 들어간 스타일이다.

③ 프린세스 코트(Princess Coat)

어깨선부터 스커트 단선까지 긴 판넬 모양으로 프린세스 라인이 들어가 있어 가슴의 확대와 허리의 축소를 표현하여 꼭 맞게 입는 스타일이다. 단선은 넓게 퍼진다.

④ 랩 코트(Wrap Coat)

앞 중심에 단추 없이 말아서 겹친 것 같이 만들고, 앞여밈은 코트와 같은 소재로 된 벨트를 묶도록 된 직선형의 코트이다.

⑤ 발마칸 코트(Balmacaan Coat)

네크라인에서 소매에 사선으로 절개선이 들어간 모양인 래글런(raglan) 소매와 단추를 열거나 채워 입을 수 있게 디자인한 컨버터블(convertible) 칼라가 달린 고전적이며 여유가 있는 디자인이다.

11) 가방(Bag)

정장용 가방을 고를 때는 구두의 색과 통일하는 것이 좋으며, 각자 신체크기에 따라 전신 거울에 비춰보아 가방의 크기가 알맞은지 확인을 한 후에 구입하는 것이 좋다. 또한 여름용과 겨울용 정도는 구분하는 것이 좋은데, 특히 여름철에 밝은 색의 정장차림에 검정색 가방을 드는 것은 답답해 보이고 무겁게 보이기 때문에 색상도 전체 의상과의 조화를 고려하여 옷의 스타일에 맞추도록 한다. 가방 안에 소지품을 많이 넣어서 불룩하게 보이면 단정치 못하고 센스 없는 여성으로 보이므로 특히 정장용, 사무용 가방 속에서 내용물이 뒤섞이지 않도록 알맞은 디자인을 선택하는 것이 좋다. 옷에 따라서 어깨에 메는 것과 손에 드는 것 중에 선택하는데, 가방은 단순한 기능성과 장식성을 넘어 전체적으로 조화될 수 있는 아이템이기에 목적과 장소에 맞게 사용되도록 한다.

(1) **숄더 백**(Shoulder strap Bag)

어깨에 걸치도록 디자인된 가방이다. 대부분 끈이나 밴드, 체인이 달려있는데 버클이나 스냅(snap)으로 길이를 조정할 수 있다.

(2) **샤넬 백**(Channel Bag)

샤넬이 고안한 숄더백을 말하는데 퀼팅한 부드러운 가죽제품에 금줄이나 가죽 끈을 사용한다.

(3) **새철 백**(Satchel Bag)

손잡이가 있는 백으로 지퍼같이 여밈이 단순한 학생용 가방이다.

(4) **엔벨로프 백**(Envelope Bag)

새철 백 중에서도 봉투처럼 생긴 뚜껑이 붙어 있는 핸드백을 말하는데 정장용 차림에 잘 어울린다. 손에 드는 핸드백은 우아하고 세련되게 연출된다.

(5) **배럴 백**(Barrel Bag)

원통형으로 된 핸드백으로 어깨에 메는 것과 손에 드는 것 등이 있다.

(6) **아타셰 케이스**(Attache Case)

장방형으로 된 손가방을 말한다. 단단하게 만들어진 형태이며, 비즈니스용 백 용도로 쓰인다. 주로 남성들이 더 선호하는 디자인이다.

(7) 토트 백(Tote Bag)

위가 트인 여성용 대형 핸드백으로 두 개의 손잡이가 있거나 어깨에 멜 수도 있다.

(8) 클러치(Cluch Bag)

끈이 없어 손에 쥘 수 있도록 주로 직사각형으로 디자인된 핸드백이다.

5. 올바른 향수 사용법

사람은 누구나 자신만의 독특한 체취가 있다. 좋은 체취는 자신의 이미지를 좋게 만들고 상대에게 오랫동안 인상 깊게 기억될 수 있게 하지만, 나쁜 체취는 이미지 형성에 상당히 부정적인 영향을 미칠 수 있다. 따라서 자신만의 분위기와 품격을 느끼게 할 만한 체취를 갖는다는 것은 매우 중요한 일이다. 이러한 의미에서 볼 때 향수를 잘 알고 올바르게 사용할 줄 아는 지혜가 필요한데, 향수는 좋은 향기를 풍겨 남에게 긍정적인 이미지를 형성하게 하는 역할뿐 아니라 자기 스스로에게도 긍정적인 영향을 미친다. 우리가 좋은 향기를 맡으면 기분이 좋아지고 상쾌해지며 머리도 맑아지는 것처럼 향수는 자신의 감정과 마음 상태를 안정되고 활력 있게 만드는 데 도움이 될 수 있다.

또한 향수는 종류와 농도나 향의 지속시간 등이 다르고 사람에 따라 선호하는 향이 다르므로 잘 알고 상황에 맞게 적절히 사용하지 않으면 오히려 역효과가 날 수 있음을 명심해야 한다.

1) 향의 분류

향은 부향률, 즉 알코올에 들어가는 향료의 양에 따른 분류와 발향, 즉 향의 휘발성에 따른 분류가 있다.

(1) 부향률에 의한 분류

향수는 알코올 내 원료의 함량에 따라 퍼퓸, 오데 퍼퓸, 오데 뜨왈렛, 오데 코롱 등으로 나뉜다.

① 퍼퓸(Perfume)

부향률 20% 이상인 경우를 말하며, 향수 중에서 가장 농도가 강해 향수로서의 향이 풍부하고, 향기의 지속시간이 대략 10시간 이상 된다. 향이 강하므로 소량만 포인트에 사용하는 것이 좋다.

② 오데 퍼퓸(Eau de Perfume)

부향률이 10~20%인 경우를 말하며, 퍼퓸과 오데 뜨왈렛의 중간 타입이다. 퍼퓸보다 양은 많고 향은 퍼퓸에 가까우므로 실용적이며, 지속시간은 5~7시간 정도이다.

③ 오데 뜨왈렛(Eau de Toilette)

부향률이 5~10%인 경우를 말하며, 지속시간은 3~5시간 정도이다. 옅은 향을 띠고 있어 상큼한 감각과 향수의 지속성을 즐길 수 있는 것이 특징이다. '화장수'란 의미로 가장 대중적인 향수이며, 가벼운 감각으로 간편하게 전신에 뿌릴 수 있으므로 초보자가 사용하기에 적합하다.

④ 오데 코롱(Eau de Cologne)

부향률 3~5%이며, 은은하고 상쾌한 향취가 특색인 제품으로 지속시간은 1~2시간 정도로 짧다. 가볍고 상쾌한 효과가 있어 운동이나 샤워 후 전신에 사용하기 좋다. 독일 쾰른 지방에서 '쾰른의 물'이란 이름의 향수를 개발, 이 제품이 상업적으로 성공을 거둠으로써 오데 코롱이란 이름을 갖게 되었다.

(2) 발향에 의한 분류

향은 발향 순서에 따라 톱 노트, 미들 노트, 그리고 베이스 노트의 세 가지로 분류되며, 그 느낌은 사람에 따라 조금씩 차이가 있다.

① 톱 노트(Top Note)

향수 용기를 개봉하거나, 향수를 뿌린 후 처음 냄새를 맡았을 때 느껴지는 향의 첫인상을 말한다. 레몬, 베르가못, 오렌지처럼 가볍고 휘발이 잘되는 향료의 영향을 받는다.

② 미들 노트(Middle Note)

톱 노트보다 느리게 진행되며 보다 풍부하다. 플로랄, 시프레, 그린, 스파이시, 오리엔탈 등의 향의 계열을 가지고 있다.

③ 베이스 노트(Base Note)

향의 기본 성격과 지속성을 결정한다. 낮은 휘발성을 갖고 좋은 고착성을 지닌 성분들이 여기에 속한다.

2) 향의 종류

(1) 알데히드(Aldehyde)

천연 또는 인공 원료로부터 얻어진 유기화합물로서 그 향의 확산 효과가 뛰어나 향수에는 극소량 사용된다. 우아하고 지적인 여성의 느낌을 주며 대표적인 향수는 샤넬의 '넘버5'가 있다.

(2) 시프레(Chypre)

시프레는 지중해의 사이프러스 섬에서 느낀 향기의 이미지를 따서 이름붙인 코티사의 '시프레'라는 향수에서 유래된 이름이다. 떡갈나무에서 서식하는 오크모스(이끼류)와 베르가못의 악센트가 조화를 이룬 향기로서 깊이가 있고 조용한 분위기의 향이다.

(3) 시트러스(Citrus)

귤, 라임, 레몬, 오렌지, 자몽 등 감귤류의 향기로 상큼하고 싱그러우며 달콤한 이미지를 준다. 가벼운 향이 특징이며 휘발성이 높다.

(4) 프루티(Fluty)

과일류에서 느끼는 달콤하고 향긋한 향을 말한다. 귀여운 소녀의 이미지를 연출할 때 사용하면 좋다.

(5) 플로랄(Floral)

재스민, 장미, 백합 등 한 가지 꽃향기가 주를 이루는 싱글 플로랄(Single Floral)과 두 가지 이상의 여러 가지 종류의 꽃향기가 조화를 이뤄 화려하며 우아한 플로랄 부케(Floral Couquet)가 있다. 여성에게 일반적으로 사랑받는 향이다.

(6) 그린(Green)

풀이나 나뭇잎에서 느낄 수 있는 싱그럽고 상쾌한 향이다. 그린 향의 예로는 샤넬의 '넘버19'를 들 수 있다.

(7) 오리엔탈(Oriental)

오리엔탈이란 동양의 신비로운 이미지를 표현하는 향이다. 이국적인 꽃향기, 동물의 향 그리고 향신료와 같은 향기가 나며 관능적인 느낌을 준다. 크리스찬 디올의 '쁘와종'이 대표적이다.

(8) 우디(Woody)

나무의 껍질이나 향목 등의 향내를 연상시키는 은은한 향기이다. 랑방의 '옴므'와 아베다와 '샤크라' 등이 있다.

3) 향수 사용법

① 향수는 맥박이 뛰는 곳, 즉 손목 안 쪽, 목 뒤, 귀 뒤, 팔꿈치 안 쪽, 발목 등에 사용하는 것이 좋은데 이는 은은하게 향을 확산시켜주기 때문이다.

② 민감한 피부타입인 사람은 향수를 직접 피부에 사용하지 말고 매일 갈아입는 속옷에 향수를 묻힌 솜이나 거즈를 넣어 사용하면 좋다.

③ 향취는 밑에서 위로 퍼져나가므로 치맛단, 바짓단, 무릎이나 복사뼈 등에 사용하는 것이 좋다. 몸을 움직일 때마다 향이 감돌게 하는 방법이다.

④ 실크나 흰 옷 등 주의해야 할 옷을 착용할 시에는 얼룩이 생기기 쉬우므로 직접 옷에다 사용하지 않아야 한다.

⑤ 옷에다 직접 사용하기보다는 안감 쪽에 사용하는 것이 좋다.

⑥ 한 번에 두 가지 이상의 향수를 사용하지 않도록 한다.

⑦ 겨드랑이와 같이 땀이 많이 나는 신체 부분이나 신발 속에는 절대로 사용하지 않도록 한다. 땀 냄새와 섞여서 좋지 않은 냄새가 나므로 주의한다.

⑧ T.P.O에 따라 자기가 선호하는 향수를 바꿔 쓰기도 하나, 자기의 이미지에 맞는 한 가지의 향수를 지속적으로 사용하는 것도 좋은 방법이다.

⑨ 동일한 향의 바디 제품을 같이 사용하면 향을 오래 지속시키는 효과가 있다.

4) 향수의 선택 요령

사람마다 고유의 체취가 다르기 때문에 다른 사람에게서 느껴지는 향이 좋다고 무턱대고 구입하기보다는 자신에게 맞는 향을 선택하는 것이 중요하다.

① 뚜껑을 열고 바로 맡으면 좋은 향기 이전에 자극적인 알코올부터 들이마시게 되기 때문에 향수를 직접 코에 대고 맡지 않는다. 시향지 또는 티슈에 향수를 묻혀 알코올 냄새를 제거한 후에 맡도록 한다.

② 동시에 몇 가지 향을 맡으면 향의 차이를 구분할 수 없게 되므로 한꺼번에 여러 가지 향수를 맡지 않는다.

③ 향수를 처음 사용하는 경우에는 은은하고 가벼운 향을 고르는 것이 실패하지 않는다.

④ 자신의 이미지, 자신의 나이, 즐겨 입는 패션 스타일 그리고 직업 등을 고려하여 향수를 선택하는 것이 좋다.

⑤ 정장을 주로 입고 세련된 스타일을 선호하는 비즈니스 남성에게는 샤넬의 에고이스트 플레티머 / 알뤼르 옴므, 아르마니의 아르마니 옴므, 알프레드 던힐의 디자이어 포 맨 등이 좋으며, 우아하고 지적인 느낌을 연출하고자 하는 직장 여성에게는 '샤넬 넘버5' 또는 그린 계열의 향수가 적합하다.

Chapter 5. 개인매너

03 자 세

올바른 자세와 동작은 마음의 표현이다. 올바른 자세와 동작은 자신을 아름답게 보이게 하고 호감과 신뢰감을 준다. 바른 자세를 가진 사람은 당당하고 자신감 있게 보인다. 어깨를 펴고 머리를 곧게 한 모습을 보며, 얼굴이나 키로 평가되는 외모와는 별개로 그 사람이 갖고 있는 내면의 자신감과 힘을 느끼게 되며, 신뢰감이 생기게 된다. 외모지상주의 풍조가 만연되어 있는 사회의 흐름에서 보면 자세의 효과가 크다는 점에 의구심이 생기는 경우도 있으나 무엇이든 할 수 있다는 자신감을 보여주는 데는 바른 자세와 몸가짐만한 것이 없을 것이다.

바른 몸가짐은 예로부터 예의의 표현이며 행동예절의 기초가 되어 왔다. 예절은 어려서부터의 습관 형성이 되어 있어야 어느 시간과 어느 장소에서도 자연스럽게 예절을 지킬 수 있게 된다. 바른 몸가짐을 위한 아홉 가지 방법을 옛 훈육서인「소학」,「사소절」,「격몽요결」등에 소개하고 있다.

1. 바르게 서는 자세

모든 동작의 기본은 서 있는 자세에서 비롯된다. 남성은 턱을 안쪽으로 자연스럽게 당기고 두 발은 나란히 하여 양 발꿈치를 붙인다. 발가락 끝을 30도 정도로 벌려 편안하고 자연스러운 자세를 취한다. 이때 몸 전체의 무게 중심은 두 다리에 고르게 두어

한쪽으로 기울거나 흔들리지 않도록 하고 머리, 어깨, 등이 일직선이 되도록 허리는 곧게 가슴은 쭉 편다. 머리 위쪽이 당겨진다는 느낌으로 고개는 반듯하게 들고 시선은 정면을 향한다.

양손은 둥글게 쥐어 바지선에 붙이고, 여성은 자연스럽게 두 손을 앞으로 모아 공수 자세를 취하는 것이 다소곳한 느낌을 준다. 오래 서 있어야 하는 경우에 여성은 한 발을 끌어당겨 발뒤꿈치가 다른 발의 중앙에 닿게 하여 균형을 잡고 선다.

바르게 서는 자세 ▶

2. 바르게 앉는 자세

허리를 반듯하게 하고 어깨와 머리를 균형 있게 바로 세운다. 의자에 앉을 때는 반드시 의자의 중앙에 깊이 앉도록 한다. 의자의 반 보 앞에 바르게 선 자세에서 한 발을 뒤로하고 어깨 너머로 의자를 보고 의자 깊이 앉는다. 등과 등받이 사이로 주먹 한 개가 들어갈 정도 거리를 두고 등을 곧게 편다. 이때 머리는 똑바로 한 채 턱을 당기고 시선은 정면을 향한다. 발끝은 가지런히 모아 정면을 향하게 하고, 다리는 수직으로 세운다. 소파와 같이 낮은 의자일 경우에는 무리하게 다리를 수직으로 세우지 말고, 양다리를 모아 옆으로 비스듬히 뻗는다.

남성은 허리 넓이만큼 벌리고 앉는다. 손은 양 겨드랑이가 몸으로부터 떨어지지 않도록 해서 남성은 가볍게 주먹을 쥐어 양 무릎 위에 가지런히 올려놓고 여성은 양손을 모아 스커트를 누르듯이 올려놓는다. 일어설 때 여성은 한쪽 발을 반 보 정도 앞으로 딛고 일어서면서 양발을 가지런히 모으고, 남성은 바로 일어선다.

◀ 바르게 앉는 자세

3. 바르게 걷는 자세

걸음걸이의 속도와 자세는 자신감과 비례한다. 고개를 떨어뜨리지 말고 시선을 전방으로 향하며 곧게 편 자세에서 상체를 곧게 유지하고 발끝, 발바닥, 발뒤꿈치 순으로 발바닥이 보이지 않도록 걷는다. 팔은 크게 흔들지 말고 겨드랑이 15도, 팔꿈치 45도로 자연스럽게 흔들며 양 무릎을 스치듯이 걷는다. 보폭은 자연스럽게 보통 어깨 넓이만큼 걷지만 굽이 높은 구두를 신었을 때는 보폭을 조금 작게 하는 것이 안정적이다. 팔자걸음이나 안짱다리식으로 걷지 않도록 유의하며 발소리가 크게 나지 않게 조용히 걷는다. 특히 실내에서는 보폭을 옥외에서 보다 좁게 걷고, 발자국 소리가 나지 않게 걷는다.

4. 물건을 다른 사람에게 전달할 때의 자세

서비스 전문인이 고객에게 물건을 전달하는 것은 서비스를 담아 마음을 전달하는 것이다. 물건을 받을 고객의 위치를 선택하여 멈춰 선 다음 반드시 양손을 사용하고, 한 손을 다른 한 손의 밑에 받쳐 공손하게 전달한다. 시선은 고객의 눈에서 물건으로 갔다가 다시 고객의 눈으로 옮겨 물건이 올바르게 전달되었는지를 확인한다. 물건을

▲ 우산 전달 자세

▲ 책 전달 자세

전달할 때에도 시선을 놓치지 않아야 한다. 건네주는 위치는 가슴부터 허리 사이가 되도록 하고, 고객의 입장과 편의를 고려하여 무거운 물건은 가벼운 듯이, 가벼운 물건은 무거운 듯이 전달한다.

- 가위, 칼, 우산 등은 손잡이가 고객 쪽으로 가도록 한다.
- 바늘이나 핀 등은 종이나 천으로 싸서 전달한다.
- 신문, 서류, 책은 고객에게 글씨가 바로 보이도록 전달한다.

5. 물건이나 방향을 가리키는 자세

손으로 물건의 방향을 가리킬 때는 우선 손가락 끝을 가지런히 모아 손 전체로 가리키며, 손을 펴는 각도로 거리감을 표시한다. 우측을 가리킬 경우 오른손, 좌측을 가리킬 경우는 왼손을 사용한다. 그리고 사람을 가리킬 경우에는 두 손을 사용하도록 한다. 또한 뒤쪽 방향을 지시할 때는 몸의 방향도 뒤로 하여 가리킨다.

손가락으로 지시하거나, 턱이나 고갯짓으로 안내하거나, 고객의 눈을 보지 않고 지시하는 자세는 삼간다.

◀ 방향을 가리키는 자세

04 인 사

1. 인사(人事)

인사의 한자 표현인 '人事'의 의미를 생각해 보면, '사람이 마땅히 해야 할 일', '사람을 존중하는(섬기는) 일'이라는 의미이다. 이는 인간관계의 기본이며 사람이 가장 사람다울 수 있게 하는 아름다운 행위이다. 따라서 무엇보다 중요한 것이 인사하는 마음가짐인바, 상대를 존중하는 마음으로 인사를 해야 한다.

인사는 처음 만난 사람이나 웃어른에게 자신의 모든 것을 가장 잘 표현하고 상대에게서 호감을 받을 수 있는 방법이 될 수 있는 반면, 제대로 예의를 지키지 않을 때는 사람 됨됨이의 평가로까지 연장될 수 있는 문제이므로 각별히 유의해야 할 것이다.

인사는 사람만이 하는 일로 모든 예의범절의 기본이며, 상대에게 마음을 열어주는 구체적인 행동의 표현이다. 오늘날 현대사회에서 인사는 상대방에게 마음속으로 우러나오는 관심과 존경을 나타내는 적극적인 서비스 형식으로 인간관계를 시작하고 원활하게 하는 중요한 매너이다. 인사를 통해 상대방에 대한 불안감을 없애주고, 상대방에 대한 호의를 전달하며 상대방과의 관계를 나타내고, 화합과 일체감의 토대가 된다.

1) 인사의 의미

- 마음에서 우러나오는 만남의 첫걸음이며 마음가짐의 외적 표현이다.
- 인간관계의 시작이고 끝이다.

- 서비스맨의 척도이며 기본이다.
- 마음의 문을 여는 열쇠이다.
- 상대에 대한 존경심의 표현이며 친절하겠다는 약속의 표현이다.
- 상대에게 줄 수 있는 첫 번째 감동이다.
- 상사에 대한 존경심의 표현이다.
- 동료 간의 우애의 상징이다.
- 고객에 대한 서비스 정신의 표현이다.
- 자신의 인격과 교양을 표현하는 것이다.

2) 인사의 중요성

인사는 상대를 존중하는 마음, 호감을 드러내는 표시이며, 이는 마음에서 우러나는 친절의 표시로서 즐겁고 명랑한 사회생활과 원만한 대인관계의 기초를 이루는 것이다. 인사는 상호 간에 나누는 것을 원칙으로 하며 상대의 답례에 따라서 하는 것보다 자신이 먼저 행하는 데 의의가 있다. 서비스가 훌륭하다고 평가되는 곳을 보면 인사를 잘 한다는 공통점을 갖는다. 이처럼 서비스맨에게는 서비스의 척도가 인사가 되는 것으로, 인사도 제대로 못하는 사람에게 훌륭한 서비스를 기대할 수 없는 것이다. 모 그룹의 회장은 신입사원을 선발할 때 인사하는 모습을 유심히 보았다. 인사하는 모습을 보면 그 사람의 품성을 알 수 있었다고 한다. 인사는 단순한 동작이지만 많은 의미를 내포한 중요한 의식인 만큼 바른 자세로 마음을 담아 밝은 미소와 함께 건네야 한다.

잘못된 인사	올바른 인사
• 망설이다가 하는 인사 • 고개만 까닥하는 인사 • 무표정한 인사 • 눈을 마주치지 않은 인사 • 말로만 하는 인사 • 기본 인사말만 하는 인사	• 내가 먼저 하는 인사 • 허리를 굽혀 하는 인사 • 밝은 표정의 인사 • 상대와 눈을 맞춘 인사 • 마음을 담은 인사 • 인사를 잘 받는 것도 인사

채용식 외, 매너학. 학문사

3) 인사의 구분

(1) 목례(약례, 반경례)

- 평교지간, 아랫사람의 인사에 대한 답례, 복도에서 두 번 이상 만난 어른, 공간이 좁아서 제대로 인사할 수 없을 때, 낯선 어른에게 하는 인사이다.
- 가벼운 인사로 약 15도의 각도로 허리를 굽히면서 시선은 발끝 2~3미터 앞에 둔다.

(2) 보통 인사(경례, 평상례)

- 일상생활에서 어른이나 상사를 만났을 때 한다.
- 상체를 30도 숙여 인사하며 시선은 1미터 앞쪽에 바라본다.

(3) 정중한 인사(최경례, 큰 경례)

- 가장 공손한 인사이다.
- 감사, 사죄시, 국빈, 국가의 원수, 집안 어른, 결혼식 등에 시행한다.
- 상체를 45도 정도 숙여 인사하며 눈은 자신의 발 앞을 향한다.

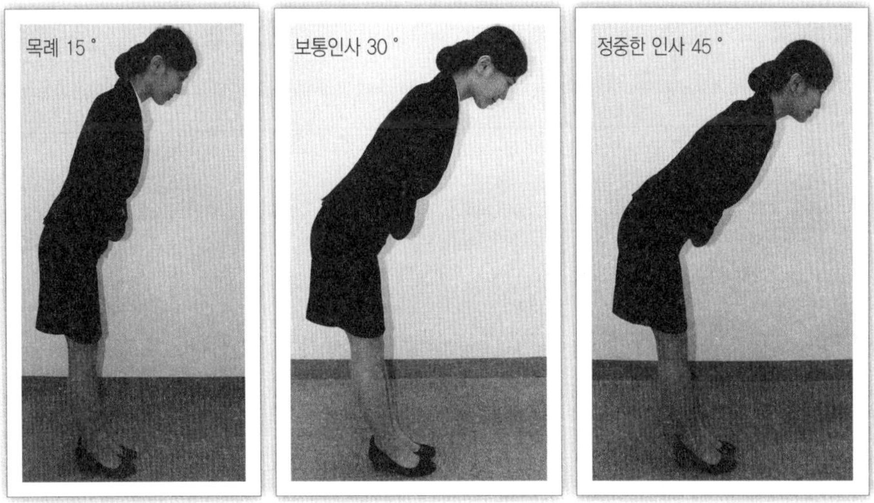

◀ 올바른 인사의 기본자세

일반적으로 인사는 15~30도 사이에서 상대와 상황에 따라 적당히 활용하여야 한다. 여기서 각도란 머리의 각도가 아닌 허리의 각도를 말한다.

90도 인사는 배례라 하며 가장 정중한 인사이나 의식 인사인바, 일상생활에서는 사용하지 않는다. 근래 들어 일부 대형 할인매장에서 90도 인사를 하는 경우를 보는데, 동작이 큰 탓에 개별 고객에 대한 인사라기보다는 불특정 다수를 향한 의식적인 인사라는 느낌이었다.

인사를 하는 입장에서도 부담이 가는 동작일 것 같다는 생각이 들었다. 45도 인사가 정중한 인사인 만큼 그 이상의 각도로 하는 인사는 같은 의미를 내포한 동작인 것이다.

4) 인사의 기본자세

① 먼저 상대의 정면에서 눈을 보고 선다(eye contact).

② 상대방과 시선을 맞추고 미소를 지으며 상냥하게 인사말을 건낸다. 이때 고개는 반듯이 들고 다리, 등과 목을 펴고 배를 끌어당기며 허리부터 숙인다. 턱은 자연스럽게 당기며 양손을 둥글게 쥐어 바지 옆선에 붙인다. 여자는 손을 앞으로 모으되, 오른손을 왼손 위에 포개는 공수자세를 한다. 발꿈치는 서로 붙이고 양발의 각도는 30도 정도로 벌린다.

▲ 올바른 인사의 기본자세

③ 상체를 굽힌다. (1초)

④ 머리, 등, 허리선이 일직선이 되도록 숙인 상태에서 잠시 멈춘다. (1초)

⑤ 자연스럽게 상체를 천천히 올린다. (2초)

⑥ 마지막으로 상체를 들어 올린 다음 똑바로 선 후 상대에게 시선을 고정(eye contact)하고 미소를 짓는다.

5) 상황과 장소에 맞는 인사

인사는 자세와 더불어 중요한 것이 목소리와 표정이다. 좋은 인사의 3박자는 인사하는 자세, 경쾌한 목소리와 밝은 표정이다. 목소리는 'sol' 음의 톤으로 밝은 인사를 건네도록 한다. 각각의 상황에 적합한 인사는 다음과 같다.

(1) 복도에서의 인사법

- 상대방을 보면서 시선을 맞춘 후 걸어가면서 미소 띤 얼굴로 간단히 인사말을 한다.
- 인사말 후 바로 허리를 굽혀서 인사를 하고, 상사인 경우는 벽 쪽으로 비켜서 있다가 스치는 순간에 인사한다.
- 복도 끝이나 모퉁이를 돌면서 갑자기 상대방을 만난 경우 상대방이 놀라지 않도록 뒤 또는 옆으로 한걸음 물러서서 인사를 한다.

(2) 좌석에서의 인사법

- 자리에 일어나는 동안 인사를 하고 바로 선 자세에서 허리를 굽혀 인사를 한다.
- 자세를 바로 한 후 상대의 시선을 보고 다시 앉도록 한다.

(3) 계단에서의 인사법

- 계단에 발을 딛기 전에 목례로 간단한 예의를 갖춘다.
- 계단에서 상사를 만나게 될 때는 가벼운 목례를 한 후 옆으로 비켜서 있다가 상사가 계단을 올라왔을 때 인사한다.
- 사선 걸음으로 계단을 통과한 후 상대 앞에서 기본자세를 갖춘 후 인사한다.

(4) 걸을 때 인사법

- 상대방과 2~3m 정도의 지점에 이르렀을 때 한다.

- 상대를 향해 기본자세를 갖춘 후 인사한다.
- 상급자인 경우에는 상급자가 지나간 후에 움직이도록 한다.

▲ 계단에서의 상사에 대한 인사

인사의 7 포인트

1. 마음을 담아서
2. 상대의 눈을 보고(eye contact)
3. 내가 먼저
4. 밝고 환한 미소로
5. 인사말과 함께
6. 바른 자세로
7. 지속적으로

2. 전통적인 절

예절은 우리가 약속해 놓은 생활방식이며 형식상의 절차에 따라 이루어진 것이 아니고 누구든지 다 그렇게 하기 때문에 하나의 관습(버릇)이 되고 그 관습이 쌓여서 약속으로 취한 것이다. 「예기」에는 “사람이 예가 있으면 편안하고 예가 없으면 위태롭다. 그렇기 때문에 예는 배우지 않을 수 없는 것이다. 무릇 예라는 것은 자기를 낮추고 상대방을 공경하는 마음가짐을 원칙으로 한다."라고 하였다.

예절이란 일정한 생활문화권에서 오랜 생활습관을 통해 하나의 공통된 생활방법으로 정립되어 관습적으로 행해지는 사회 계약적인 생활규범이다. 관습적으로 행해지는 사회 계약적인 예절은 인간으로서 자기관리와 사회인으로서의 대인관계를 원만히 하기 위해서 있어야 하는 사회생활상의 규범이며 예법이다.

(1) 절의 종류

절의 종류에는 정중한 의식에서 행하는 큰절, 평상시 웃어른을 뵐 때 하는 평절, 약식절인 반절이 있다.

표 5-6 ●●● 절의 종류와 유의점

<table>
<tr><th>종류</th><th>절을 하는 경우</th><th>유의점</th></tr>
<tr><td>큰절</td><td>• 제사, 성묘
• 전통 혼례시 교배와 폐백
• 상례시 영전
• 부모 회갑</td><td rowspan="3">• 절하는 도중에는 인사말을 하지 않는다.
• 병환 중이거나 누워 계신 분에게는 절을 하지 않는다.
• 절은 가능한 받으시는 분께 각각 한다.
• 절을 너무 빠르게 하지 않도록 한다.</td></tr>
<tr><td>평절</td><td>• 설날 세배
• 어른의 생신
• 선생님, 연장자 등의 웃어른께 인사
• 문안인사
• 상례시 상주와의 인사</td></tr>
<tr><td>반절</td><td>• 웃어른의 아랫사람 절에 대한 답례</td></tr>
</table>

(2) 절하는 방법

절을 할 때에는 존경과 감사의 마음을 갖고, 살아 있는 사람에게는 남성은 한 번, 여성은 두 번을 기본 횟수로 하지만 근래에는 보통 남녀 한 번씩 한다. 차례나 혼례 등의 의식이나 죽은 사람에게는 기본 횟수의 두 배를 한다.

표 5-7 ●●● 절하는 방법

	남성	여성
큰절	• 상대를 향해 공수자세로 선다. • 허리를 굽히고 공수한 손은 바닥을 잡는다. • 왼쪽 무릎을 먼저 꿇은 후 오른쪽 무릎을 왼 무릎과 가지런히 한다. • 발등을 포개고 뒤꿈치를 벌리고 앉는다. • 허리를 깊이 숙이고 팔꿈치를 바닥에 붙이며, 이마를 숙인다. • 잠시 정지했다가 머리를 들고 팔꿈치를 바닥에서 뗀다. • 오른쪽 무릎을 세우고 공수한 손은 세운 오른쪽 무릎을 짚는다. • 왼쪽 무릎을 세우며 일어나서 두 발을 가지런히 모은다. • 공수하고 바로 선 자세를 취한다.	• 상대를 향해 공수자세로 선다. • 공수한 손을 팔꿈치와 수평이 되게 어깨 높이로 올린다. • 고개를 숙이며, 왼쪽 다리를 뒤로 빼고 오른쪽 무릎을 가지런히 꿇는다. • 발뒤꿈치를 벌리고 엉덩이를 깊이 내려 앉는다. • 허리를 숙이고 잠시 정지했다가 윗몸을 일으킨다. • 오른쪽 무릎을 먼저 세우고 일어난 후 두 발을 가지런히 모으고 선다. • 어깨 높이의 손을 원래 위치로 내리고 고개를 반듯이 한다.
평절	• 큰절과 같고, 다만 큰절보다 허리를 숙여 이마가 손등에 닿는 시간을 짧게 한다.	• 공수하고 상대와 마주 선다. • 양손은 자연스럽게 옆으로 내리고 발뒤꿈치를 벌려 엉덩이를 깊이 앉는다. • 손가락을 모아 손끝을 양 무릎 옆 바깥쪽으로 향하고 가지런히 바닥에 댄다. • 허리를 숙여 상체를 앞으로 굽히며 두 손바닥을 바닥에 댄다. 이때 엉덩이가 들리지 않도록 한다. • 잠시 정지했다가 윗몸을 일으키고 두 손은 바닥에서 떼어 몸 옆으로 붙인다. • 오른쪽 무릎을 먼저 세우고 손끝을 바닥에서 뗀다. • 일어서며 두 발을 가지런히 모으고 선다. • 손은 공수자세를 하고 다리를 모아 선다.

반절	• 공수한 손을 바닥에 대며 무릎을 꿇고 팔을 굽혀서 앉지 않고 다시 일어선다. 경우에 따라 앉은 채로 상체나 고개를 가볍게 숙이기도 한다.	• 평절을 약식으로 하는 것으로서, 앉은 채로 상대에 따라 손을 양옆에 살짝 짚거나 앞으로 모아 짚고 머리와 허리를 약간 숙인다.
	• 맞절시에는 아랫사람이 먼저 시작해 늦게 일어나고 윗사람이 아랫사람의 절의 답례시에는 아랫사람이 일어나기 전에 끝낸다.	

표 5-8 ●●● 공수자세

공수(拱手)	두 손을 앞으로 모아 잡아 허리 아래로 내려놓은 공손한 자세(의식 행사에 참여시, 어른 앞에서 공손한 자세를 취할 때, 전통 배례시)
공수자세	두 손의 손가락을 가지런히 붙여서 편 다음 앞으로 모아 포갠다. 엄지손가락은 엇갈려 깍지를 끼고, 집게손가락 이하 네 손가락은 포갠다. 아래 네 손가락은 가지런히 펴고, 위의 네 손가락은 아래에 있는 손의 새끼손가락을 지긋이 쥐어도 된다. 평상시 공수할 때 남성은 왼손이 위로 가고, 여성은 오른손이 위로 가며(女右男左), 흉사시에는 그 반대로 한다.

◀ 흉사시의 공수자세

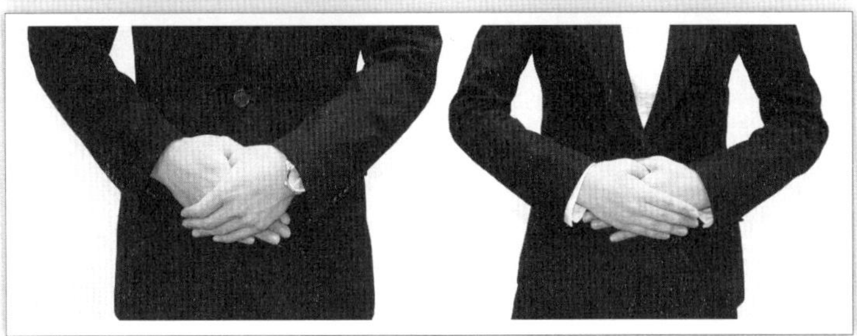

◀ 평상시의 공수자세

사례

인사 정도는 상대방 나라말로 해야....

비즈니스는 사람 간의 상호작용이기 때문에 국적과 모습, 문화, 언어가 다르다 하더라도 내가 먼저 신뢰와 호의를 가지려는 마음가짐이 있으면 상대방도 그러기 마련이다. 상대방의 회사나 만나게 될 파트너에 대한 사전지식은 기본이다. 또 상대방이 사용하는 언어를 자유롭게 구사하지 못한다면 최소한 "안녕하세요.", "만나서 반갑습니다.", "감사합니다." 등 대표적인 표현들을 익히자.

특히 외국을 방문할 경우 명함에 상대방의 언어로 내 이름을 기재한 것을 준비해 가는 것도 아주 좋다.

상대방 문화의 관습이나 습관을 익혀 두면 더욱 좋다. 식사 및 인사예절, 접대문화, 그 나라의 유명인이나 대표적 산업 등에 대한 기본적 사전 이해가 있으면 친밀해지는 데 효과적이다. 예를 들어 프랑스인과 한국인들은 약속에 조금씩 늦는 경향이 있다. 아랍권의 사람들과는 모든 일을 반드시 오른손으로 해야 한다. 조용한 일본인들과는 따뜻하면서도 깍듯이 예의를 갖추되 음성을 낮추는 것이 좋다.

전통 음식이나 술에 대한 이해와 관심을 표현하는 것은 상대방의 호의를 사는데 특히 쉽고 빠른 방법이다. 한국의 김치, 일본 스시, 스페인 타파즈, 이탈리아 안티파스티(식전음식), 와인 등에 대해 칭찬하면 좋다.

외국에서 사업 파트너가 온 경우, 그 나라에 거주했거나 어떤 이유로든 그 나라를 잘 아는 사람을 저녁식사에 함께 초대하면 분위기가 한결 부드러워지고 친밀도를 쉽게 높일 수 있다. 담배를 피우는지, 술을 좋아하는지, 출장 중 관광이나 쇼핑을 즐기는지와 같은 파트너의 취향이나 습관을 파악하면 접대가 수월해진다.

작지만 정성이 담긴 선물은 좋은 인상을 남긴다. 와인, 차, 음악 등 상대방의 기호에 맞는 선물이면 더욱 좋을 것이다. 따뜻한 인사말이 담긴 카드를 선물과 함께 전달한다면 더욱 오랫동안 기억에 남을 것이다.

—찰스 드 푸코(Foucault), 리츠칼튼 호텔 총지배인

〈조선일보 2004. 6.30〉

Chapter 6

기본매너

01 소개 매너

02 명함 매너

03 악수 매너

04 전화 매너

01 소개 매너

1. 소개 매너

현대 비즈니스 사회에 있어서 인간관계는 개인의 업무능력을 평가하고 수단이 되는 하나의 자산으로 여겨진다. 소개와 인사는 인간관계를 형성하는 기본 매너로, 그 사람의 첫인상을 좌우할 뿐만 아니라 사람들에게 존경과 반가움을 표시하는 방법으로 성공적인 비즈니스를 위한 첫 걸음이 된다. 국가와 문화 · 종교 · 연령 · 장소 · 지위 · 성별에 따라 방법은 다르나, 상대방을 존중하고 좋은 인간관계를 형성하는 데 있어서 상대방을 처음 만났을 때의 인상과 느낌은 오랫동안 영향을 미친다. 따라서 사람들과의 첫 만남에서 자신과 다른 이들을 소개하고 소개받는 형식과 예의는 매우 중요하다.

1) 자기 자신을 소개할 때

- 자신의 지위를 밝히지 않고 이름과 성을 알려주는 것이 상례이다.
- 자신의 이름 앞에 Mr. 혹은 Mrs.나 Miss 같은 존칭을 붙이지 않는다.

2) 타인을 소개시

윗사람의 이름을 먼저 부른 후 아랫사람의 이름을 알려주는 것이 원칙이다.

3) 소개 순서

① 이성 간에는 여성에게 남성을 소개한다.

② 손윗사람에게 손아랫사람을 소개한다.

- 지위가 높은 사람에게 지위가 낮은 사람을
- 연장자에게 연소자를
- 선배에게 후배를

③ 손님에게 집안사람을 소개한다.

④ 기혼자에게 미혼자를 소개한다.

⑤ 고객(외부인)에게 회사동료를 소개한다.

⑥ 기혼 여성에게 남성을 소개하는 것이 원칙이나 왕, 대통령, 왕족, 성직자에게는 예외이다.

2. 소개시 주의점

1) 소개시 소개하는 사람과 소개받는 사람 모두 일어서서 한다.

2) 두 사람을 소개할 때 두 명 중 한쪽만을 소개한다든지 이름을 빠뜨리는 등의 결례를 해서는 안 된다.

3) 소개시 성과 이름 모두 말해야 한다. 외국인의 경우도 마찬가지이다. 첫 인사를 할 때는 정중하게 자기를 낮추고 상대를 존중한다.

4) 소개의 5단계

- 1단계 : 일어선다.
- 2단계 : 밝은 표정으로 소개를 나눈다.
- 3단계 : 악수나 인사를 한다.
- 4단계 : 명함을 건넨다.
- 5단계 : 대화가 끝난 후 마무리 인사를 한다.

3. 소개시의 에티켓

상대방을 소개하기 전에 미리 소개할 내용과 정확한 이름을 확인·기억하여 실제 소개시 실수하지 않도록 한다. 소개를 받은 상대방의 이름을 대화시 사용하면 상대방의 친근감과 호의를 불러일으킬 수 있다. 소개를 받으면 상대방의 얼굴과 이름을 정확히 외우도록 하며, 특히 어려운 이름이거나 외국인인 경우 이름을 잘못 부르거나 기억이 나지 않아 본인에게 다시 묻는 실례를 하지 않도록 소개시 정확한 발음과 철자를 확인한다.

소개시에는 소개를 받는 사람이나 소개되는 사람 모두 일어서는 것이 원칙이며, 좀 더 구체적으로 살펴보면 다음과 같다.

① 동성끼리 소개받을 때는 서로 일어선다.

② 연장자, 자신보다 지위가 매우 높은 사람을 소개받을 때는 남녀에 관계없이 일어서는 것이 원칙이나 환자나 노령인 사람은 예외이다.

③ 남성이 여성을 소개받을 때는 반드시 일어날 필요는 없다.

④ 여성이 남성을 소개받을 때 반드시 일어날 필요는 없다. 나이가 많은 부인이나 앉아 있던 여성은 그대로 앉아 있어도 무방하다.

⑤ 파티를 주최한 호스테스의 경우에는 상대가 남성이더라도 일어나는 것이 예의다. 그러나 한국이나 동양문화권의 경우 예의 없는 행동으로 보일 수 있으므로 일어서는 것이 좋다. 소개가 끝나면 먼저 소개받은 사람이 상대방에게 인사를 청하여 악수나 목례를 나눈다. 이때 상대방의 이름을 반복하고 간단한 인사말을 덧붙이면 좋으나, 지나치게 장황한 인사말이나 칭찬은 상대방을 거북하게 할 수 있으므로 삼가고, 공손한 태도로 상대방에게 좋은 느낌을 주도록 한다.

Chapter 6. 기본매너

02 명함 매너

옛날 중국에서 대나무를 깍아 이름을 적은 데서 비롯되었다고 한다. 오늘날에는 인쇄한 명함을 사용하는 것이 보통이고, 외국에서는 주로 이름만 적는데, 한국에서는 이름 외에 주소 · 전화번호 · 직장 · 직위 등을 기입한다. 명함의 모양 · 크기도 나라마다 여러 가지인데, 현재 한국에서 사용하고 있는 것이 일반적이며, 영국 · 미국에서는 여성용 명함이 크다. 재질도 종이에 국한하지 않고, 인화지나 플라스틱을 사용한 것, 얇은 철판을 이용한 것도 있다. 이 밖에 자신의 컬러사진을 곁들인 명함도 등장하는 등 다양해지고 있다.

서양인들은 세 가지 종류의 명함을 사용한다. 초대용은 성명과 여백에 초대내용을 기입하고, 일반용은 성명, 주소 그리고 전화번호를 기입하며, 비즈니스용은 성명, 주소, 전화번호, 직장과 직함까지 기입한다.

동양에서는 비즈니스용만 사용하는데 초면에 아무에게나 내미는 것도 매너에 어긋날 수 있다.

1. 명함의 규격

보통 일반적인 규격의 명함은 3.3×2.25인치이며 사각형 순백지이다. 영국과 미국에서는 남녀 모두 같은 형태의 명함을 사용하고 여성용이 남성용보다 크다. 또한 프랑스를 비롯한 유럽에서는 반대로 남성용이 여성용보다 큰 경우도 있다.

2. 명함의 종류

1) 방문명함 · 사교명함(visiting card · calling card)

꽃이나 선물을 보낼 때 사용하거나 방문용으로 사용하는 명함이다. 가능한 주소와 전화번호를 기입하지 않는다.

2) 업무용 명함(business card)

비즈니스에 사용할 목적으로 주고받는 명함이며, 방문용 명함과 명확히 구분하여 사용하여 한다. 업무용 명함일 경우에는 상호 · 성명 · 주소 · 전화 · 팩스번호 등을 기입한다. 영국에서는 업무용 명함이 사교용 명함보다 약간 크며, 사교용 명함은 필기체로 되어 있고 업무용은 고딕체나 명조체로 되어 있다. 명함에서 'President'라는 용어는 대통령 · 그룹 회장 · 대학총장 등의 경우에만 사용되므로 제작할 때에 주의해야 한다. 'General Manager'와 'General Director'라는 용어도 대기업에서 'Manager'나 'Director'가 여러 명 있을 경우에만 사용하고, 개인 회사에서는 'Director'나 'representative'로 표기해야 한다.

3. 명함 교환 매너

1) 보관

- 명함은 반드시 명함지갑을 준비하여 그곳에 넣도록 하자. 명함은 자기의 얼굴이기 때문이다.
- 명함은 구겨지지 않도록 보관한다. 특히 바지 뒷주머니 지갑속에 보관하는 것은 구겨지기도 하며 꺼낼 때 상대방에게 불쾌감을 줄 수도 있다.
- 해외에 나갈 때는 명함을 넉넉히 준비하여 만나는 사람들과 자유로이 교환할 수 있도록 한다.
- 받은 명함은 언제라도 찾아볼 수 있도록 명함철에 잘 정리해 둔다.
- 정리할 때 만난 날짜, 그 사람의 특징 그리고 만난 장소, 같이 만난 사람의 이름 정도를 명함 이면에 메모해 둔다.
- 명함 정리시에는 필요한 명함과 그렇지 않은 명함을 구분하여, 필요시 괜한 시간을 낭비하지 않도록 한다.

2) 명함을 줄 때

- 일어서서 두 손으로 주거나 오른손으로 준다. 이때 왼손은 오른손을 받친다.
- 상대를 기다리게 하지 않도록 용의주도하게 준비한다.
- 상대방의 위치에서 자기의 성명이 바르게 보이도록 건넨다.
- 일본 · 중국 · 싱가포르에서는 양손으로 명함을 전달한다.
- 식사 중에는 명함을 전달하지 않으며, 식사가 끝날 때까지 기다리도록 한다.
- 저녁 파티에서는 상대방이 먼저 명함을 요청하지 않으면 꺼내지 않는다.
- 손아랫사람이 먼저 윗사람에게 내밀며, 방문자가 먼저 내민다.

3) 명함을 받을 때

- 받을 때도 일어서서 받고 감사인사를 한다.
- 명함의 내용 중 궁금한 것은 그 자리에서 물어본다. 발음하기 어려운 이름일 경우는 확실히 알고 넘어가며 모르는 한자일 경우도 물어본다.
- 받은 명함은 곧바로 주머니속에 넣지 말고 그 자리에서 읽어보는 것이 예의이다. 이것은 이름을 잊지 않게 하기 위해서도 필요하며 상대방에 대한 존중의 표현이다.
- 받은 명함은 명함지갑에 잘 보관하며, 아무렇게나 주머니 속에 넣지 않도록 한다.
- 상대방의 명함을 손에 쥔 채 만지작거리거나 탁자를 치는 등의 산만한 행동을 보여서는 안 된다. 상대방이 보는 앞에서 명함에 날짜를 적는다는지 하는 행동도 보기에 좋지 않다. 낙서처럼 보일 수 있기 때문이다.

4) 명함을 교환할 때 쓰는 표현

명함을 교환하는 것도 비즈니스이다. 상대방이 미처 생각하지 못하고 명함을 건네지 않을 경우, 망설이지 말고 직접 이야기하는 당당함을 갖자.

- 명함을 요청할 때 : "May I have your business card?"
- 자신이 명함을 줄 때 : "Here's my card...."

03 악수 매너

악수는 상호 간의 정을 표현하는 것으로 사교활동의 중요한 행위이다. 로마인들에게 악수는 신뢰의 표시였으며 중세까지도 악수는 적의가 없음을 확인시키는 행위로 인식했다. 서양에서 악수를 사양하는 것은 실례로 간주되며 정중한 마음과 바른 자세, 밝은 표정으로 연출하는 인사법이다.

1. 악수하는 순서

원칙적으로 손윗사람이 아랫사람에게 손을 내민다.

(1) 여성이 남성에게
(2) 손윗사람(연장자)이 손아랫사람에게
(3) 선배가 후배에게
(4) 기혼자가 미혼자에게
(5) 상급자가 하급자에게

그러나 국가원수, 왕족, 성직자 등은 이러한 기준에서 예외가 될 수 있다.

2. 악수하는 방법

악수는 서로 마주서서 손을 잡고 상하로 흔들어 움직이는 동작이다.

(1) 악수는 원칙적으로 오른손으로 한다.

오른손에 부상을 당했을 경우에는 원칙에 얽매이지 않고 왼손으로 할 수도 있으나 흔히 왼손은 부정적으로 여기므로 양해를 얻어 악수를 사양하는 것도 방법이다.

(2) 손을 쥘 때

우정의 표시이므로 너무 느슨하게 쥐는 것은 냉담한 느낌을 줄 수 있고 스치듯 가볍게 쥐는 것은 상대를 경멸하는 인상을 준다. 너무 세거나 약하지 않게 쥐는 것이 가장 좋은 방법이다. 남자들끼리는 오히려 힘을 주는 편이 좋겠다. 또 너무 오랫동안 손을 쥐고 있는 것은 좋지 않다.

(3) 손을 흔들 때

손을 상하로 가볍게 흔드는데, 자신의 어깨보다 높이 올려 흔들어서는 안 된다. 또한 여자와 악수할 때는 남자처럼 손을 흔들지 않는 것이 좋다.

◀ 바르게 악수하는 자세

3. 악수 에티켓

(1) 수많은 사람을 대하는 경우

손에 힘을 빼고 악수하는 것이 좋으며 여성과 악수할 때 너무 꽉 잡으면 반지 등으로 인해서 상대방에게 고통을 줄 수 있으므로 주의한다.

(2) 상대가 악수를 청할 때

남성은 반드시 일어서야 하는 것이 에티켓이며 여성은 앉은 채로 악수를 받아도 상관없다. 그러나 연배의 여성은 제외하더라도 젊은 여성이 앉아 있는 모습은 외관상 좋지 않으므로 일어나서 하는 것이 좋다.

(3) 악수를 할 때

양손을 걸치거나 어깨를 껴안는 등 필요 없는 과장된 행동은 품위가 없어 보이므로 삼가도록 한다.

(4) 악수와 장갑

남성은 악수할 때 장갑을 벗는 것이 에티켓이다. 특히 여성과 악수를 할 때에는 반드시 장갑을 벗어야 하는데, 다만 우연한 만남으로 여성이 손을 내밀 때 당황하여 장갑을 벗느라고 상대방을 기다리게 하는 것보다는 실례한다고 양해를 구한 후 장갑을 낀 채로 신속하게 악수를 하는 것이 에티켓이다. 한편, 여성은 실외에서 악수를 하는 경우 반드시 장갑을 벗을 필요가 없으며, 낀 채로 해도 무방하다. 특히 공식파티(Formal Party)에서 호스테스인 경우에는 손님에게 장갑을 낀 채로 악수를 청한다. 리셉션 파티시에도 리시빙 라인(Receiving Line)에 서서 손님을 맞이할 때 장갑을 끼고 할 수 있다. 부인이 꼭 장갑을 벗어야 하는 경우는 승마장갑 내지는 청소용 장갑을 꼈을 때뿐이다.

(5) 우리나라 사람

악수할 때 사의를 표하는 경향이 있으나 이는 비굴하게 보일 수 있으므로 주의하도록 한다. 악수는 당당하게 해야 하며 대통령, 왕족을 대하는 경우에는 머리를 숙여야 하지만 그 이외의 경우에는 머리를 숙일 필요가 없다.

대충 상대방의 눈을 보며 악수를 하면 어느 정도 관습에서 오는 결점을 피할 수 있을 것이다.

(6) 여성의 경우

먼저 악수를 청하는 것이 에티켓이므로 외국인과 만나는 사교모임에서는 한국 여성들도 주저하지 말고 즉시 악수를 청하며 손을 내미는 것이 자연스럽겠다.

04 전화 매너

전화는 오늘날 우리의 일상생활에서 절대로 없어서는 안 될 물건이다. 특히 비즈니스 사회에서 전화의 가치와 효용은 절대적이라 할 수 있다. 그런데 전화는 상대방의 얼굴을 직접 보지 않고 대화하기 때문에 예절 문제에 대해 자칫 소홀해지기 쉽다. 전화를 거는 방법이나 태도에 따라 실례가 되기도 하고 지나치면 상대방의 기분을 상하게 하기도 한다.

전화는 정보화 시대의 필수적인 도구이자 업무상 중요한 의견교환 수단이다. 그러므로 전화의 올바른 사용법을 익히는 일은 곧 업무능력 향상과 직결되는 요소로 "업무의 기본"이라 할 수 있다. 또한 전화 응대 방법에 따라 회사의 이미지가 좌우된다는 점에서 전화는 곧 회사의 얼굴이라고도 할 수 있다. 다시 말하면 고객과의 얼굴 없는 만남이 이루어진다는 점에서 고객 접점의 제1선이 되기도 한다는 것이다. 전화를 거는 방법이나 받는 태도로 인하여 고객이나 상대방의 기분을 상하게 하는 것은 회사의 손실과 직결된다. 좋은 응대를 하기 위해서는 자세를 바르게 하고 상대방과 대면하고 있는 듯이 이야기하는 것이 중요하다.

전화는 직접적인 경비만이 아니라 귀중한 시간도 소비한다는 것을 늘 머릿속에 두어야 한다. 특히 상대방에게 전화를 건 경우 상대는 하던 업무를 중단한 상태이고, 긴 이야기를 할 형편이 아닐 수도 있음을 염두에 두어야 한다.

짧은 시간에 용건을 요령 있게 이야기 하는 습관을 들여야 하며, 한 마디로 비즈니스 전화예절은 "신속하게, 정확하게, 정중하게"라는 말로 요약할 수 있다. 전화를 올바르게 사용하고 항상 친절하고 예절 바르게 응대할 수 있는 매너가 필요하다.

서비스 전문인의 전화 통화시 유의사항

- 전화 응대시 회사의 주인이자 대표자라는 자세로 임한다.
- 한 사람의 불친절한 응대가 회사 전체의 이미지를 손상시키기도 한다는 것을 유념한다.
- 전화 응대는 음성만으로 나의 친절을 표현해야 하므로 더욱 세심한 주의를 기울인다.

1. 전화 응대의 기본 요구사항

전화는 고객 접점의 제일선이 되며 다른 업무나 서비스에도 연쇄적인 영향을 미친다. 전화 응대시에는 친절하고 신속하게 고객의 욕구를 충족시키고 문제 해결에 즉각적인 도움을 줄 수 있도록 전문성을 갖추어야 한다.

(1) 정확성

① 음성을 바르게 하고 어미를 명확히 한다.

② 성명, 품명, 수량, 일시, 장소 등은 천천히 정확하게 전한다.

③ 상대가 이해하지 못할 전문용어나 틀리기 쉬운 단어는 사용하지 않는다.

④ 내용의 요점이 상대에게 정확하게 전달되었는지 확인하고, 복창한다.

⑤ 중요한 부분을 강조한다.

⑥ 고객의 의도를 정확하게 파악할 수 있는 듣기능력을 배양한다.

⑦ 업무에 대한 정확한 전문지식을 갖춘다.

(2) 친절성

① 눈앞에 고객이 있다는 마음으로 응대한다.

② 상대방을 존중하면서 경청하고자 하는 열린 마음으로 응대한다.

③ 필요 이상으로 소리를 크게 내거나 웃지 않는다.

④ 말을 가로챈다든지, 혼자서 말하지 않는다.
⑤ 상대가 감정적으로 말을 하면 이쪽에서는 한발 뒤로 물러서서 언쟁을 피한다.
⑥ 경박한 단어는 사용하지 않는다.

(3) 신속성

고객과 직접 대면하여 서비스하는 것보다 전화상에서의 고객은 시간을 더 길게 느끼는 경향이 있다. 따라서 고객의 입장에 서서 고객의 시간을 존중하여 시간을 아껴주려는 노력이 필요하다.

① 전화를 걸기 전에 용건을 육하원칙에 맞추어 말하는 순서와 요점을 정리한다.
② 불필요한 말은 반복하지 않는다.
③ 필요한 농담이라도 정도가 지나치지 않게 한다.
④ 시간 의식을 갖는다.

2. 전화 응대 요령

(1) 메시지 전달 의뢰를 받은 경우

용건을 메모한 후 "잘 알았습니다. ~에게 전해드리겠습니다."라고 말한 후 빠른 시간 내에 명확히 전달한다.

(2) 상사를 대신해서 호출할 때

- 상대방을 확인한 후 상사에게 수화기를 넘긴다.
  상사에게 자신의 부하직원을 통해 대신 전화하는 것은 실례이다. 전화를 대신한 경우에는 상대방이 나오기 전에 상사에게 전화를 돌린다.

(3) 방문객이 있는 경우

- 정중하게 양해를 구한다. "죄송합니다만 지금 손님이 계시니까 잠시 후에 이쪽

에서 전화 드리겠습니다."

- 자신의 방문객과 얘기 중일 때는 "실례합니다."라고 방문객의 양해를 구한 후 전화기를 든다.

(4) 상대편의 말이 분명치 않을 때

- "전화 상태가 좋지 않습니다. 죄송합니다만 전화번호를 말씀해 주시면 이쪽에서 다시 전화 드리겠습니다."

(5) 회사 업무나 사원과 관련된 질문에는 즉답하지 않고 상사의 지시를 받고 대응한다.

(6) 다른 사람에게 전화를 돌릴 때

- "담당자를 연결해 드리겠습니다. 잠시만 기다려 주시겠습니까?"라고 말하고 송화기를 막은 후 본인에게 "~로부터 전화입니다."라고 확실히 전달한다.
- 상대방이 이름을 밝히지 않은 경우는 "죄송합니다만, 성함이 어떻게 되십니까?"라고 정중하게 묻는다.
- 상대를 확인하면서 대상자의 반응에 따라 전화 연결을 하는 것도 센스이다.
- 직원이 부재 중인 경우, 휴대전화번호를 알려 달라는 경우가 있는데, 전화번호를 알려 주지 않는 것이 원칙이며, 신중하게 처리한다.

3. 상황별 응대

(1) 전화가 도중에 끊길 때

전화를 건 쪽에서 다시 해야 하지만 잠시 기다려도 오지 않을 때에는 전화를 받는 쪽에서 다시 한다. 다시 통화가 된 경우 "조금 전에는 실례했습니다." 등으로 사과한 후 통화를 계속한다.

(2) 처리하거나 조사하는 데 시간이 걸릴 때

예정 처리시간을 알리고 업무처리 후 먼저 전화할 것을 알린다. "죄송합니다만, 20분 정도 걸릴 것 같은데 제가 곧 전화를 드리겠습니다."

(3) 전화가 잘못 걸려 왔을 때

잘못 걸렸음을 정중하게 이야기하고 다른 부서일 경우 전화번호를 알려준다. "예, 잘못 거셨습니다. 여기는 ○○○입니다."

(4) 전화가 잘 들리지 않을 때

송화구를 막으면서 통화한다. "죄송합니다만, 전화가 잘 들리지 않습니다. 다시 한 번 말씀해 주시겠습니까?" 또는 다른 전화로 걸어 달라고 정중하게 요청한다. "죄송합니다만, 다시 전화를 걸어 주시겠습니까?"

(5) 통화 중 손님이 온 경우

양해를 구한 후 송화기를 막고 손님을 응대한다. 이때 손님의 용건이 급하지 않으면 기다리도록 양해를 구하고 통화를 끝내도록 한다.

(6) 손님이 있을 때 전화가 온 경우

정중하게 손님의 양해를 구하고 "실례합니다."라고 말하며 수화기를 든다. 급한 내용이 아니면 "죄송합니다. 지금 손님이 계셔서 잠시 후 전화를 드리겠습니다."라고 양해를 구한다.

(7) 직장 상사와의 통화를 원했을 경우

자신보다 직급이 높은 상사가 부재인 경우 전화를 걸어달라고 하면 결례다. 이때는 재차 본인이 전화를 걸도록 한다. "잠시 후 다시 전화하겠습니다."

4. 휴대폰 에티켓

우리나라는 IT강국답게 휴대전화의 보급률이 세계 최고 수준에 이르며 각양각색의 휴대폰은 새로운 기능을 추가해가며 진화하고 있다. 휴대폰의 사용이 일반화되면서 이와 관련한 에티켓을 지켜 상대에게 불쾌감을 주지 않도록 해야 한다.

- 공공장소에서는 휴대폰을 사용하지 않는다.
- 극장이나 공연장에서 나름대로 에티켓을 지킨다며 고개를 숙인 채 소리를 낮추어 통화하는 경우가 있는데 어떤 경우이건 이는 주위사람에게 큰 결례이다.
- 영화나 공연 내용을 카메라 폰으로 촬영하는 것은 위법이다.
- 버스나 전철, 기차 등 대중교통 수단을 이용할 때는 휴대폰을 사용하지 않는 것이 원칙이다. 불가피한 경우는 벨소리를 진동으로 하고 통화시에는 주위에 방해가 되지 않도록 조용한 소리로 짧게 통화한다.
- 카메라 폰을 이용하여 인물, 대상 등을 무단 촬영하는 것은 법에 저촉되는 행위이다.
- 항공기와 병원에서의 전화사용은 삼간다. 각종 첨단기기의 오류를 발생시킬 수 있다.
- 장례식장이나 조문시의 핸드폰 사용을 삼간다. 고인과 상주에 대한 결례가 된다.
- 수업 중에는 휴대폰을 꺼두는 것이 원칙이다. 불가피한 경우에는 진동으로 한다.
- 상대와의 대화 중에 휴대폰은 집중력을 분산시키는 결례이다.
- 집 밖에서는 휴대폰은 진동으로 하고 통화시에는 소리를 낮추어 주위사람들에게 소음 공해가 되지 않도록 한다.

표 6-1 ●●● 전화 응대 사용의 예

구분	바람직하지 않은 표현	바람직한 표현
1	안녕하세요.	안녕하십니까?
2	우리 회사	저희 회사
3	데리고 온 사람	모시고 온 분
4	누구십니까?	어느 분이십니까?
5	○○씨 입니까?	○○ 고객님 되십니까?
6	잠깐만 기다려 주십시오.	(죄송합니다만) 잠시만 기다려 주시겠습니까?
7	잠깐 자리에 없습니다.	죄송합니다. 잠시 자리를 비웠습니다.
8	전화 주십시오.	전화를 주시겠습니까?
9	다시 한 번 말해 주십시오.	다시 한 번 말씀해 주시겠습니까?
10	알았습니다.	잘 알겠습니다.
11	모르겠습니다.	죄송합니다만, 제가 알아봐 드리겠습니다.
12	알아봐 주십시오.	확인해 주시겠습니까?
13	다른 전화를 받고 있으니 기다리세요.	다른 전화를 받고 있습니다. 잠시만 기다려 주시겠습니까?
14	나중에 전화 드릴께요.	잠시 후에 전화 드리겠습니다.
15	그런 사람 없습니다.	죄송합니다. 찾으시는 분은 저희 회사의 종사원이 아닙니다.
16	들리지 않아요. 뭐라고요?	죄송합니다. 전화상태가 좋지 않으니 다시 한 번 말씀해 주시겠습니까?
17	고마워요.	감사합니다.
18	전화 돌려 드릴게요.	전화를 연결해 드리겠습니다.

Chapter 7

일반매너

01 테이블 매너

02 공공장소 매너

03 사교 · 경조사 매너

01 테이블 매너

1. 테이블 매너란?

테이블 매너가 완성된 것은 19세기 영국의 빅토리아 여왕 때라고 한다. 이 시대는 역사상 형식을 매우 중시하고 도덕성을 까다롭게 논하던 때였다. 그러나 테이블 매너의 기본정신은 형식에 있는 것이 아니라 서로 요리를 맛있게 먹고 상대방에게 폐를 끼치지 않는 데 있다.

요리의 맛은 기본적으로 요리사의 솜씨나 재료에 따라 결정되는 것이지만 함께 식사하는 사람이 어떠냐에 따라서도 식사의 질이 달라질 수 있다. 즉, 요리를 맛있게 먹으려면 미각 외에도 시각 · 후각 · 청각 · 촉각의 5감이 전부 만족되어야 한다. 순백의 테이블보, 부드러운 조명, 와인의 독특한 향과 향신료의 냄새, 스테이크에서 지글거리는 소리나 아름다운 음악소리, 빵의 촉감, 실내온도 등은 요리의 맛 이상으로 인간의 식욕을 자극하거나 만족시켜 주는 요인이다. 따라서 이러한 분위기를 깨뜨리는 복장이나 냄새가 강한 향수, 히스테리컬한 웃음소리, 은식기에서 나는 소리 등은 삼가도록 서로 신경을 써야 한다.

2. 레스토랑에서의 테이블 매너

최근 우리들은 국제화 시대에 맞추어서 대응하기 위해 국내에서나 해외에서 외국인과의 교제가 늘어나고 각종 국제적인 행사에 참가하는 기회가 많아지고 있는데 이 모든 만남은 음식을 매체로 하여 기회가 주어지는 경우가 많다.

국제 비즈니스를 하는데도 식사 자리가 마련되며 국제 행사에도 각종 파티라는 형식이 있음을 볼 때 이런 자리에서 요구되는 관행과 예의는 매우 중요하다고 할 수 있다.

1) 레스토랑을 이용할 때는 예약을 한다.

레스토랑은 크게 나누어 고급 레스토랑, 대중 레스토랑으로 구분한다.

고급 레스토랑은 사교장소의 가치가 부여되는 식당이며, 고급 레스토랑을 이용할 때는 예약을 하고 가는 것이 관행이며 이용시 무리가 없다.

2) 레스토랑 도착시 에티켓

호텔이나 고급 레스토랑에는 입구 쪽에 손님의 휴대품을 보관해 주는 클록 룸Clock Room)이 있다. 손님이 레스토랑에 도착하면 식당 안까지 들고 들어갈 필요가 없고 휴대품은 이곳에 맡기고 들어갈 수 있다. 여성을 동반한 남자라면 동반한 여성이 코트를 맡길 때 여성의 뒤에서 코트를 받아 주는 매너가 필요하다.

여성이 손을 씻기 위해 화장실에 들어가면, 나올 때까지 기다렸다가 레스토랑에 들어간다. 일반적으로 레스토랑에 들어가기 전에, 화장실에 들어가 손을 씻고, 거울 앞에서 매무새를 다시 한번 가다듬고 자신의 모습을 최종적으로 확인하는 것이 신사 숙녀의 매너이다.

3) 레스토랑에 들어갈 때는 여성이 앞선다.

레스토랑에 출입할 때 유념해야 할 것은 남녀의 위치이다. 일반적으로 고급 레스토랑에서는 웨이터가 손님을 맞이하여 주기 때문에 여자가 먼저 들어가고 남자가 뒤따른다. 반대로 대중 레스토랑은 안내인 없이 손님 스스로 식당 안으로 들어가 자리를 잡기 때문에 입장순서는 동행한 남자가 안내역이 되어 남자가 앞서고 여자가 그 뒤를 따라 들어가는 것이 좋다. 이렇게 해서 안으로 들어가면, 종업원이 자리에 안내한 후 의자 하나를 빼어 앉기를 권한다.

일행 중 누가 이 자리에 앉는가 하는 것도 이 자리가 가장 상석이 되기 때문에 문제인데 뚜렷하게 앉아야 할 높은 사람이 없다면 별 문제가 없는데 그렇지 못한 상황이라면 다음과 같은 원칙에 준하여 상석을 정하는 것이 에티켓이다.

첫째, 연령 우선 원칙으로 일행 중 나이가 많은 사람이 상석에 앉는다.

둘째, 직위 우선 원칙으로 직위가 높은 사람이 상석에 앉는다. 나이는 많은데 직위가 낮으면 이때는 직위가 나이를 우선하게 된다.

셋째, 남녀의 여성 우선 원칙이 적용된다. 같은 조건이라면 여자가 상석에 앉는다.

넷째, 기혼자가 미혼자에 우선한다.

이상은 어디까지나 원칙을 말한 것이므로, 상황과 분위기를 고려하여 자연스럽게 정하면 된다.

상석이 되는 장소

- 벽을 등진 자리가 벽을 바라보는 자리보다 상석이다.
- 입구 쪽에서 먼 자리가 상석이다. 다시 말하면, 입구에 가까운 자리가 말석이 된다.
- 정원이 바라다 보이는 자리가 상석이다. 좋은 경치를 바라볼 수 있는 자리가 이를 등 뒤로 한 자리보다 상석인 것은 당연한 일이다.
- 일단 위의 기준에 따라 최상석에 자리를 잡으면, 그다음은 최상석에 앉은 사람과 가까운 자리일수록 순차적으로 상석이 되며, 멀리 앉은 자리가 말석이 된다.

4) 핸드백은 크기에 따라 놓아두는 위치가 다르다.

부피가 큰 휴대물은 레스토랑에 입장하기 전에 입구쪽에 클록 룸에 맡겨 두도록 한다. 여성의 핸드백은 의자의 등받이와 자신의 등 사이에 놓고 앉는 것이 원칙이다. 그러나 이브닝 백, 장갑, 부채와 같은 소형 휴대품은 어떤 경우에도 테이블 위에 두어서는 안 된다. 이밖에 귀중품이 들어있지 않은 부피가 큰 백 종류는 마루 위에 그대로 내려놓아도 된다.

식탁은 식기를 올려놓는 데에만 사용하는 것이 원칙이며, 테이블 매너 역시 이에 충실하여야 한다. 식탁 위에 가방을 올려놓거나 메모를 하거나 엽서를 꺼내어 쓰는 것도 결코 좋은 매너는 아니다. 물론 식탁에서 신문을 펴서 읽거나, 잡지 같은 것을 뒤적이는 것도 잘못된 매너이다.

5) 식탁에 앉는 자세도 중요한 테이블 매너이다.

사회생활을 하다 보면, 우리들은 좌식 생활을 해왔기 때문에 입석 생활에 익숙지 못한 것이 여러 부분에서 나타난다. 그중에 하나가 의자에 앉는 자세이다. 의자에 앉을 때 양쪽 무릎을 있는 대로 벌리고 앉는 경우가 많은데, 무의식적으로 이런 자세를 취하게 되는 것은 평소 평평한 방바닥에 무릎을 벌리고 앉은 습관 때문이다. 그래서 의자에 앉을 때 양 무릎을 가지런히 하려고 하면 무릎에 힘이 들어가 큰 불편을 느끼게 되므로, 무릎을 모아 앉는 데는 노력이 필요하다.

의자에 앉을 때는 테이블과 자신의 가슴 사이에 주먹 하나 반 정도의 거리를 유지하는 것이 가장 바른 자세이다. 너무 바짝 다가앉으면 음식을 먹는 데 불편할 뿐 아니라, 다른 사람이 보기에도 좋지 못하다. 또 하나 유의해야 할 것은, 처음 앉을 때는 조심스럽게 잘 앉으나, 의자 생활에 익숙지 않아 시간이 흐를수록 자세가 흐트러진다는 것이다. 식사 중간에 한쪽 어깨에 힘이 실리면서 한쪽으로 기운듯하게 앉거나, 상체를 뒤로 젖혀 의자 등받이에 기대어 앉게 되기 쉽다.

다음에서 식탁에 앉을 때 특히 조심해야 할 몇 가지를 소개해 보면

- 소파에 앉듯이 등을 기대면서 앉지 않는다.
- 다리를 꼬고 앉지 않으며, 허리를 앞으로 구부리지 않는다.
- 식사 중에는 왼쪽 팔꿈치를 테이블 위에 올려놓지 않는다.
- 대화 중에 제스처는 어깨 위로 크게 하지 않는다.

6) 레스토랑 종업원들의 추천을 참조한다.

웨이터의 역할은 예약 접수, 테이블 안내, 고객의 주문 접수 및 음식 서비스이다. 따라서 주문시에는 당황하지 말고 그 날의 추천요리라든가 요리의 조화 등 부담 없이 웨이터에게 문의해가며 음식을 주문한다. 웨이터를 부를 때는 큰 소리로 부르지 말고, 고개를 돌려 시선을 맞춘 후 손을 가볍게 든다.

소믈리에(Sommelier)는 와인전문가를 말한다. 주문한 요리에 맞는 와인 추천은 물론, 일반적인 음료나 주류에 대한 지식도 풍부하여 여러 가지 자문을 해준다. 소믈리에가 없는 레스토랑에서는 웨이터가 와인에 대한 안내를 대신한다.

7) 메뉴를 훑어보는 것도 매너이다.

테이블에 앉으면 헤드 웨이터는 메뉴를 손님 앞에 펼쳐 보이면서 주문할 것을 묻는다. 이때 우리들은 메뉴에 대한 상식이 별로 없어 메뉴를 읽어도 이해할 수 없을 것 같으니 메뉴를 보는 둥 마는 둥 하고 평소에 알고 있는 요리를 대면서 주문을 하기 쉬운데, 이러한 방식은 점잖은 매너가 아니다.

마음속에 정해 놓은 요리가 있더라도, 일단은 메뉴를 쭉 훑어보고 난 후에 여유 있는 모습으로 주문을 하는 것이 좋은 매너이다. 그리고 난 후에도 뚜렷하게 선택을 못할 때에는 종업원과 상의해서 주문하는 것이 좋다.

8) 냅킨은 테이블에서 신호 역할을 한다.

초대를 받았을 때 주인이 냅킨을 펴면 따라서 테이블에서 내리거나, 주빈이 착석하여 냅킨을 펴면 뒤따라 편다. 만약 손님이 먼저 냅킨을 펴서 사용하면, 집주인이 식전 기도를 해야 할 때 곤란한 입장에 처하게 된다. 왜냐하면, 식전 기도를 할 때에는 냅킨을 취하지 않고, 기도를 한 후에 냅킨을 사용하게 되므로 손님은 다시 냅킨을 식탁에 올려놓아야 하기 때문이다.

이처럼 냅킨의 사용 시점에 따라 의미가 부여되는 것이다. 그러면 식사 중에 전화를 하러 가거나 다른 손님과 자리에서 일어서서 인사를 할 때는 어떻게 해야 할까?

- 인사를 할 때 왼손에 냅킨을 쥔 채 자리에서 일어서서 한다.
- 자리를 잠깐 뜰 때는 의자 위에 놓거나, 식탁에 걸쳐 접시에 눌러 놓는다.

9) 초대받은 손님은 중간 정도의 요리를 주문하는 것이 좋다.

손님을 식사에 초대하거나 손님으로서 접대를 받을 때는 각기 입장에 따른 매너가 있다. 대접을 잘 하고 대접을 잘 받기 위해서는 어떻게 해야 하는지 알아보자. 식당은 단순히 음식을 먹는 장소일 뿐만 아니라, 식탁에 앉는 것에서부터 식사가 끝나기까지 불과 한두 시간 동안에 보여지는 자신의 행동에서 교양과 양식이 드러나는 장소라는 데 큰 의미가 부여되고 있다.

식당에 초대받아 가면, 웨이터가 주문을 받을 때 초청자가 손님에게 무엇을 들겠느냐고 묻는다. 이때 "아무거나 먹지요."하고 뚜렷한 의사표시를 하지 않는 것은 한국식으로는 겸양이 될지 모르나 서양식에서는 좋은 매너가 못된다. 만약, 뚜렷이 선택할 만한 것이 없으면, 초청자에게 메뉴 선택을 일임하는 것보다 웨이터에게 "오늘 이 식당에서 내놓은 음식으로 권할 만한 것이 무엇이 있습니까?"라고 주문하는 것이 좋다.

손님으로 초대받아 레스토랑에서 요리를 주문할 때 특히 유념해야 할 일이 하나 더 있다. 즉, 음식을 주문할 때 초대해 준 사람의 경제적 부담을 덜어 주려는 의도에서 값이 싼 요리를 주문하는 것은 점잖은 태도가 아니라는 것이다. 그렇다고 비싼 음식을 주문하는 것도 바람직한 일은 아니다. 가장 무난한 것은 중간 정도나 중상 정도를 주문하는 것이다.

10) 나이프와 포크의 사용법에 주의하자.

중앙의 접시를 중심으로 나이프와 포크는 각각 오른쪽과 왼쪽에 놓이게 된다. 따라서 있는 그대로 나이프는 오른손에, 포크는 왼손에 잡으면 된다. 양식에서의 나이프와 포크는 하나만을 계속 사용하는 것이 아니라 코스에 따라 각각 다른 것을 사용한다.

포크와 나이프는 대체로 각각 3개 이하로 놓여 있기 마련인데, 바깥쪽에 있는 것부터 순서대로 사용한다.

나이프와 포크를 동시에 사용하여 고기를 자를 때에는 끝이 서로 직각이 되게 하며, 팔꿈치를 옆으로 벌리지 말고 팔목 부위만을 움직여 자르는 것이 좋다. 나이프는 사용 후 반드시 칼날이 자기 쪽을 향하도록 놓는다.

식사 중의 포크와 나이프는 접시 양 끝에 걸쳐 놓거나 접시 위에 서로 교차해서 놓는다. 포크의 경우 접시 위에 놓을 때는 엎어 놓는다. 식사가 끝났을 때는 접시 중앙의 윗부분에 나란히 놓는다. 나이프, 포크, 스푼을 사용했을 경우에는 바깥쪽부터 나이프, 포크, 스푼의 순으로 가지런히 모아 놓는다. 음식물을 입안에 넣고 씹을 때에는 포크와 나이프는 접시 위에 놓도록 하며, 나이프의 경우 입안에 직접 넣는 것은 금기로 되어 있다.

11) 식사 중에 마시는 술과 식전주는 음식의 맛을 돋우는 활력소 역할을 한다.

식사의 전코스를 통하여 단계적으로 종류를 바꾸어 가면서 요리에 맞는 술을 마시면 한결 음식 맛이 난다. 술잔도 술의 종류에 따라 적당한 형태의 잔에 마시면 한층 더 술맛이 난다.

이러한 술의 기능, 즉 취하는 쪽보다는 음식의 맛을 돋우는 기능 쪽으로 마시도록 되어 있는 것이 양식 테이블 매너이다. 따라서 우리들이 양식에서의 주법에 대하여 유의할 것은 식탁에서의 술은 절대로 취하기 위하여 마시는 것이 아니라는 점에 대한 인식이다.

코스 요리에서는 다음 3단계로 구분하여 각 단계마다 다른 요리가 나오므로 술도 그것에 맞는 것을 마시게 된다.

- 식전주(aperitif) : 베르무트, 칵테일, 셰리주, 샴페인, 와인, 맥주 등
- 식중주(table wine) : 샴페인, 와인, 맥주 등
- 식후주(after-dinner wine) : 리큐어, 베르무트, 위스키, 브랜디 등

식사 전에 마시는 술을 아페리티프라고 하며, 식욕을 돋우기 위하여 마시는 셰리(sherry) 등을 말한다. 양식에서는 식전주를 마시는 것이 관행화되어 있으므로 테이블 매너의 차원에서 상대가 식전주를 권할 때 자신 있게 자신이 좋아하는 칵테일을 주문할 수 있도록 평소에 생각해 두는 것도 좋을 것이다. 보통 몇 가지 소개하자면 식사 전에 마시는 술로는 대개 남성은 마티니, 드라이 쉐리, 여성은 맨해튼을 즐긴다.

12) 계산의 매너

음식에 대한 계산은 커피, 혹은 식후주를 거의 마신 후에 적당한 때에 앉은 자리에서 한다. 웨이터와 눈을 맞춘 후 계산을 하고 싶다는 신호를 보내면 계산서를 가져다 준다.

계산을 각각 하는 경우라도 그 자리에서는 한 사람이 대표로 낸 후 밖으로 나와 정산을 한다. 팁은 남의 눈에 띄지 않게 자연스럽게 주도록 한다. 계산을 끝낸 후 계산서를 다시 줄 때 팁을 준다던가, 수고의 표시로 악수를 하면서 주는 것도 좋은 방법이다.

3. 식사 종류별 테이블 매너

1) 한식 데이블 매너

우리나라는 오랜 역사만큼 음식문화 역시 발달해 왔으며, 지방에 따라 각기 다른 특색을 보인다. 우리나라 음식의 특성은 불을 이용하여 굽고, 삶고, 데치고, 부치고, 끓이는 등의 조리법이 발달했다. 또한 각종 양념을 곁들이고 손끝에서 우러나는 감칠맛을 지녔고 발효 음식 역시 발달했다.

(1) 한식 전통 상차림 종류

우리나라의 전통적인 상차림에는 반상, 면상, 주안상, 교자상 등이 있다.

- **반상** : 평상시 어른들이 먹는 진짓상으로 음식 수에 따라 3첩 반상에서 시작해서 5첩, 7첩, 9첩, 12첩 반상 등이 있다.

- 밥, 국, 찌개, 김치, 장류 등의 종지는 첩 수에 넣지 않는다.
- 반상은 외상, 겸상, 3인용 겸상으로 차린다.
- 외상 : 상의 뒷줄 중앙에 김치 류, 오른 편에는 찌개, 종지는 앞줄 중앙에 놓으며, 육류는 오른편, 채소는 왼편에 놓는다.

● 면상 : 점심 때 간단히 별식으로 국수류를 차리는 상
● 주안상 : 적은 수의 손님에게 약주 대접을 할 때 차리는 술상
● 교자상 : 생일, 돌, 환갑, 혼인 등 잔치 때 차리는 상

(2) 한식 상차림의 기본 매너

원래 우리나라 식탁의 기본 상차림은 외상으로서 잔치 때 많은 수의 손님이 찾아와도 일일이 외상으로 대접했다. 그러나 사회생활이 복잡해지면서 편리함을 고려하여 겸상, 두리 반상, 교자상으로 바뀌어 가고 있다. 그러나 외국 손님을 집에 초청하여 한식을 대접할 경우에는 여러 사람이 한 상의 음식을 먹는 교자상보다는 우리 고유의 기본 상차림인 외상으로 하거나, 아니면 서양식 식탁 위에 외상식으로 손님마다 제각기 음식을 따로 차리는 반상이 바람직하다.

● 먹는 사람을 기준으로 밥그릇을 왼쪽에 놓고 국그릇을 오른쪽에 놓는다.
● 숟가락은 국그릇 오른쪽에 놓으며 젓가락은 숟가락의 오른쪽에 둔다.
● 국물이 있는 음식은 먹는 사람 가까이에 놓고, 국물이 없는 음식은 멀리 둔다.
● 간장, 고추장은 식탁 중앙이나 먹는 사람 가까이에 놓는다.
● 수육과 젓갈, 회와 고추장 등과 같이 특정 음식과 관계되는 조미 식품은 주 식품과 가깝게 놓는다.
● 식어도 관계가 없는 음식을 먼저 차리고 뜨겁게 먹는 음식은 식사 직전에 차린다.
● 출입문에서 떨어진 안쪽이 상석이다.
● 식탁에는 곧고 단정한 자세로 앉는다.
● 손윗사람이 수저를 든 후 아랫사람이 따라 들고, 식사 중에는 음식 먹는 소리 등

을 내지 않도록 한다.

- 숟가락을 빨지 말고 숟가락과 젓가락을 함께 잡지 않는다.
- 밥은 한쪽에서 먹어 들어가며 국은 국그릇째 들고 마시지 않는다.
- 식사 속도는 윗사람에게 맞추는 것이 예의이며, 윗사람이 식사를 마치고 일어서면 따라 일어서도록 해야 한다.

(3) 한식의 식사 예절

① 식사 전 매너

- 식사 전에 건네주는 물수건으로는 손만 가볍게 닦고 식탁 옆에 놓아 둔다. 식사의 복장은 단정해야 하며 자세를 바르게 한다.
- 웃어른과 식사를 할 때는 웃어른이 수저를 든 다음에 들어야 하며, 식사를 할 때도 보조를 맞추는 것이 예의이다. 만약 아랫사람이 먼저 먹어야 할 때는 "먼저 먹겠습니다." 또는 "먼저 먹습니다."라고 말한 다음 먹는다.

② 상에 앉을 때의 매너

- 테이블이나 상 앞에서 10~15cm 떨어져 앉고, 좌식의 경우 방석을 밟지 않고 앉는다.
- 먼저 무릎으로 앉아 조정을 하고, 방석을 발로 밀거나 움직이면 안 된다. 손님에게 권할 때도 조용히 앉아서 두 손으로 살며시 방석을 밀어 넣는다.

③ 식사 중의 매너

- 맛있는 음식만 골라 먹거나 뒤적거리면서 집었다 놓았다 하는 것, 양념을 털어내는 것은 남에게 불쾌감을 줄 수 있다.
- 한꺼번에 많은 음식을 입에 넣어서 음식이 입 밖으로 튀어나오지 않도록 한다.
- 음식을 먹을 때 소리를 내거나 입 안이 다른 사람에게 보이지 않도록 한다. 수저가 그릇에 부딪치는 소리나 국을 마실 때 후루룩 소리를 내는 것은 예의에 어긋난다.
- 음식을 먹을 때는 몸을 단정히 하고 앉아 음식을 입에까지 가져가 먹는 것이 바

른 자세이다.

- 숟가락과 젓가락을 한 손에 들거나 그릇에 걸치거나 얹어 놓지 말고, 젓가락을 사용할 때는 숟가락을 상 위에 놓는다.
- 식사 중일 때는 가급적 대화를 나누지 않는 것이 매너이지만 비즈니스의 연장일 경우에는 결례가 되지 않는다. 말을 할 때는 입 안에 있는 음식을 삼키고 수저를 내려놓고 해야 한다.

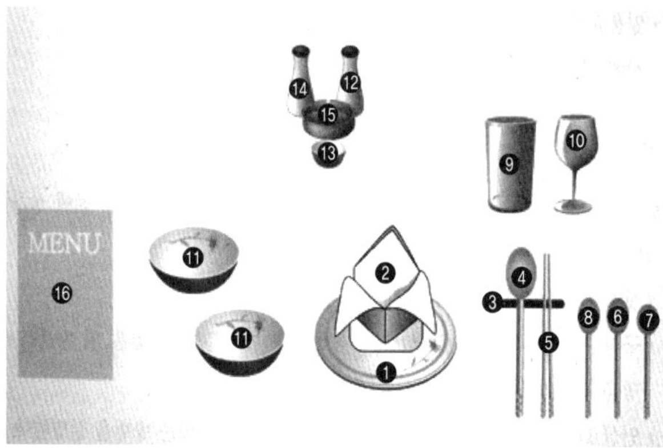

❶ Saucet for pine nut(잣죽받침)
❷ Napkin(냅킨)
❸ Chopstick rest(젓가락받침)
❹ Spoon(스푼)
❺ Chopstick(젓가락)
❻ Sin sun ro spoon(신선로 스푼)
❼ Pine nut spoon(잣죽 스푼)
❽ Sik Hye spoon(식혜 스푼)
❾ Water glass(물컵)
❿ Wine glass(와인 글라스)
⓫ Base dish(식접시)
⓬ Salt(소금)
⓭ Soy Sauce(간장)
⓮ Caster set(양념병 세트)
⓯ Ashtray and match(재털이, 성냥)
⓰ Menu(메뉴)

한식 정식 테이블 상차림 ▶

2) 일식 테이블 매너

일본은 지리적으로 우리와 가까운 나라지만 문화나 기질 면에서 많은 차이를 보인다. 음식 문화 역시 마찬가지여서 우리 음식은 정성과 양을 중시하며 장식에는 비교적 무심했던 반면에, 일본 요리는 시각적인 면을 중시하여 요리 자체 외에도 담아내는 기물, 형식에도 정성을 담아 분위기를 연출한다. 일본 요리의 특징은 계절의 풍미를 살린 요리, 지역 특산물을 이용한 요리가 많다는 것이다. 사계절의 구분이 뚜렷한 계절적 특징과 산악지형으로 구분되어 특색을 보존한 지형적 특징이 작용한 것으로 보인다. 회의 확산과 함께 발효식품의 우수성이 인정되면서 고급 이미지 상품으로 개발되고 있다. 젓가락과 숟가락을 함께 사용하는 우리에 비해 일본은 젓가락만을 사용하며 한국식으로 젓가락을 이용해서 음식을 나누어 먹는다거나 음식을 찢어먹고 찍어먹는 행동을 일본에서는 금기시하는 등 테이블 매너 역시 많은 차이를 보인다.

일본인들은 국을 숟가락으로 떠먹지 않고 젓가락으로 건더기를 건져먹은 후 들고 마시는 모습에 대해 몇몇 한국 사람들은 천한 상놈이라고 말을 하지만, 그들의 문화에선 음식을 바닥에 놓고 먹는 것은 짐승 같은 짓이라고 생각한다.

일본 요리는 크게 세 가지로 나뉘는데, 다도에서 유래한 가이세키(懐石) 요리, 무사 가문에서 생겨난 혼젠(本膳) 요리, 사찰에서 발생한 쇼징(精進) 요리가 있다. 이외에 오늘날 요정, 연회에서 제공되는 요리는 가이세키(懐石) 요리로써, 에도 막부 시대에 생겨난 것으로 식단에 따라 다양한 요리가 나온다. 혼젠 요리는 접대시에 내는 요리로서 1즙 3채, 2즙 5채, 3즙 7채 등이 있다. 일반적인 접대시에는 2즙 5채로 구성하며, 혼젠(주 요리), 니노젠(곁상), 무코스케(向付 : 회, 초회를 차린 상)가 준비된다. 회석 요리는 수도승이 수행 중의 배고픔을 이기기 위해 품에 넣었던 따뜻한 돌멩이를 회석이라 한데서 유래되었는데, 일시적인 공복을 참기 위한 가벼운 식사, 차를 맛있게 먹기 위한 가벼운 식사의 의미로 변화되었다.

근래에는 요리로 자리 잡으면서 국물에 회 · 초회, 조림, 구이의 1즙 3채가 기본이 되고, 메인 요리인 핫슨(八寸)이 제공된다. 이때 채의 숫자는 반드시 홀수로 하는데, 이것은 일본에서는 홀수를 양으로 짝수를 음으로 여기는 사상에서 비롯된 것이다. 1즙 3채 이상을 향응에 내는 요리로 간주하며, 특별한 행사가 아닐 때는 혼젠만 내는 것이 일반적이다.

(1) 기물 사용법

- 기물을 손에 들고 먹는 요리가 많으므로 그릇을 들 때나 받을 때는 반드시 양손

을 사용하며, 손가락을 쫙 편 후 손바닥 중앙에 그릇이 오게 하고 엄지손가락을 그릇 가장자리에 걸친다. 실수로 그릇을 떨어뜨리지 않도록 주의한다.

- 바닥에 놓인 방석을 함부로 밟고 다니지 않는다.
- 손에 그릇을 든 채 또 다른 그릇을 들지 않도록 한다.
- 젓가락을 입에 넣지 않으며 그릇을 입에 대고 젓가락으로 먹지 않는다.
- 일회용 위생저는 무릎 위에서 살짝 떼어낸 후 젓가락 받침에 수평으로 놓는다. 젓가락 받침이 없는 경우에는 젓가락을 담았던 종이를 접어 사용한다.
- 밥그릇을 상에 놓은 채 허리를 숙이고 먹지 않고, 들고 먹는다.
- 젓가락을 그릇 위에 걸쳐놓지 않는다.

(2) 식사 에티켓

- 비즈니스뿐만 아니라 가정에 초대됐을 때도 식사 매너를 동일하게 지킨다. 일본 식탁에서는 웃어른이 나중에 착석하고, 먼저 일어선다.
- 대개의 경우 식사 전후에 차를 마신다.
- 밥공기는 왼손에 올려놓고 젓가락 끝을 국물에 담가서 촉촉하게 한 후 먹는다. 음식을 먹을 때는 '밥→국→밥→반찬'의 순서로 먹는다.
- 여럿이 함께 하는 가이세키 요리에서는 공용 젓가락과 개인 젓가락 두 종류를 사용한다.
- 그릇의 뚜껑이 있는 경우에는 뚜껑의 안쪽을 위로 향하게 하여 상의 왼쪽에 있는 것은 왼쪽에, 오른쪽에 있는 것은 오른쪽에 두었다가 식사 후에 다시 덮는다.
- 밥을 더 먹고 싶을 때는 공기에 밥을 한 술쯤 남긴 채 청하고, 한 공기만 먹는 것은 장례식장 외에는 무례한 일로 간주되므로 밥과 국은 한 번 더 청해 먹는 것이 좋으며 먹고 난 후에는 뚜껑을 덮어 원래대로 해둔다.
- 국을 먹을 때는 그릇을 들고 건더기를 젓가락으로 누르며 마시고, 마실 때 소리를 내는 것은 무방하나, 국에 밥을 말아먹지 않는다.
- 밥 위에 반찬을 얹어서 먹지 않는다.

- 생선요리의 경우 머리 쪽에서부터 먹고 뒤집지 않는다.
- 젓가락으로 반찬들을 들었다 놨다 하거나, 찔러보는 것은 큰 결례이다.
- 자신의 젓가락을 이용해서 상대에게 음식을 건네는 것은 결례이며, 다른 사람이 젓가락으로 반찬을 집어들 때 같이 딸려 올라가는 음식을 우리는 습관적인 선의로 떼어 줄 수 있는데, 이 또한 일본 식탁에서는 결례가 된다.
- 식사가 끝나면 젓가락은 처음에 세팅되었던 대로 수평으로 해서 자기 몸 쪽에 올려놓는다.

(3) 일본 음식 식사법

① 코스 요리(가이세키 요리)

- 술 : 연회에서는 일본 전통주를 건배하는 것으로 식사를 시작한다.
- 전채 : 바다, 산, 강에서 나는 제철을 맞는 식재료를 이용한 3가지 요리를 제공하며, 해산물부터 먹는다.
- 맑은 국
- 국 : 뚜껑을 열고 두세 번에 나누어 마시며 맛을 본다.
- 생선회
- 생선구이

- 튀김 : 여름에는 찜으로 대신한다.
- 조림 : 봄(죽순), 여름(토란, 문어), 겨울(무청, 말린 새우)
- 초회 : 전복초회
- 밥과 절임 류 : 요리가 모두 제공된 후 밥과 미소시루, 절임 류(장아찌 류)가 제공된다.

② 생선회

- 생선회에 와사비를 골고루 바른 후 다른 면에 간장을 찍어 먹는다. 간장에 와사비를 섞은 후 생선회를 찍어먹는 것이 우리식이다.
- 생선회에는 츠마라고 하여 무나 향초 잎이 곁들여져 나오는데 입가심과 소독의 목적이 있는 것이므로 먹어도 좋다.
- 두세 가지가 나올 경우에는 담백한 것부터 먹는다.
- 초고추장과 먹으면 그 맛이 너무 강해 생선의 제 맛을 느낄 수 없다. 일본인들은 초고추장을 사용하지 않는다.

③ 스시(壽司 : 초밥)

- 본래 손으로 집어 먹는 것이 원칙이어서 물수건으로 손가락을 닦고 먹는다. 손 전체를 닦는 것이 아니라 접혀 있는 물수건을 손가락을 집는 듯한 동작으로 닦는다.
- 요즘에는 젓가락을 사용하는데, 회에만 간장을 살짝 묻혀 먹는다.
- 와사비가 많이 묻어 매울 경우에는 입을 벌리지 않고 코를 통해 밖으로 발산한다.
- 초밥 중에는 생선 알을 올려 만든 것이 있는데 알이 떨어지지 않도록 주의한다.
- 초밥을 집을 때는 처음 만들어 놓은 상태 그대로 약간 길쭉한 그 모양이 변하지 않도록 긴 옆면을 집는다.

④ 꼬치 요리

꼬치를 먹을 때는 젓가락을 이용하는데 왼손으로 꼬치를 누르고 오른손의 젓가락으로 구이를 전부 빼내고 난 후 먹는다. 이때 꼬치를 약간 비틀면서 빼면 잘 빠진다. 다

빼고 난 뒤에는 접시 위에서 먹기 좋을 정도로 잘라 먹는다. 한 입에 먹을 수 있는 크기의 두부 튀김이나 부드러운 재료의 경우에는 오른손에 꼬치를 들고 직접 입으로 빼서 먹어도 된다.

(4) 식사관련 음주 예절

- 잔을 들 때는 남성이 한 손(오른손)으로 들고, 여성은 오른손의 엄지와 검지로 잔을 잡고 왼손의 손가락 끝을 가볍게 잔에 댄다.
- 일본은 잔이 남아 있을 때 술을 따르는 첨잔문화로써 상대의 잔이 1/3 이하로 남아있는데 권하지 않는 것은 술자리를 끝내자는 의사표시로 이해한다.
- 일본은 어른이 술을 권하는 사배(賜杯)문화로서, 술을 받을 때는 잔을 가슴 부분까지 들어서 받는다. 이때 사양의 표시로 잔을 엎어두면 실례가 된다. 일단 받은 후 마시는 시늉을 하고 내려놓으면 된다.
- 상대에게 술을 따르게 될 때는 오른손으로 술병을 잡고 따른다. 과거에는 무사문화의 영향이 남아서 술병을 왼손으로 잡고 따르기도 했다.
- 건배시에는 간빠이라는 구호를 한 후 마신다. 술을 마시지 못하더라도 건배는 하는 것이 예의이며, 입에 대는 시늉만 하면 된다.
- 일본인들은 위생을 고려하여 자신이 마신 잔을 돌려가며 권하지 않으며, 술자리에서 여자가 남자에게 술 따르는 것을 예의와는 무관하다고 생각한다.

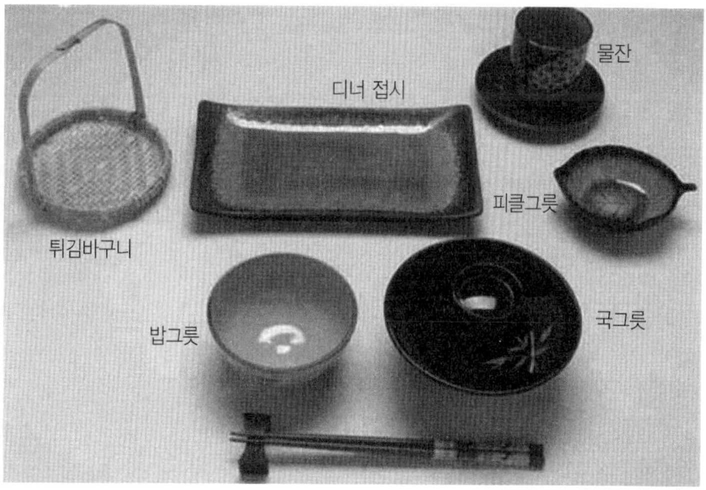

3) 중식 테이블 매너

중국은 오랜 역사와 세계 최다의 인구를 바탕으로 그 구성원만큼이나 다양하고, 독특한 음식 문화를 형성해왔다. 중국인들은 자신들의 음식 문화에 대단한 자부심과 집착을 보이며, 때를 가리지 않고 음식을 즐길 뿐만 아니라 교제나 비즈니스 접대의 한 방법으로 전략적인 연회를 베풀기도 한다. 중국에서의 식사는 단순히 음식을 먹는 차원이 아니라 일종의 사교이며 낙이다.

중국의 식당은 찬청(餐廳)이라 하며, 테이블은 회전판을 갖춘 원탁을 이용하는 경우가 많은데 안쪽 중앙이 상석이고, 입구 쪽이 말석이다. 원탁에 주빈이나 주빈 내외가 주인이나 주인내외와 마주 앉게 된다. 회전 탁자의 회전 방향은 시계 방향이 원칙이며, 자신의 차례에 옆 사람에게 '먼저 드십시오.'라고 하는 것은 실례이다.

식사가 시작될 무렵 주인이 주빈의 술잔에 먼저 술을 따른 뒤 다른 손님에게 차례로 부어준다. 주인이 일어서서 감사의 인사를 하고 술을 권할 경우 술을 못먹는 사람도 입가에 댔다가 내려놓는 것이 예의다. 중국인들에게 축배는 단숨에 마시고 술잔을 비우는 것으로 돼 있다.

요리를 덜 때는 먼저 주빈이 자기 접시에 조금 덜어 옆 사람에게 권한다. 음식을 덜 때는 자기의 앞쪽부터 조금씩 덜어 먹으며 다 먹고 난 뒤 몇 번이고 덜어 먹어도 된다. 단, 자기가 사용한 젓가락으로 음식을 덜지 않도록 조심해야 한다. 또 각자 덜어놓은 음식은 깨끗이 다 먹는 것이 좋다.

새우, 게 등 껍질째 먹는 요리나 닭 · 오리 요리처럼 뼈가 들어 있는 음식은 대체로 한 입에 들어갈 수 있게 조리되므로 음식을 입에 넣고 뼈나 껍질은 입속에서 가려 젓가락으로 집어내 접시에 놓는다.

접시를 입에 갖다 대고 뱉는 것은 대단히 무례한 행동이다. 특히 생선이나 고기 요리가 통째로 나올 경우 접대하는 사람이 나누어 줄 때까지 기다리는 것이 좋다. 생선이 통째로 나와도 나누어 줄 사람이 없다면 주빈이 먼저 덜어간 다음에 먹는 것이 예의다. 이때 생선의 꼬리부분부터 부스러지지 않도록 조심하여 덜어야 하며 생선을 뒤집어 놓는 것은 실례다.

중국의 테이블 매너는 음식을 남기는 것이 주인에 대한 예의이다.

(1) 중국 식당 이용 에티켓

- 중국 식탁에서는 초대 손님이 모일 때까지 응접실에서 기다린다. 이때 손수건으로 손을 닦기도 하고 호박씨나 수박씨를 까먹기도 하며 차를 마시기도 한다.
- 식탁에는 당일 제공될 메뉴가 놓여 있어 어떤 종류의 음식이 제공될지 알 수 있다.
- 중국 음식은 1인용이 아니고 여러 사람 분이 한 그릇에 담겨져 나오기 때문에 그것을 돌려가며 적당한 양을 떠서 먹는다.
- 중국 음식은 짝수로 제공되며 음식을 비울 때마다 접시를 교체한다.
- 음식이 돌아올 때 콰이주(젓가락)를 들고 있는 것은 결례이다.
- 음식을 권할 때, 콰이주에 무엇이 묻었을 때에는 상 위에 있는 물에다 씻어도 된다.
- 중국 전문 식당을 택해서 자신이 손님을 초청하는 경우에는 어느 지역의 요리를 전문으로 하는지 사전에 파악하는 것이 좋다. 근래에는 광동 요리 외에 사천, 북경 요리가 가미된 곳이 많으며, 식도락의 천국이라는 홍콩의 경우에는 광동 요리 전문점이 70%이며, 상해 요리가 20%, 북경과 사천 요리가 10%에 이른다고 한다.
- 옆 사람에게 음식을 떠주는 것은 정을 표시하는 것이다.
- 음식을 먹을 때는 담소를 얼마만큼 잘 하느냐가 매너의 기준이다.
- 종업원에 무엇을 부탁할 때에는 음식 돌리는 것이 끝났을 때 손을 살짝 든다.

(2) 음식 주문

- 술과 차의 종류를 확실히 파악하고 주문한다.
- 세트 메뉴가 있는 식당에서는 요리를 하나하나 주문하는 것보다 세트 메뉴를 주문하는 것이 경제적이다.
- 중국 요리는 1인분을 기준으로 하지 않고, 양에 따라 대(7~8인분), 중(5~6인분), 소(2~3인분)의 3가지이거나 대와 소의 두 가지인 경우가 대부분이다.

- 4명이 넘을 때는 요리 중에 수프 류를 넣는다.
- 재료와 조리법, 소스 등이 겹치지 않도록 주문한다.
- 중식당 이용에 익숙지 않을 때는 웨이터에게 자신의 취향을 알려주고 도움을 받는다.
- 큰 접시에 담겨 나오는 중국 요리는 식사하는 인원수와 요리를 동수로 하여 주문하는 것이 적당하다.
- 요리의 가짓수는 될 수 있는 대로 짝을 맞추는 것이 좋다.
- 요리는 국물이 적은 것부터 순서대로 나온다.

① 4개채

- **순서** : 전채(냉채) – 볶음 요리 – 조림 요리 – 튀김 요리(생선, 고기요리)
- **주문** : '냉채 – 팔보채 – 새우케첩 볶음 – 닭고기 튀김'을 메인으로 하고, 식사는 면 종류나 만두로 하며, 후식은 한 가지를 주문하면 된다.

② 6개채

- **순서** : 4개채 + (먼저 요리가 고기일 때는) 생선 + 후식
- **주문** : '냉채(새우와 해파리냉채) – 송이버섯과 소고기 볶음 – 탕수도미 – 마파두부 – 제육 튀김 – 후식'의 순서이며, 식사는 4개채와 같다.

③ 8개채

- **순서** : 6개채 + 튀김 요리 + 탕 요리로 구성되며 중국의 최고급 요리코스로서 10가지의 요리가 나온다.
- **주문** : '8색 냉채 – 해삼과 전복 – 바다 조갯살 튀김 – 아스파라거스와 송이볶음 – 동구버섯과 새우볶음 – 5가지 야채와 닭고기 볶음 – 해산물 샥스핀 – 왕새우 튀김 – 도미찜 – 완탕

④ 중식 코스 메뉴(定棟料理 : 보통 8~10인분이 기준)

- **특선명채** : 곰 발바닥, 낙타 육봉, 불도장, 사슴꼬리 등의 희귀요리

- **냉채류** : 식욕촉진, 해파리냉채, 피단(오리알), 새우볶음
- **특선요리** : 제비집, 상어 지느러미(샥스핀)
- **해산물** : 해삼, 전복, 새우, 바닷가재
- **가금류** : 오리, 닭, 칠면조, 비둘기, 공작
- **육류** : 쇠고기, 돼지, 사슴
- 야채 · 두부류
- **생선류** : 도미, 광어, 농어, 다금바리
- 수프류
- **식사** : 면, 볶음밥, 만두류
- **감채류** : 찹쌀떡탕, 옥수수탕, 사과탕
- 과일

(3) 기물 사용법

① 젓가락과 렝게

- **테이블 세팅** : 중앙에 받침접시(service plate, saucer)가 놓이고 냅킨을 얹는다. 받침접시 앞이나 오른쪽 옆에서 젓가락(콰이주)과 손잡이가 긴 수저가 놓이고 렝게(짧은 길이의 도자기 수저)는 받침접시와 젓가락 사이에 놓인다. 물산이나 찻잔은 받침접시의 오른쪽 바깥에 놓는다.
- 한국요리와 같이 젓가락과 렝게 받침과 함께 세로로 세팅되지만 가로로 놓아도 무방하다.
- 젓가락은 식사 중에 사용하지 않을 때는 접시 끝에 걸쳐두면 되고 식사를 마친 후에는 받침대에 놓는다.
- 젓가락을 접시에 올려놓거나 회전탁자 끝에 걸쳐놓은 것은 에티켓에 어긋나는 행동이다.
- 렝게는 수프를 먹을 때 사용한다.
- 국물이 있는 요리는 왼손에 렝게를, 오른손에 젓가락을 들고 먹는다.

② 회전 식탁과 접시

- 원형과 회전 탁자는 넓은 궁중에서 생겨난 문화라고 하며 음식을 즐기는 중국 특유의 식탁이다.
- 큰 접시가 회전 탁자 위에 얹혀지면 주인은 공동 젓가락을 올려놓고 손님 쪽으로 돌린다.
- 회전 식탁은 시계 방향으로 돌리는 것이 원칙이다.
- 회전 식탁의 음식이 자기 앞으로 오게 되면, 남아 있는 사람의 수를 고려하여 음식을 덜어내는 공용 수저인 큰 수저를 이용하여 적당한 분량만큼 던다.
- 요리 접시에서 개인 접시로 요리를 덜기가 힘들 때는 웨이터에게 부탁한다.
- 중국 요리는 새 요리가 나올 때마다 맛이 섞이지 않도록 새로운 접시를 제공한다.
- 중국의 기본 소스는 간장 · 식초 · 고추기름의 세 가지가 있는데, 별도의 소스용 종지를 사용해서 덜어내 섞은 후에 찍어먹는다.

(4) 식사시 에티켓

- 주인이 음식을 먼저 든 후 식사한다. 그 이유는 고대 황실에서 독살 사건이 빈번했던바, 주인이 손님을 안심시키기 위해 먼저 음식을 먹었던 데서 유래한 관습이라고 한다.
- 테이블에 요리가 남아 있는 경우, 몇 번을 덜어 먹어도 괜찮다.
- 뼈가 붙은 닭고기 요리는 손에 들고 먹어도 상관없으며, 뼈는 준비된 그릇에 담는다.
- 주인에게 축배를 들 때는 앉은 채로 두 손으로 잔을 감싸 경의의 표시를 한다.
- 주인이 음식을 덜어주는 것은 손님에 대한 호의의 표시이다. 떠주기 전에 손님이 먼저 먹는 것은 큰 실례이다.
- 중국의 테이블 매너는 음식을 남기는 것이 주인에 대한 예의이다.
- 중국 음식의 경우 양이 풍성하므로 계속 나오는 음식을 다 소화해내기 위해서는 차를 자주 마시는 것이 좋다.

4) 양식 테이블 매너

일단 양식 테이블 매너는 우리 문화와 다른 까닭에 까다롭다는 생각을 먼저 하게 된다. 우리나라의 전통적인 음식 문화는 상(床)요리 중심이어서 요리가 다 나오기 전에 먹는 것은 예의에 어긋나는 것이다. 반면에 서양 요리는 요리가 하나의 코스로 이루어진 탓에 나오는 대로 바로 먹기 시작한다.

서양 요리는 뜨거운 요리이건 차가운 요리이건 가장 먹기 좋은 온도일 때 제공되고 좌석 배치에 따라 상석에서부터 제공된다. 따라서 온도가 변하기 전에 먹는 것이 제 맛을 즐길 수 있는 요령이다. 그러나 4~5명이 함께 식사를 하는 경우에는 요리가 나오는 시간이 그다지 걸리지 않으므로 조금 기다렸다가 함께 식사하는 것이 좋다. 특히 윗사람의 초대를 받은 경우에는 윗사람이 포크와 나이프를 잡은 후에 먹기 시작하는 것이 에티켓이다.

주문은 메인 코스를 먼저 선택한 후 고기를 익히는 정도를 선택한다. 메인 코스에 맞추어 전채 요리를 선정한다. 디저트는 메인 코스 식사를 마친 후에 주문한다.

서양에서는 음식을 먹을 때나 음료를 마실 때 소리를 내지 않는 것이 철칙이다. 음식이 입안에 있는데 누가 질문을 했을 때는 시간이 좀 지체되더라도 입 속의 음식을 서둘러 먹고 나서 "미안합니다."라고 한 후 대답을 하는 것이 좋다. 와인이나 물은 음식을 입 속에 넣은 채 마시면 안 된다. 식사 중에는 좌우의 손님들과 먹는 보조를 맞추도록 신경을 써야 한다. 혼자서 너무 빨리 먹어도 안 되고 또 너무 늦게 먹는 것도 피하도록 한다.

(1) 메뉴의 구성

- 따블 도트(Table D'hote, 정식)

정식(定食) 메뉴 또는 세트 메뉴라고도 한다. 가격이 사전에 정해져 있고 원래는 10가지가 나오지만 현대에 맞게 약식화되어 있으며, 일단 메뉴에 제공되는 음식이 순서대로 표시되어 있기 때문에 사정에 따라 선택하면 된다.

이외에도 주방장 추천 메뉴(Chef's Special)나 당일 추천 메뉴(Today's Special)를 선택하는 것도 무난한 선택이라 할 수 있겠다.

● 알라 카르트(A La Carte, 일품요리)

자신의 기호에 따라 선택할 수 있는 주문 요리이다. 금액이 표기되어 있는 경우도 있고 가격이 표기되지 않거나 시가(時價)라고 표기된 경우가 있다. 이들은 고객의 주문에 따라 특별히 만들어 제공하는 주문 음식으로, 시기와 공급 상황에 따라 금액이 달라진다.

음식을 잘 모르고 잘못 주문할 경우에는 음식의 맛이나 양을 조절하지 못해 낭패를 당할 수도 있으므로 주의가 필요하다. 비즈니스가 아닌 사교 모임시에는 일품요리들을 시켜서 나눠 먹는 것도 좋은 방법이다.

● 정식 메뉴

- 전채 요리(appetizer)
- 수프(soup)
- 생선 요리 & 화이트 와인(white wine)
- 셔벗(sherbet)
- 육류 요리(meat)
- 샐러드(salad)
- 치즈(cheese)
- 파이 또는 과자류(pie, snack)
- 과일류(fruits)
- 커피 또는 홍차(coffee, tea)

(2) 주문하는 방법

● 메인 코스(Main course)를 먼저 선택한다.

● 주문한 후 Rare, Medium rare, Medium, Medium-Well done, Well-done 중에서 선택한다.

● 메인 코스에 맞추어 전채 요리를 선정한다. 메인이 스테이크이면 전채는 차갑고 소량인 오이스터(Oyste : 굴)나 캐비어(caviar : 철갑상어 알) 등을 선택하고, 메인이 생선 요리인 경우에는 해산물 칵테일, 에스카르고(식용 달팽이) 등을 주문하지 않고 육류 계통의 전채 요리(Foie Gras : 거위 간)를 선정하는데, 음식의 종류와 온

도를 고려하여 조화를 꾀한다.

● 디저트의 주문은 메인 코스 식사를 마친 후에 시행한다.

(3) 기물 사용법

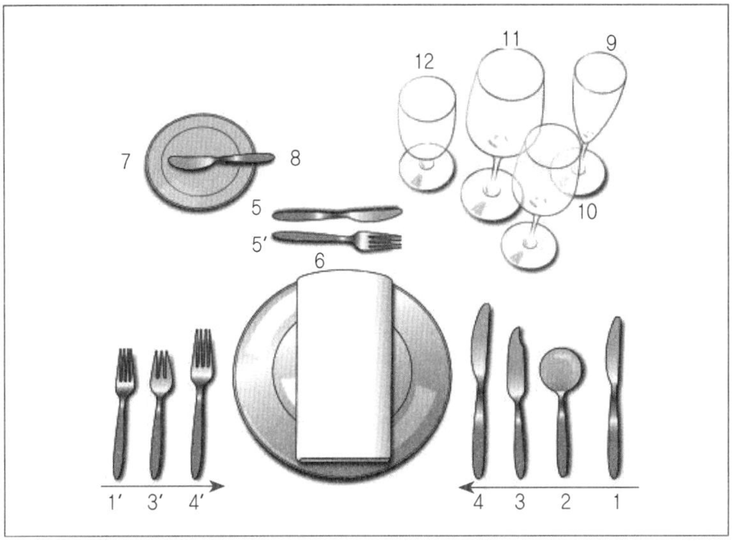

1 & 1'	전채요리 나이프 & 포크	7	빵 접시
2	수프 스푼	8	버터 나이프
3 & 3'	생선요리 나이프 & 포크	9	샴페인 플루트 잔
4 & 4'	고기요리 나이프 & 포크	10	화이트 와인 잔
5 & 5'	디저트요리 나이프 & 포크	11	레드 와인 잔
6	냅킨	12	워터 글라스

① 냅킨(Napkin)

고대 이집트, 그리고 로마인들은 손에 묻은 음식을 닦기 위해 '서비에트(Serviettes)'라고 불린 타월 크기의 냅킨을 사용했다. 로마의 귀족들은 냅킨을 이용하여 먹다 남은 음식을 싸가지고 가는 용도로 사용했다. 중세에는 식탁보가 냅킨의 역할을 했다. 이 시기에는 포크가 사용되지 않았고 귀족은 세 손가락, 일반 시민들은 다섯 손가락을 사용했으며, 칼로 포크의 역할을 대신하기도 했다. 그 후 17세기에 포크를 사용하면서부터는 단지 입을 닦는 데만 사용되면서 냅킨의 크기는 줄게 되었고, 천도 린넨 소재로 바뀌었다.

- 냅킨을 사용하는 것은 음식물이 떨어지더라도 옷이 더러워지지 않도록 하려는 데 그 목적이 있다.
- 의자에 앉자마자 냅킨부터 펴는 것이 아니라 일행이 모두 자리에 앉고 난 후 이야기를 하면서 천천히 자연스럽게 펴도록 한다.
- 식사 전에 인사말이나 건배를 하는 경우는 나중에 펴도록 한다.
- 냅킨의 방향은 두 겹으로 접힌 상태에서 접힌 쪽이 자기 앞으로 오게 한다.
- 비즈니스 석상에서는 목둘레에 꽂는 것을 금한다.
- 배나 비행기 등 흔들리는 장소에서는 셔츠나 조끼의 단추 구멍에 냅킨을 꽂기도 한다.
- 냅킨은 입을 닦거나, 핑거 볼(Finger bowl)을 사용한 후 물기를 닦을 때 이용한다. 입을 닦을 때는 접힌 반대 부분의 한쪽 끝을 이용한다.
- 물이나 술을 마실 때는 입술을 미리 냅킨으로 가볍게 눌러 닦아서 컵 가장자리에 더러움을 남기지 않는다.
- 식탁에 물을 엎질렀을 때 냅킨을 사용하지 말고 웨이터의 도움을 받는다.
- 서양 테이블 매너에서 강조하는 것이 '잔을 깨끗이!'이다. 식사 중에 물이나 와인을 마시기 전에는 입을 닦아 잔을 깨끗하게 사용하는 것이 예의이다.
- 불가피하게 식사 도중에 잠시 자리를 비우게 될 경우에는 냅킨을 음식물을 닦은 부분이 보이지 않도록 대강 접어 의자 위에 둔다.
- 식사를 마치고 모두 일어설 때까지는 냅킨을 테이블 위에 올려놓지 않는다.
- 식사 후에는 냅킨을 의자에 놓지 않고 접힌 상태로 테이블 위에 둔다. 의자에 냅킨을 놓아 두면 식사 중이라는 표시이고 테이블 위에 놓으면 식사가 끝났다는 표시이다.

② 나이프(knife)와 포크(fork)

나이프는 150만 년 전부터 사용해 온 인간의 무기이며 주방기구였다. 사람들은 칼을 허리에 차고 다니면서 사냥을 하고 고기를 썰어 먹거나 무기로 사용했다. 오늘날 식탁에서 사용하는 끝이 둥근 나이프는 프랑스 루이 13세의 총리였던 리슐리외가 식사 중에 날카로운 칼끝으로 이빨 쑤시는 것을 금지하기 위해 만들어졌다고 한다.

2백 년 전만 해도 유럽과 미국의 대부분의 레스토랑에서 나이프와 포크, 스푼을 모두 제공하는 경우는 드물었고 하나 혹은 둘만 제공했다. 이 당시에는 귀족이나 부자들은 여행할 때 개인용 식사 도구를 싸가지고 다녔다.

칼만을 사용하던 사람들은 입을 베이기도 하다가 지혜를 발휘하여 칼날을 둘, 셋 또는 넷으로까지 갈라 오늘날의 포크를 만든 것이다.

영어의 포크(fork)라는 말은 농부의 쇠스랑을 의미하는 라틴어인 푸르카(furca)에서 유래되었다. 식사 도구로서의 포크는 11세기 이탈리아 북부 투스카니에서 처음 등장했다. 당시의 성직자들은 포크의 사용을 비난했지만, 부유한 투스카니 사람들은 금과 은으로 만들어진 포크를 주문하여 사용했다. 그 당시 포크는 대부분 두 갈래밖에 없었다. 17세기까지 포크는 희귀품이었으며 포크의 사용은 비난을 받았다. 18세기에 접어들어 프랑스 혁명 이후 귀족들이 권위와 부의 상징으로 포크(네 갈래 포크)를 사용하기 시작했고, 이때부터 포크가 유행하기 시작했다.

- 접시를 중심으로 오른쪽에 나이프, 왼쪽에 포크가 세팅된다.
- 일반적으로 나이프와 포크는 각각 3개씩 놓이며 바깥쪽에 있는 것부터 순서대로 사용한다.
- 나이프는 오른손에, 포크는 왼손에 잡는다.
- 나이프와 포크는 검지를 위로하며 나머지 네 손가락으로 손잡이 부분을 잡는다.
- 미국식은 나이프로 고기를 자른 다음 오른손으로 포크를 사용하는 반면에, 유럽식은 양손을 동시에 쓰기 때문에 한결 우아해 보인다.
- 왼손잡이나 오른손잡이를 불문하고 기본 원칙은 오른손에 나이프, 왼손에 포크를 잡는다. 왼손잡이가 많은 서양에서도 나이프는 꼭 오른손으로 잡도록 엄격하게 습관을 들이고 있다. 그렇다고 해서 포크를 오른손으로 옮겨 잡을 수 없는 것은 아니다. 나이프와 포크를 번갈아가며 먹는 것은 'Jig-jig Eating' 또는 미국식이라고도 한다.
- 식사 중에는 포크와 나이프를 접시 위에 八자 모양으로 놓는다. 나이프 날은 자기

쪽으로 하며, 포크는 등을 위쪽으로 향하게 한다.

- 식사를 마쳤을 때는 접시 중앙의 오른쪽에 나이프와 포크를 나란히 하여 비스듬히 놓는다.
- 나이프와 포크 사용시 소리를 내어서는 안 되며, 바닥에 떨어졌을 때는 줍지 말고 웨이터에게 알려주면 새 것을 가져다준다.
- 포크를 잡을 때는 항상 구부러진 등 쪽이 위로 향하게 잡는다.
- 한 손에 포크를 쥔 채로 입을 닦거나 물을 마셔서는 안 된다.
- 나이프와 포크를 동시에 사용하여 고기를 자를 때는 끝이 서로 직각이 되게 하며, 팔꿈치를 옆으로 벌리지 말고 팔목 부위만을 움직여 자르는 것이 좋다.
- 나이프로 고기를 썰 때 톱질하듯이 자르지 않는다. 고기용 나이프는 칼날 앞부분이 톱니로 되어 있으므로 약간 세우는 느낌으로, 앞쪽으로 당기듯 또는 밀듯이 썬다.
- 야채는 반드시 포크를 사용해서 먹는다.
- 메뉴에 따라 나이프, 포크가 더 필요하면 제공해 주므로 사용한 나이프와 포크는 다시 쓰지 않는다.
- 전채로 굴이 나올 경우, 포크(Oyster fork)는 수프 스푼 바로 위쪽에 올려놓거나 가장 오른쪽에 놓는다.
- 디저트용 나이프와 포크는 중앙의 접시 위쪽에 올려놓는다. 경우에 따라서는 디저트가 나올 때 별도로 제공하기도 한다.

▲ 포크 & 나이프 쥐는법 ▲ 식사 중 ▲ 식사 후

③ 양념 통(caster)

- 빵 접시나 샐러드 접시는 왼쪽에 올려놓는다.
- 조미료 통(caster)이 손이 닿지 않는 곳에 있으면 옆 사람에게 부탁해서 건네받도록 한다.
- 통후추나 소금을 페퍼 밀(Pepper mill)에 넣어 제공하는 경우에는 몸통을 손으로 돌려 사용한 다음 한두 번 몸통을 쳐주어 여분이 테이블 위에 떨어지지 않도록 한다.
- 겨자는 대개 작은 은단지에 담겨져 나온다.
- 요리가 나오면 먼저 맛을 보고 조미료를 사용한다. 특히 수프는 주방장이 계속 맛을 보면서 장시간의 노력을 기울인 것으로 레스토랑과 주방장의 수준을 가늠하는 것이다. 습관적으로 수프에 소금과 후추를 넣는 경우가 있는데 이는 매너에 어긋나는 것이다.

④ 핑거볼(Finger Bowl)

- 굴, 가재, 과일 등 손으로 먹는 음식이 나올 때 제공되며 대개 레몬을 띄워 제공된다.
- 말 그대로 손가락 끝을 담갔다가 냅킨을 이용하여 닦아낸다.

⑤ 스푼(Spoon)

- 스푼은 수프, 디저트, 차를 마실 때 사용한다. 우리나라의 수지 사용법과 비슷하다.
- 스푼의 윗부분을 펜을 쥐듯 잡고 사용한다.
- 사용 후에는 받침 접시 위에 일자로 올려놓는다.
- 서양의 스푼은 크고 둥글다. 수저를 입에 넣지 않으며 입술 끝에 올려놓고 기울여 흘러내리는 것이 올바른 매너이다.

⑥ 와인잔과 물잔(Glasses)

- 와인잔을 잡을 때는 엄지와 인지를 주축으로 중지가 보조하는 형태로 쥐며, 다른 손가락들은 중지 옆에 가지런히 붙이고 다리(stem) 부분을 잡는다.
- 잔은 식전주로부터 와인잔, 그리고 물잔에 이르기까지 왼쪽에서부터 오른쪽으로

(중앙쪽) 일자형으로 배열한다.

- 나이프와 포크의 사용 순서처럼 바깥쪽에 놓인 잔부터 차례로 사용한다.
- Y잔 모양의 잔은 식전주인 셰리잔으로 수프와 함께 제공되며 비워진 수프 접시와 함께 치워진다.
- 셰리잔을 제외한 다른 잔들은 코스가 끝날 때까지 테이블 위에 그대로 놓여진다.
- 레드 와인잔이 화이트 와인잔보다 크다.
- 가장 큰 잔이 물잔이다.
- 와인잔이 먼저 놓이는 것은 물보다 와인이 식용을 돋우는 데 우선하므로 식사 중에는 물 마시는 것을 자제하는 것이 좋다.

(4) 식사 제공 순서

서구인들은 식사 전에 타액이나 위액의 활발한 분비를 위해 씁쌀한 맛을 지닌 식욕촉진주를 마신다. 셰리(sherry)와 버무스(Vermouth)는 대표적인 식욕촉진주이다. 식사 전에 마시는 칵테일에는 남성이 즐기는 마티니(Martini)와 여성용인 맨해튼(Manhattan)이 있다.

식욕 촉진주는 대개 차갑게 제공되며, 술이 담긴 몸통부분을 쥐면 체온으로 인해 술의 향과 맛이 변할 수 있으므로 삼각형 글라스의 다리(stem) 부분을 잡고 마신다. 식사 전의 칵테일은 쇼트 드링크(short Drink)이므로 짧은 시간 내에 마시지만, 제공되자마자 홀짝 마셔버리는 것보다는 분위기에 맞추어 마시도록 한다. 칵테일을 장식한 올리브 씨 같은 것은 글라스 안에 남기지 말고, 종이 냅킨에 버린다. 술을 즐기지 않는 경우라도 너무 딱딱하게 절대 금주를 선언하면, 분위기도 어색해질 뿐만 아니라 초대한 사람에게도 결례가 될 수 있으므로 적절한 것을 선택하여 마시는 시늉이라도 하는 것이 좋다.

칵테일은 종류별로 그 나름대로의 분위기를 조성해준다. 밝고 여성다운 분위기를 감돌게 하는 칵테일로는 다이큐리(Daiquiri), 핑크레이디(Pink Lady), 알렉산더(Alexander), 싱가폴 슬링(Singapore Sling), 그라스 호퍼(Grass Hopper) 등이 있다.

칵테일을 재차 주문할 때는 먼저 마신 것과 같은 것을 주문하는 것이 좋다. 다른 종류의 칵테일을 마시게 되면 취기가 빨리 올 뿐만 아니라 그 맛도 상쇄되기 때문이다. 칵테일은 차게 해서 마시는 술이라, 잔 표면에 맺혔던 이슬로 인해 옷을 버릴 수 있는데 이것을 방지하게 위해서 칵테일용 소형 종이 냅킨을 사용한다. 그러나 마시고 난 뒤, 이 종이로 입술을 닦는 것은 피한다.

식전 위스키는 약한 것이 좋다. 위스키는 원래 식후주였지만 최근에는 식전주로 변해가는 추세이다. 위스키는 알코올 농도가 40~50도에 이르는 대단히 독한 술이다. 때문에 식전에는 스트레이트로 마셔서는 안 되며 물이나 소다수를 타서 마시는 것이 좋다.

식전주인 셰리는 스페인산의 백포도주를 말하며, 버무스는 백포도주에 약초를 가미한 것이다. 유럽인들은 '와인 없는 식탁은 태양 없는 세상과 같다.'라고 표현할 정도로 알칼리성 음료인 와인을 즐기는데, 육식이 주 요리인 서양 식탁에서 빠져서는 안 될 중요한 존재가 와인이다. 식사 도중에 와인을 마실 때는 입안의 음식을 다 삼키고 입 주위를 한 번 닦은 후 마셔야 한다. 이것은 입안의 음식물과 와인이 섞이게 되면 와인 특유의 풍미가 사라지는 것과 음식물의 기름기가 와인잔에 묻는 것을 예방하기 위해서이다.

와인잔이 2개 세팅되어 있으면 백포도주와 적포도주가 둘 다 제공되는 것이며, 레드 와인잔이 화이트 와인잔보다 크다. 와인은 요리와 함께 마시기 시작해서 디저트가 나오기 전까지 마신다.

와인을 거절할 때는 글라스 가장 자리에 가볍게 손을 얹고 '그만 되었다.'는 표현으로 사양의 뜻을 표시하면 된다.

흔히 술을 마시지 않겠다는 표현으로 글라스나 술잔을 엎는 경우가 있는데 서양식 테이블 매너에서 글라스를 엎는 것은 금기시되고 있으므로 주의해야 한다. 마지막으로 글라스에 담긴 와인은 남기지 않고 다 마시는 것이 예의이다.

① 전채 요리(Appetizer)

식욕을 돋우기 위해 식사 전에 먹는 가벼운 요리로, '오르되브르(Hors-d'oeuvers)'라고도 하는데 '메인 코스 전에 먹는 엑스트라 요리'라는 의미이다. 그 기원은 중국의 면류가 유럽에 전파되어 프랑스, 이탈리아 중심으로 발달했다는 설과 러시아 요리를 프랑스화한 것이라는 설이 있다. 전채 요리는 소화를 촉진하기 위한 것이기도 하므로 단맛보다는 신맛, 짠맛을 곁들이는 것이 좋으며 식욕을 돋우는 요리이므로 많이 먹는 것은 피한다.

(가) 푸아그라(Foie Gras)

특수 방법으로 사육한 거위의 간을 이용한 요리이며, 살짝 구운 토스트나 브리오슈(Brioche)와 함께 제공되는데 테린의 한쪽을 포크로 잘라내어 빵 위에 얹어 먹거나 빵과 교대로 먹는다. 푸아그라가 날로 제공될 때는 빵에 발라 먹는다. 핑크색을 띤 스트라스부르그 산이 최상품이며, 프랑스를 대표하는 음식의 하나이며 트뤼프(Truffe, 송로버섯), 캐비어와 함께 세계 3대 진미로 꼽히는데, 푸아그라 테린은 내열성 용기에 식재료를 채워 가열한 후 식혀서 내는 요리로 차가운 전채이다.

(나) 생굴(Oyster)

러시아식 정식에서 제공되기 시작한 차가운 전채로, 레몬이나 식초를 뿌린 후 왼손으로 껍질을 잡고 오이스터 포크로 관자부분을 떼어내고 먹으며 국물은 마셔도 무방하다. 생굴, 복어, 조개류 등은 'r'이 들어 있는 10월부터 3월 사이에 먹는다.

(다) 캐비어(Caviar)

철갑상어 알을 의미한다. 레몬 등을 뿌린 후 함께 제공되는 멜바토스나 블리니(Blinis)에 캐비어를 얹어 먹는다. 벨루가(Beluga), 오세트라(Ossetra), 세브루가(Sevruga)의 등급이 있다. 가니시(garnish)로 제공되는 삶은 달걀, 파슬리, 다진 양파와 함께 먹는다. 알의 크기가 작은 회색빛의 이란산이 최상품인 차가운 전채이다.

(라) 카나페(Canape)

크래커나 작은 크기로 자른 토스트 위에 연어, 캐비어, 치즈 등을 얹은 프랑스식 오픈 샌드위치로 손으로 먹어도 무방하다. 간단한 음료, 와인 등을 함께 제공한다. 차가운 전채에 속한다.

(마) 슈림프 칵테일(Shrimp cocktail)

새우를 이용한 것으로 칵테일 글라스에 제공된다. 게, 바다가재 등의 어패류를 이용한 칵테일이나 매운 소스를 얹어 제공하는 생선 칵테일 등도 있다. 차가운 전채에 속한다.

(바) 에스카르고(Escargot, 식용 달팽이)

뜨거운 전채 요리로, 껍질째 제공되거나 전용그릇에 살만 꺼내어 내기도 한다. 껍질째 나오는 경우는 전용집게(tong)로 껍질을 고정한 후 전용포크를 사용한다. 버터 소스, 빵이 함께 제공될 때는 빵과 에스카르고를 버터소스에 찍어 먹고 국물은 마셔도 된다. 부르고뉴 산이 최상품으로 꼽히며, 푸아그라와 함께 프랑스를 대표하는 요리이다.

이외에도 이탈리아식 만두인 라비올리(Ravioli)나 파이(Pie) 등은 뜨겁게 제공되는 전채이다. 뜨거운 전채 요리에는 가벼운 느낌의 요리, 차가운 전채로는 깊은 맛을 내는 요리를 먹는다. 푸아그라를 먹은 후에는 수프, 생선요리를 생략하는 것이 좋다. 이는 비슷한 음식을 먹으면 미각이 상쇄되는 것을 막는 조화를 고려한 것이다.

② 수프(Soup)

수프는 고기 중 좋은 부위만을 엄선해서 며칠 동안 주방장이 심혈을 기울여 만든 것으로서 주방장의 수준을 가늠할 수 있는 음식이다.

(가) 콩소메(consomme)

쇠고기, 생선, 닭고기 등을 재료로 한 맑은 수프로 'Potage clair'라고 하며, 만드는 과정이나 시간에 따라 맛의 차이를 드러내기에 주방장의 실력을 알 수 있는 스프이다. 앙트레(육류), 정찬요리에 알맞다.

(나) 포타주(Potage)

차우더(chowder)라고도 하는데, 엄밀히 말하면 수프를 총칭하는 표현이다. 콩소메에 비해서 섬세한 맛이 떨어지나, 감자, 옥수수 등 야채가 첨가되어 진한 맛을 느낄 수 있고, 담백한 요리에 어울린다. 일반적으로 사용되는 크림수프라는 말은 수프의 재료를 의미하는 것인 만큼 모든 수프가 크림수프이다. 따라서 올바른 표현은 아스파라거스 크림수프 등으로 표현하는 것이 맞다. 프랑스에서는 바게트 빵을 부이용(Bouiilon : 맑은 고기 수프)에 적셔 먹었기에, 수프는 마시는 것이 아니라 먹는다는 표현을 하는데 따라서 먹을 때 소리를 내지 않도록 주의해야 한다.

- 수프 볼을 들고 마시거나 바닥에 남은 수프를 빵이나 크래커로 닦아 먹는 것은 매너에 어긋나는 것이 아니라 오히려 주방장에 대한 찬사이다.
- 한 번 스푼으로 뜬 것은 스푼을 옆으로 하여 입술에 갖다 댄 다음, 입으로 흘러내리도록 앞쪽을 들기만 하면 된다. 즉, 스푼을 입안으로 다 집어넣지 않는다.
- 뜨거운 수프가 나왔을 경우에는 우선 스푼으로 조금 떠서 맛을 본 후, 스푼을 이용해 저어서 식혀가며 먹되, 입으로 불어가며 식히지 않는다.
- 스푼으로 뜬 수프를 한 입에 먹지 않고 스푼 위에서 나눠먹는 것을 피한다.
- 손잡이가 달려 있는 그릇에 담긴 수프는 손으로 그릇을 들고 마셔도 실례가 아니다.
- 수프를 먹는 방법에는 자기 앞쪽에서 바깥쪽으로 떠먹는 미국식과 바깥쪽에서 앞쪽으로 떠먹는 유럽식 두 가지가 있다.
- 수프가 조금 남았을 때는 왼손으로 수프 볼을 잡아 몸 반대 방향으로 기울여 떠먹는다.
- 스푼은 다 먹기 전이면 접시 안에, 다 먹었으면 손잡이를 오른쪽으로 하여 수프 받침 접시 위에 둔다.

③ 빵과 버터(Bread & butter)

서양 사회에서 빵과 버터(Bread & Butter)는 생계를 의미하는 것으로 가장을 브레드 어너(Bread Earner : 빵을 벌어 오는 사람)라고도 한다. 아울러 빵이 신분을 나타내기도 했는데, 흰 빵은 특권층인 지배계급을, 검은 빵은 가난한 피지배계급을 상징하는 것이기도 했다.

빵은 처음부터 테이블에 놓여 있더라도 처음부터 먹는 것도, 수프와 함께 먹는 것도 아니다. 빵은 요리와 함께 시작해서 디저트를 먹기 전에 끝내는 것이 좋다. 빵을 먹을 때는 포크와 나이프를 사용하지 않으며 전체에 버터를 발라 먹지 말고 한 입으로 먹을 수 있는 크기로 빵을 뜯어 버터를 발라먹는다.

- 토스트나 크로아상, 브리오슈(Brioche) 등은 아침식사 때만 먹는다.
- 빵 바구니에 담겨 식탁에 놓여있거나, 수프를 먹고 난 후 웨이터가 제공한다.
- 테이블 왼쪽에 놓인 것이 자기 빵이다. 연회 테이블에서 만약 오른쪽에 놓여 있는

빵을 먹으면 오른쪽 끝의 사람은 빵을 먹지 못하게 된다.

- 딱딱한 바게트 빵은 가운데 부분을 눌러 4등분하여 한 입 크기만큼 손으로 잘라 먹는다. 막 구워낸 빵에 나이프 등의 금속 제품을 대면 맛이 변하는 만큼 칼의 사용을 피한다.
- 버터는 1인용 또는 2인용으로 제공된다. 2인용인 경우는 버터나이프로 빵 접시 한 켠에 한 조각을 옮겨 놓은 뒤에 먹도록 한다.
- 정찬(점심이나 저녁)에는 잼을 사용하지 않고 버터만을 사용한다.
- 여성에게 먼저 건넨다.
- 빵은 밀크나 커피에 적셔먹지 않지만 수프나 소스에 적셔서 포크로 먹는 것은 무방하다.
- 빵을 손으로 자를 때는 부스러기가 떨어지기 쉬우므로 접시 위에서 자르는 것이 좋다. 빵부스러기는 바닥으로 쓸어내리지 않고 그대로 둔다.

④ 생선요리(Fish)

- 생선 : 넙치(Sole), 도미(Sea Bream), 바닷가재(Lobster)
- 조개류 : 굴(Oyster), 조개류(Mussel), 가리비류(Sea scallops)
- 기타 : 참새우(Scampi), 왕새우(King prawn),
- 실제 메뉴에는 위의 생선명과 조리방법이 함께 나온다.
- Sole meuniere(넙치 뫼니에르 ; 넙치에 밀가루 옷을 입혀서 버터로 구운 요리)

종류별 먹는 법

(가) 일반 생선(Fish)

주문할 때 뼈를 제거한 것인지 확인하는 것이 필요하나, 대개의 경우 살 부위만 제공되므로 나이프와 포크를 사용해서 먹으면 된다. 메뉴에 무스(mousse)라고 표기되어 있는 경우에는 생선을 갈아서 만든 부드러운 생선이다. 생선을 먹을 때는 나이프를 펜을 쥐듯이 하여 나이프 손잡이 부분이 엄지와 검지 사이로 나오게 쥔다.

통째로 요리된 생선이라면 머리, 몸통, 꼬리를 나이프로 자르고 지느러미 부분을 발라낸 후 역시 나이프를 사용하여 뼈를 따라 왼쪽에서 오른쪽으로 위쪽의 살과 뼈를 발라놓는다. 머리, 꼬리, 지느러미, 뼈는 접시 위쪽에 모아 둔다. 생선의 살만을 앞쪽에 놓고 왼쪽에서부터 먹을 만큼 잘라 먹는다. 생선의 위쪽을 다 먹은 다음에는 생선을 뒤집지 말고 다시 나이프로 뼈를 발라서 살을 먹는다. 대체로 생선 요리는 살이 부드러우므로 살을 떼어낼 때 이외에는 포크만을 사용해도 괜찮다. 생선 구이에 함께 나오는 레몬조각은 세 손가락을 이용해 즙을 짜내고 먹는다. 뫼니에르에 제공되는 레몬의 경우는 나이프로 누르며 즙을 짜낸다. 가시가 입에 들어간 경우에는 포크를 이용해서 받아낸 후 접시의 구석에 놓는다.

(나) 부야베스(Bouillabaisse)

지중해 연안의 해산물, 생선에 토마토, 올리브, 마늘 등을 넣은 수프 형태의 생선 요리를 말한다. 생선용 나이프, 포크, 스푼을 이용하며 안에 든 새우 등은 손으로 먹어도 무방하다. 노란색의 고급 향신료인 사프란(saffron)으로 향을 낸 부야베스는 소스, 마늘빵이 함께 제공된다. 해산물은 소스에 찍어 먹고, 마늘빵과 소스는 번갈아 가며 먹는다.

(다) 새우(Shrimp)

왕새우의 경우는 미리 껍질이 발라져 제공되므로 적당한 크기로 잘라가며 먹는다. 껍질째 제공되는 경우에는 머리 부분을 포크로 고정시키고 새우 살과 껍질 사이에 나이프를 넣어 살을 벗겨내듯 하면서 꼬리 쪽까지 옮기며 껍질을 벗겨낸다. 머리부위의 새우 알도 먹는다.

(라) 바닷가재(lobster)

주문할 때 껍질을 벗겨달라고 한다. 껍질째 제공된 경우에는 집게발을 전용 집게로 잡고 전용 포크로 살을 꺼내어 나이프로 자른 후 먹는다.

⑤ 셔벗(Sherbet)

오늘날에는 거의 생략되고 있긴 하지만, 다음 코스의 식사를 위해 입안을 산뜻하게 하고 미각을 새롭게 하기 위한 것이다. 풀코스의 생선 요리와 육류 요리 사이에 제공되는 것으로, 단맛이 적고 알코올 성분이 있다. 대개 다리가 긴 글라스에 담겨져 나오므로, 왼손으로는 글라스의 다리 부분을 잡고 오른손으로는 디저트용 스푼을 이용해서 떠먹는다.

⑥ 육류(Meats)

고기 요리를 먹을 때에는 포크로 고정시키고 나이프로 조금씩 잘라가며 먹는다. 고기를 한꺼번에 잘라 놓고 먹지 않도록 한다. 양고기는 뼈 끝 부분에 종이가 감겨져 있으면 그것을 왼손으로 잡고, 오른손으로 살코기를 발라낸다. 닭고기는 은박지로 싼 부분을 잡고 먹어도 괜찮지만 편한 자리일 경우에 해당되며, 원칙적으로는 손으로 잡고 먹는 행동은 삼간다. 스테이크는 굽는 정도에 따라 맛이 달라지므로 스테이크를 주문할 때는 취향대로 웨이터에게 굽는 정도를 알려 준다.

스테이크의 굽는 정도

- rare : 표면만 살짝 구워 중간은 붉은 날고기 그대로의 상태
- midium rare : 중심부가 핑크인 부분과 붉은 부분이 섞여 있는 반쯤 덜 구운 상태
- midium : 중심부가 모두 핑크 빛을 띠는 중간 정도의 구운 상태
- welldone : 표면이 완전히 구워지고 중심부도 충분히 구워져 갈색을 띠는 상태
- 소스는 메인 요리와 조화된 맛을 지니는 것이 중요하고, 메인 요리의 1/3 정도 끼얹어 먹는다.

스테이크의 종류

(가) 쇠고기(Beef Steak)

ⓐ 안심 스테이크(Tenderloin Steak, Filet)

– 샤토브리앙(Chateaubriand)

19세기 프랑스의 귀족인 샤토브리앙이 자신의 주방장이던 몽미 레이유(Montmireil)에게 안심 부위 중 가장 맛있는 부위를 조리하도록 한 것이 세상에 알려지며 그의 이름을 딴 스테이크가 되었다. 비프 스테이크에서 최고로 손꼽히며, 가격 또한 고가이다. 샤토브리앙의 옆 부분인 안심의 중간부분은 필레(Filet), 다음이 투르네도(Tourne dos), 필레미뇽(Filet mignon)이며

가는 부분이 쁘띠필(Petit Fillet)이다.

- 서로인 스테이크(Sirloin)

  영국의 찰스 2세는 등심 스테이크를 선호했는데, 시종에게 자신이 즐기는 부위를 묻고, 로인(loin)이라고 대답하자, 그 부위에 작위(knight)를 수여해서 서로인 스테이크가 되었다고 한다.

ⓑ 기타 부위별 스테이크 이름

소 등뼈 안에 있는 안심 외에 소의 어깨부터 머리에 이르기까지 부위별로 이름이 다르다. 맨 위쪽이 리브(Rib), 다음이 쇼트로인(Short loin), 허리부위의 서로인(Sirloin) 등이다.

- 리브 스테이크(Rib steak)

  한국 갈비와 비슷하지만, 통 갈비로 소스와 함께 나온다. 아르헨티나에서 유래된 바비큐 음식으로, 패밀리 레스토랑에서는 일반적이나 비즈니스 식사로는 불편한 음식이다.

- 쇼트로인 스테이크(Short loin steak), 서로인(Sirloin steak)
- 포터 하우스 스테이크(Porter house steak)
- 티본 스테이크(T-bone steak)

  안심과 등심을 모두 즐길 수 있는 고급 스테이크로, 양이 많은 편(정상 분량이 700g으로, 2인분 분량)이다.

- 클럽 스테이크(Club steak)
- 라운드 스테이크(Round steak)
- 플랭크 스테이크(Flank steak)

(나) 양고기(Lamb)

본래는 이탈리아 전통 음식 중의 하나이며 아랍지역 사람들이 즐겨 먹는다. 우리가 알고 있는 징기스칸 요리(샤부샤부)도 몽고에서는 쇠고기보다 양고기를 사용해서 만든 토속 음식이었다. 양고기라면 냄새나는 음식이라는 선입견이 있으나 레스토랑에서는 9개월 미만의 양(Lamb)만을 엄선해서 사용하기 때문에 고기 냄새가 나지 않으며, 민트(박하 향)나 로즈마리, 타임(Thyme, 백리향), 마늘 등의 다양한 향신료를 첨가한 소스를 사용한다.

- 고기 요리는 한 번에 썰어 놓고 먹기보다는 잘라가며 먹는 것이 좋다.
- 스테이크는 굽는 시간이 너무 길어지면 육즙이 증발해 버려 맛이 떨어지고 육질이 질기게 되므로 미디엄이 적당하다.
- 스테이크를 먹을 때는 나이프를 오른손에, 포크를 왼손에 쥐며 고기의 왼쪽을 포크로 고정시켜 먹기 좋을 만큼 왼쪽부터 잘라먹는다. 고기를 전부 잘라 놓고 먹으면 육즙이 전부 흘러내려 스테이크 맛이 떨어질 뿐 아니라 금세 식어 버려 맛이 없어진다.
- 스테이크를 자를 때는 접시의 바깥쪽에서부터 안쪽으로 종으로 자른다. 이는 고기의 부위마다 결이 다르나 접시에 담을 때는 고기의 결이 위에서 아래로 향하도록 담게 되어 있기 때문이다.
- 소금이나 후추는 음식이 나오면 무조건 뿌리는 것이 아니라 일단 먹어 본 다음에 취향에 맞게 사용해야 한다. 무턱대고 조미료를 뿌리는 것은 매너에서 어긋나며, 주방장을 무시하는 행동이 된다.
- 육류를 먹을 때는 포크와 나이프의 손잡이 부분이 손바닥 안으로 들어가게 하고 나이프 손잡이를 위에서 누르듯이 잡는다.
- 핑거 푸드(Finger food)는 손으로 먹는 요리를 의미한다. 옥수수는 중앙에 은제 막대를 끼워 제공되는 경우가 많은데 양 손으로 잡고 버터를 바른 후 소금, 후추를 뿌려서 먹는다. 샐러드인 아티초크도 바깥쪽의 잎사귀를 뜯어낸 후 껍질 안쪽을 소스에 묻혀서 껍질을 벗겨가며 먹는다. 데친 새우, 베이컨 튀김인 크리스피(crispy) 등이 이에 속한다.

⑦ 샐러드(Salad)

- 고기와 야채는 맛에서도 조화를 이루지만, 식품영양학적으로 몸에 좋다. 고기는

산성이 강한 식품이므로 알칼리성이 강한 생야채를 샐러드로 먹음으로써 중화시킬 수 있으며, 고기 속에 많이 함유된 지용성 비타민 A와 야채를 함께 섭취함으로써 음식 섭취의 조화를 이룬다.

- 고기와 샐러드는 번갈아 먹는 것이 좋다. 영국인이나 미국인들은 샐러드를 고기요리와 같이 먹거나 그 전에 먹는 반면, 프랑스 사람들은 고기 요리가 끝난 다음에 먹는다.
- 샐러드에 사용되는 소스를 드레싱(Dressing)이라고 한다. 소스가 뿌려진 모습이 마치 여성이 드레스 입은 모습과 같다고 해서 생겨난 말이다.
- 드레싱의 종류는 굉장히 많지만 크게 오일 드레싱류와 마요네즈 드레싱류로 구분된다.
- 생선이나 육류 코스처럼 샐러드는 샐러드용 나이프와 포크가 제공되지만, 포크만으로 먹어도 무방하다. 오찬시에는 대개 육류와 함께 나오므로 이때는 육류용 포크를 사용한다.
- 샐러드를 덜고 드레싱을 할 때, 프렌치 드레싱은 샐러드 위에 직접 부리지만 마요네즈 소스의 경우는 접시 한 쪽에 놓고 찍어 먹는다.

⑧ 디저트(Dessert)

디저트로는 치즈, 과자나 케이크, 과일 등이 나오는데 디저트는 프랑스어 '데세르비르(Desservir)'가 어원으로 '치우다', '정리하다'라는 뜻이다. 디저트의 종류는 대단히 많은데 크게 과자류과 과일류와 나눌 수 있다. 서양 요리에는 당분을 거의 쓰지 않기 때문에 식후에 당분이 많은 과자를 먹어서 균형을 이룬다.

- 디저트로 먹는 과자류는 반드시 부드러운 것으로 한다.
  - 따뜻한 디저트 : 푸딩, 크림으로 만든 과자나 과일을 이용한 과자, 파이
  - 차가운 디저트 : 아이스크림과 셔벗
- 디저트로 제공되는 과일은 수분이 많은 과일을 사용한다.
  - 멜론 : 왼손으로 껍질을 잡고 오른손의 스푼으로 오른쪽부터 떠먹는다.
  - 수박, 파파야 : 요령은 같고 씨는 입속에서 발라내어 스푼에 뱉어 접시에 놓는다.

- 포도 : 손으로 먹어도 상관없다.
- 딸기 : 한 알씩 스푼으로 먹는다.

- 공식 만찬에서는 디저트를 마친 후에 건배를 하게 되는데 술을 못 마시는 여성이라도 술잔을 채워 다 함께 건배에 응하도록 한다.
- 디저트 접시에 좌우로 포크와 스푼이 놓이고 가운데 핑거볼이 나오면 핑거볼을 들어서 접시의 왼쪽에 놓고 사용한다.
- 치즈 : 메인 요리를 먹고 난 후 여유가 있을 때 먹는다. 프랑스 치즈의 종류는 400가지가 넘으며, 카방베르(camen-bert), 브리(brie), 로크포트(rouqueport) 등이 유명하다. 주문시에 웨이터에게 문의한 후 취향에 맞는 것을 선택한다. 산양, 염소의 젖으로 만든 치즈는 지방분이 적어서 푸석하므로 버터를 바른 빵과 함께 먹는 것이 좋다. 치즈만 먹을 때는 디저트용 나이프로 적당히 잘라 디저트용 포크로 먹는다.

⑨ 커피와 담배

- 커피는 70℃ 온도가 가장 맛있다고 한다.
- 커피를 마실 때 손잡이는 엄지와 검지로 가볍게 잡고 마신다.
- 식후에 제공하는 커피는 통상 적은 양의 진한 커피로 에스프레소나 절반 분량인 데미 타제(demi tasse, semi tasse)를 마신다. 진한 커피는 입안을 개운하게 한다.
- 설탕은 넣자마자 녹이지 말고 자연스레 녹게 해서 처음에는 쓴맛을, 나중에는 달콤한 맛을 즐기도록 한다.
- 우유거품과 계피향의 카푸치노(Cappuccino), 연한 아메리칸 커피 등이 있다.
- 알코올 성분을 가미한 커피는 식후주와 커피 맛을 함께 맛볼 수 있다.
  - 아이리시 커피 : 커피에 아이리시 위스키를 넣고 생크림을 얹는 것
  - 카페로열 : 커피에 꼬냑과 오렌지 향을 가미한 귀족적 분위기의 커피
- 티백을 이용해 녹차나 홍차를 마실 경우에는 티백은 컵의 뒤쪽에 가로로 놓는다.
- 담배는 디저트가 끝난 후에 피운다. 주문을 끝낸 다음 음식이 나올 때까지 기다리는 동안 담배를 피운다거나 담배를 피우며 식탁 의자에 앉는 것은 금기사항이다.

- 식사가 끝나고 바로 일어서는 것은 결례이다. 시간을 두고 초대를 받은 사람이 적절한 인사를 하고서 일어난다.

⑩ 식후주(Digestif)

식전주가 식욕촉진주인 데 반해, 식후주는 소화촉진주이다. 식사 후 커피를 마실 때 웨이터가 식후주 주문을 받는다. 식후주는 남성이 즐기는 브랜디(brandy)와 여성이 즐기는 리큐어(liqueur)로 나뉜다.

Chapter 7. 일반매너

02 공공장소 매너

1. 승차 매너

1) 승용차 이용 매너

- 여성과 동승할 때 승차시에는 여성이 먼저 타도록 배려하고, 하차시에는 남성이 먼저 내려서 차문을 열어준다. 윗사람과 함께 탈 때도 마찬가지이다.
- 운전기사가 있을 경우에 승용차 좌석의 서열은 뒷자리 오른편이 1석이며 왼쪽과 가운데, 앞 자리 순이므로 서열에 맞춰 앉고 대개 운전석 옆 자리에 앉는 것은 피한다.
- 자가운전자의 경우 운전석 옆자리에 앉는 것이 통례이며 그곳이 상석이다. 뒷좌석의 오른편이 제2상석, 맨 왼쪽이 제3석, 중앙이 말석이 된다.
- 승용차 안에서는 동승한 사람이 있을 경우 담배를 피우지 않는 것이 예의이다. 특히 담배를 피우지 않는 여성과 함께 탔을 경우에는 절대로 피워서는 안 된다.
- 타인의 차를 동승하게 되었을 때는 감사를 표하고 장거리 운전인 경우는 가벼운 담소 등을 통해 지루함을 해소한다.
- 여성의 경우 승차시에 팔을 먼저 넣고 양다리를 붙이고 가지런히 옮긴다.
- 눈이나 비가 오는 날은 우산이나 비옷의 빗물이 차 안에 떨어지지 않도록 털고 탄다.
- 타인의 승용차에 동석하게 된 경우에 쏟을 우려가 있거나 냄새가 강한 음식은 삼간다.
- 여성은 좌석에 앉은 후 양다리를 붙여 가지런히 모아 차 속으로 들여 놓는다. 머리부터 들어가면 보기 민망한 일이 보여질 수 있다.

2) 열차 이용 매너

- 시끄럽게 떠들고 담배를 피우는 행위를 삼가고 음식, 과자, 과일 껍질 등은 봉투에 모아서 휴지통에 버린다.
- 출입구나 통로에 기대어 다른 사람들의 통행을 방해하지 않도록 한다. 노약자의 안전을 배려하고 아이들이 시끄럽게 떠들거나 통로를 뛰어다니지 않도록 주의시킨다.
- 의자를 마주한 채 지나치게 큰소리를 내는 것은 곤란하다.
- 음식물, 쓰레기는 모아서 정해진 장소에 버린다.
- 열차 내에서는 휴대폰의 전원을 끄거나 진동으로 하고 통화를 해야 할 상황에서는 작은 소리로 하거나 객실 간 통로를 이용한다.
- 화장실을 깨끗하게 이용한다.
- 우리나라 기차는 금연이다. 화장실에서 흡연을 삼간다.
- 열차 내에서 신발을 벗는 행동은 자신은 편할지 모르지만 다른 사람에게는 불쾌감을 조성하는 만큼 삼간다.

3) 버스와 전철

- 승하차시에는 한 줄로 서서 차례를 기다리며, 노약자 보호석은 노약자를 위해 비워둔다. 일반석의 경우에도 노약자나 장애인, 임산부, 어린이를 동반한 여성에게 자리를 양보하도록 한다.
- 노약자나 어린이가 있으면 먼저 타도록 배려한다.
- 노약자 보호석에 앉지 않는다.
- 비나 눈이 오는 날에는 물기가 타인의 몸에 닿지 않도록 주의한다.
- 남의 발등을 밟게 된 경우에는 정중하게 사과한다.
- 버스 터미널이나 전철역 역시 금연구역이다.
- 앉을 때는 다리를 모아 옆 사람이나 앞에 선 사람이 불편하지 않도록 한다.
- 신문을 볼 경우는 1/4로 접어서 들고 본다.

- 여성의 뒤에 서면 오해받을 수 있다.
- 버스의 경우 먼저 탄 사람이 창가 쪽으로 앉되, 하차지점이 가까운 경우는 몸을 비켜주며, 안쪽으로 유도한다.
- 창가 쪽의 스커트를 입은 여성 승객이 내리려 하면 잠시 일어서서 비켜준다.
- 차내에서의 음식물 취식 행위를 삼간다.
- 공공구역인 만큼 동료와 큰 소리로 대화하지 않는다.
- 붐빌 때 동행한 여성이 있다면 먼저 여성이 편안히 탈 수 있도록 도와준 후에 타고, 승차 후에도 여성이 자리를 잡고 난 후에 앉는 것이 예의이다.
- 다른 승객이 동행 여성에게 자리를 내주었다면 그녀를 대신해 목례로 사의를 표시한다.
- 애완동물을 동반하는 것은 삼가는 것이 원칙이며, 부득이한 경우는 남의 눈에 잘 띄지 않도록 하고, 배설물 봉지 등 만반의 준비를 해야 한다.

2. 공연 매너

1) 전시장 · 박람회 매너

전시회나 전람회를 방문하여 감상하면서 자신의 문화와 교양 수준을 높이는 것은 자기계발과 리프레쉬(refresh)를 위한 좋은 방법이다. 또한 해외여행 중에 해당 국가의 역사와 문화, 전통이 담긴 박물관, 전시장을 방문하게 되기도 하는데 이때 또한 매너를 지켜야 한다.

- 매표소, 입구에서는 항상 줄을 선다.
- 휴대 금지 품목은 지정장소에 보관한다.
- 전시품은 눈으로 감상하며 함부로 손을 대거나 낙서를 하여 훼손시키면 안 된다.
- 안내원의 지시를 따르며 질서를 지켜서 조용하게 관람, 감상한다.
- 줄을 지어 감상할 때 혼자 오래 서서 뒷사람을 방해하지 않도록 한다.

- 코스에 따라 관람객을 지나가게 될 때는 방해가 되지 않도록 주의한다.
- 전람회장에서는 이야기를 하거나 신발소리를 내지 않도록 한다.
- 작품이나 전시품에 신경을 집중하고 연구적인 태도로 관람하는 자세가 필요하다.
- 전시, 관람을 통해 느낀 점을 적기 위해 펜이나 메모지를 준비하는 것이 좋다.

2) 극장 · 음악회 매너

- 공연장에서는 무대상연 시작 시간 전에 도착하여 질서를 지켜 매표를 한 후 입장한다.
- 착석하기 위해 다른 관객 앞을 지날 때에는 공손히 양해를 구하며, 옆 사람에게 폐가 되지 않도록 옆 걸음으로 조용히 들어오거나 나가야 한다.
- 공연 중에는 휴대폰의 전원을 끄고, 안내 책자를 뒤적거리거나 옆 사람과 잡담을 하지 않는다. '연소자 입장 불가'이거나 어린이가 관람하기에 부적절한 내용의 공연물과 정숙을 요하는 공연장에 어린이를 가급적 동반하지 않는다.
- 공연물에 따라서 남성의 복장은 턱시도 혹은 정장, 여성은 드레스(검은색 계통) 등을 착용하는 것이 좋다.
- 지정좌석이 아닌 경우는 가운데 자리부터 앉아 다른 관람객들이 번거롭지 않게 하고 자기 좌석을 찾아 들어갈 때는 양해를 구한다.
- 상영 중에는 이야기하면서 웃거나, 머리를 지나치게 움직인다거나 이쪽저쪽 두리번거리고 소란스럽게 만드는 행위, 껌이나 사탕을 소리내어 먹는 행위 등을 하지 않는다.

3. 음주 매너

글로벌 시대에 있어서 경쟁력을 향상시키는 방법에는 다양한 방법이 있으며, 그 중에 하나가 세련된 음주 매너일 것이다. 우리의 음주 문화 중에 특히 주의해야 할 사항은 '폭탄주 문화', '잔 돌리기 문화', '억지로 권하는 문화' 등이 있다. 이러한 음주 문화는 선진국 사람들에게는 아주 비위생적으로 보일 수도 있고 타인을 배려하지 못하는 민족이라는 낙인이 찍힐 수도 있다. 따라서 상대방 국가에 대한 음주 문화의 올바른 이해와 바람직하지 못한 음주문화의 개선이 필요하다.

글로벌 시대에 있어서 상대방 국가의 음주 문화에 대한 올바른 이해는 경쟁력 향상의 중요한 요소가 될 것이며, 상대방 음주 문화를 잘 이해하고 그들의 입장에서 음주 분위기를 이끌어 나갈 때 비즈니스에도 많은 도움이 될 것이다.

1) 음주 문화

(1) 수 작

수작 문화는 친족공동체의 유대관계 형성과정에서 유래되었으며, 술잔을 서로 돌려가면서 마시는 주법이다. 고대에는 일본에서도 수작 문화가 존재하였지만 현재는 소멸되었다.

(2) 대 작

대작 문화는 각자가 술의 양을 조절할 수 있다는 장점이 있지만, 유대감의 형성을 중요시하는 동양권에서는 적당하지 않은 주법이다.. 러시아인들은 마시기 전에 건배를 한다.

(3) 자 작

구미인의 음주 문화이며 마시는 술의 양을 각자가 조절할 수 있다. 상대방이 좋아하는 술을 선택하여 각자가 원하는 만큼 대접하고 술잔을 받은 사람은 양과 시간을 조절하여 마시며 술잔은 교환하지 않는다.

2) 착석 매너

술자리에서의 상석은 보통 출입문에서 먼 쪽, 창을 등진 곳, 참석자 전원이 잘 보이는 곳이며, 상석의 맞은편이 차석이다. 상석의 왼쪽이 3번째 주빈이고 차석의 왼쪽이 4번째 주빈이다.

상석은 서로 권하는 분위기 속에서 마지못해 상석에 앉는 것이 예의이며, 모임을 주최하는 사람은 직장상사나 상석에 앉을 참석자를 위해 미리 좌석을 확보해 두어야 한다. 상석을 제외한 나머지 좌석은 화기애애한 분위기 조성을 위해 서열에 따르지 않고 앉아도 된다.

3) 연령별 음주 매너

한국의 음주 예절은 아랫사람이 윗사람에게 먼저 잔을 권하는 것이 일반적 예법이다. 하지만 일본은 이와 반대로 윗사람이 아랫사람에게 먼저 술잔을 건넨다. 윗사람에게 가서 잔을 청하여 잔을 내리고 그 빈 잔에 술을 따르게 된다. 따라서 일본인과의 음주에는 세심한 주의가 필요하다.

또한 어른을 정면으로 두고 술을 마시지 않아야 하며, 돌아앉거나 상체와 고개를 돌려 소리가 나지 않도록 마셔야 한다. 술잔을 받을 때에 받은 후 술잔을 바로 내리지 말아야 하며, 입에 대어 조금 마신 후 내려놓아야 한다. 윗사람에게 자신이 마신 술잔을 권할 때는 냅킨으로 술잔을 닦은 다음 권해야 하며, 권하는 잔은 반드시 오른손으로 잡아야 한다.

동년배끼리의 술자리는 초면일 경우에는 윗사람과의 경우와 같이 예의를 갖추어야 한다. 동년배에게 술을 권할 때에는 오른손으로 술병의 목 부분을 잡고 왼손바닥을 가슴 위에 가볍게 대고 술이 넘치지 않게 따르면 된다.

아랫사람과의 초면의 술자리는 동년배의 술자리 예절과 동일하고, 구면일지라도 예의를 갖추어야 한다. 아랫사람으로부터 술잔을 받을 때에는 왼손으로 받거나 한 손으로 술잔을 받지 않아야 하고, 아랫사람이 예의를 갖추어 술잔을 권하거나 술을 따를 때에는 윗사람은 왼손을 가슴에 가볍게 대고 술잔을 받아야 한다.

4) 건배 매너

대체로 동양권에서는 식사를 하기 전에 건배를 하는 것이 보통이지만, 서양에서는 식사 후 연회가 무르익은 다음에 건배를 한다. 공식만찬에 이용되는 술은 보통 와인이며, 술을 마시지 못하는 참석자는 마시지 않더라도 잔에 와인을 채워 다 같이 건배에 응하는 것이 매너이다.

건배는 대체로 호스트(host)가 일어나서 그 자리에서 가장 높은 사람이나 연장자에게 건배를 제의하면 제의를 받는 사람은 짧은 메시지와 함께 건배를 외친다.

5) 주의해야 할 음주매너

(1) 만취

한국에서는 술에 취하는 모습이 비즈니스상의 접대나 사교의 일환으로 필요에 따라 받아들여지는 경우가 대부분이다. 특히 늦은 밤 술에 취해 비틀거리며 걸어다니는 취객들의 행동은 서양인들로서는 쉽게 이해하지 못할 부분이다. 미국에서는 술에 취해 비틀거리며 돌아다니는 것을 매우 불명예스럽게 여기며, 이로 인해 타인에게 피해를 줄 경우 구금되는 경우도 있다.

(2) 노래 부르기 강요

한국인들은 본래 사교모임의 회식장소에서 노래 부르기를 매우 좋아하는 민족이며 문화의 일부로 여겨지고 있다. 하지만 서양인들은 한국의 사교모임과는 달리 노래를 부르고 또한 노래 부르기를 강요당하는 것을 매우 싫어하는 편이다. 비즈니스 협상 후나 사교모임에서 서양인들에게 노래 부르기를 강요하는 것은 매우 불쾌감을 주는 행동이다.

(3) 술 권하기

한국인들은 손님에 대한 예의가 매우 많은 편이다. 그래서 외국인들과의 음주 석상에서도 한국인들과 똑같이 억지로 술을 권하는 경우가 많다. 그러나 서양인들은 거절하고자 할 때에는 과감한 면을 보이므로 그러한 행동에 보조를 맞춰야 할 필요가 있으며, 또한 그들은 타인에게 강요당하는 것을 그다지 좋아하지 않는다.

(4) 술잔 돌리기

한국인들은 자신이 마신 술잔을 다시 타인에게 건네주고 술을 따르는 경우가 많다. 이러한 행동은 서로에 대한 존경심, 친근감, 우정과 같은 의미를 가지고 있지만, 많은 외국인들은 이러한 행동을 매우 비위생적인 행동으로 여기므로 신중해야 한다.

4. 흡연 매너

흡연의 역사는 콜럼버스가 미대륙을 발견한 1492년경으로 거슬러 올라간다. 미대륙에 있던 원주민들이 피우고 있던 Tabacco라는 것을 영국인들이 가지고 가서 개량하여 이름도 Tobacco라고 변한 것으로 알려져 있다.

선진국에서는 대부분 공공장소에서의 흡연이 엄격하게 법으로 금지되어 있으며, 흡연자들에게는 많은 제약을 가하고 있다. 과거에는 비행기 안에서도 흡연석이 별도로 지정되어 있었으나, 근래에는 전혀 없는 경우도 많다.

캐나다의 토론토 같은 도시는 2000년 이래 도시의 금연화를 추진하기로 하여 공공건물이나 음식점 등에서는 흡연행위가 금지되었다. 또한 싱가포르에서는 금연장소에서 담배를 함부로 피우거나 담배꽁초를 버리면 무거운 벌금을 부과하기도 한다. 국가를 막론하고 대체적으로 금연이 일반적이고 광범위하게 확산되고 있는 추세이다. 흡연은 개인적인 프라이버시로서 인정되기도 하지만, 흡연 전에는 반드시 주변 사람들에게 흡연하여도 좋은지에 대하여 물어 보아야 하고, 비흡연자들에게 불편을 주지 않는 등 나라별로 서로 다른 흡연 매너를 익히는 것이 글로벌 에티켓의 출발점이 될 것이다.

1) 일반적인 흡연 매너

- 금연구역과 흡연구역을 반드시 준수해야 하고 상대방에게 미리 양해를 구한 뒤 흡연하도록 한다.
- 상대방과의 만남에서 착석하자마자 담배를 피우는 것은 피해야 하고, 여성과 서서 대화를 할 때에는 담배를 피우지 않아야 한다.

- 서양에서는 식사 중 메인 코스가 끝날 때까지는 금연해야 하고, 식탁 위에 재떨이가 있을 경우에는 식사 중 흡연이 가능하다. 또한 만찬석에서는 시가나 파이프 담배를 부인 앞에서 피우지 않아야 한다.
- 호스티스는 손님들의 동정을 살펴 담배를 권할 시기를 놓치지 않아야 한다.
- 기차나 자동차 안에서의 흡연은 일단 동승한 여성의 양해를 구하도록 하며, 엘리베이터 안에서도 흡연은 금물이다.

2) 나라별 흡연 매너

(1) 미 국

- 식사 중에는 가능한 흡연을 삼가는 것이 원칙이지만, 식탁에 재떨이가 준비되어 있다면 피워도 좋다는 뜻이다. 또한 식사가 끝나고 자유시간을 가질 때나 여성이 정면으로 있는 경우에 담배를 피우는 것은 삼간다.
- 담배를 피우고자 할 때에는 주위 사람들에게 먼저 권하는 것이 예의이다.
- 대부분의 공공장소에서의 흡연은 법으로 금지되어 있으며, 레스토랑에서도 층을 둘로 나누어 흡연석을 따로 설치해 놓은 경우가 있지만, 그렇지 않은 경우는 전체가 금연석이다.
- 금연운동이 미국 전 지역으로 확산되고 있는 추세이며, 'Smoke Free'라는 표시는 금연을 뜻한다.
- 담배를 피우는지의 여부가 사회적 지위에까지 영향을 미치는 분위기이다.

(2) 스페인

- 대부분의 공공장소에서는 담배를 피우지 않으며, 특히 지하철 역내에서 담배를 피우면 많은 벌금이 부과된다.

(3) 영 국

- 본인이 담배를 피우고자 할 때는 옆 사람에게 우선 권하는 것이 예의이다.

- 다른 나라나 미국보다 흡연이 비교적 자유로운 편이고, 원칙적으로 공공장소에서의 흡연은 금지되어 있다.

(4) 호 주

- 대중교통시설, 극장, 관공서와 같은 공공시설에서는 법적으로 철저히 금연정책을 실시하고 있다.
- 담배를 피우기 전에 옆 사람에게 반드시 양해를 구해야 한다.
- 하숙을 할 경우 집주인의 허락 없이 담배를 피울 수 없다.

(5) 프랑스

- 금연구역에서 흡연을 하게 되면 벌과금이 부과된다. 반드시 지정된 장소에서만 흡연을 해야 하고, 사무실에서는 금연이 법률적으로 금지되어 있다.
- 여성의 흡연율과 청소년들의 흡연율이 매우 높으며, 여성이 나이 많은 어른 앞에서 담배를 피우는 경우도 있다.
- 흡연을 할 때에는 담배연기가 타인에게 가지 않도록 해야 하고, 엘리베이터는 절대 금연구역이다.

(6) 싱가포르

- 싱가포르는 벌금제도가 사회적으로 정착되어 강력한 편이다. 일반버스, 승강기, 극장, 영화관, 식당, 쇼핑센터 등 대부분의 공간에서 담배를 피울 수 없게 되어 있다. 위반시에는 500~1,000달러 이상의 무거운 벌금이 부과된다. 담배꽁초를 함부로 버리다 적발되어도 마찬가지이다.
- 18세 이하 청소년 흡연자의 경우 3번 연속 흡연사실이 적발되었을 경우, 벌금형 이외에 의무적인 금연교육을 받아야 한다.

(7) 말레이시아

- 18세 미만의 청소년 흡연이 금지되어 있고, 18세 미만 청소년에게 담배를 판매하면 무거운 벌금형이나 2년 이하의 징역형에 처해진다.
- 공중화장실과 인터넷 카페, 도서관 및 예배장소, 학교버스 안에서도 금연해야 하고 특히 커피숍이나 식료품 가게, 슈퍼마켓 등지의 판매대에 담배 판촉 포스터 등 광고물을 부착하는 것도 불법행위로 단속대상이 된다.

5. 회식 매너

회식은 근무의 연장으로 생각하고 예의 바르게 행동한다. 특히, 술자리에서 동료나 상사의 험담을 하지 않는다. 술은 윗사람이 권한 다음 마시는 것이 예의이다. 윗사람이 내려 주는 술잔을 두 손으로 공손히 받아 오른손에 술잔을 들고 술을 받아야 한다. 윗사람에게 술을 권할 때는 두 손으로 술잔을 올린 다음 오른손으로 술을 따라야 한다.

6. 운전 매너

습관을 알면 문화가 보인다고 한다. 운전 습관과 매너는 한 국민의 시민의식과 성숙도를 가장 쉽게 측정할 수 있는 바로미터가 되기도 한다. 우리나라 사람들은 운전대만 잡으면 난폭해지고 욕설을 퍼붓곤 한다. 특히 여성의 경우는 평상시와 전혀 다른 인격을 보여주기도 한다. 운전시에는 운전자들은 자신과 차를 동일시하게 되므로 다른 차를 앞지르거나 과속을 하는 것이 자신의 능력인양 자신을 과시하게 되므로 과격해지지기도 하며, 교통법규를 어김으로써 찌릿함을 느끼기도 한다.

운전을 하다보면 여성들은 남성들로부터 많은 험담을 듣게 되는 경우가 있다. 자칫 전체를 생각하지 않고 자동차라는 자신만의 공간에서 자신만 생각한다면 여성 운전자들은 계속 비난의 대상이 되어질 것이다. 이제부터 하루 속히 훌륭한 운전 매너를 갖출 수 있도록 전체적인 교통의 흐름을 따르고, 다른 사람의 운전에 방해가 되지 않도록 하는 배려가 절실하다.

- 운전은 편한 마음으로 하는 것이 중요한 만큼 배울 때의 마음가짐을 유지하는 것이 중요하다.
- 자동차는 편리함을 주는 도구이지만 경우에 따라서는 흉기가 될 수 있음을 생각한다.
- 운전자는 보행자를 우선 보호해야 하며, 자전거나 오토바이와 충분한 거리를 두고 운행한다.
- 생소한 곳을 찾아갈 경우에는 사전에 정보를 갖고 시간의 여유를 두고 출발한다.
- 운전 중에 휴대폰의 사용은 위법이며 사고의 원인을 제공한다.
- 차창 밖으로 담배꽁초나 침을 뱉지 않는다. 생각지도 않은 위험한 상황을 야기할 수 있다.
- 비상등을 켠 앰뷸런스나 소방차, 경찰차 등 비상차량이 지나가면 속도를 줄이고 비켜 주어야 한다.
- 교통신호를 반드시 준수하여야 한다. 신호가 완전히 바뀐 후에 출발한다.
- 경적은 비상시에만 사용한다. 유럽에서는 아는 사람을 부를 때 이외에 경적을 사용하는 경우가 거의 없다.
- 무리하게 끼어들기를 하지 않는다. 끼어들게 된 경우에는 뒷 차에 미안하다는 표시를 한다.
- 차고 앞, 횡단보도 위, 인도에 주차하지 않는다. 주차 선에 주차를 할 때는 두 대의 주차공간을 점령하지 않는다.
- 아파트 단지 내, 골목길, 학교 앞 등에서는 일단 정지하고 서행한다.
- 타인의 주차된 차에 흠집을 내게 된 경우에는 연락처로 연락을 해야 하고 적절한 변상을 한다. 연락처가 없는 경우에는 본인의 연락처를 남긴다.
- 좁은 길에 무단 주차를 하지 않는다. 화재나 비상시에 신속한 대처를 방해하는 행동이다.

- 욕을 하거나 라이트를 번쩍이며 다른 운전자를 위협하지 않는다.
- 주차선을 지켜 주차하고, 장애인 주차선을 이용하는 것은 위법이다.
- 차를 막고 주차하지 말고, 부득이 한 경우에는 연락처를 반드시 남겨둔다.
- 신호 대기 중에 다른 사람들에게 불쾌감을 주는 행동을 하지 않는다.
- 비나 눈이 내린 후 물이 고인 곳을 지날 때는 주의해서 서행해야 한다. 본의 아니게 행인에게 고인 물을 튀겼다면 즉시 차를 세우고 내려서 정중하게 사과해야 하며 상황에 따라 적절한 변상을 한다.
- 우회전하는 차량의 경우에도 보행 신호등이 켜져 있을 때는 사람이 없어도 일단 정지하지 않으면 예기치 못한 사고를 일으킬 수 있으며 이는 운전자의 기본 매너이다.
- 운전 중에 화장을 고치거나 면도를 하지 않는다.
- 파란 불이 들어왔는데 앞차가 빨리 출발하지 않는다고 해서 경적을 울려대지 않는다.
- 낯선 지역에서 행인이나 운전자에게 길을 물을 때는 가능하면 내려서 하고 부득이한 경우에는 차창을 내리고 하되, 감사인사를 잊지 않는다.
- 음주운전은 위법일 뿐만 아니라 자신과 주변사람, 피해자의 인생을 불행하게 하는 것이다.
- 과속 운전, 난폭 운전, 곡예 운전을 하지 않는다.
- 접촉 사고가 발생하면 말다툼을 하지 말고 현장에 표시를 한 후 촬영을 하고 보험회사와 경찰에 연락을 취한 후에 후속 차량을 위해 차량을 도로변으로 이동한다.
- 고속도로에서 갓길이나 버스 전용차선으로 운행하지 않는다.
- 급정거나 급출발은 연료소모를 가중시킬 뿐만 아니라 매우 위험한 행동이다.
- 차량에 요란한 장식이나 과도한 소음은 안전 운전을 방해하는 요소이며 위법이다.

03 사교 · 경조사 매너

1. 선물 매너

사회생활을 하다 보면 선물을 주고받는 일이 많이 생긴다. 선물은 받는 사람을 고려해서 준비해야 하며, 특히 금기시하는 선물이나 선물 예절에 많은 주의가 필요하다. 선물을 받았을 때에는 상대방의 호의에 진심으로 감사하다는 표현을 하며, 탁자나 적당한 자리에 정성스럽게 올려 크리스마스 선물을 제외하고는 그 자리에서 풀어 보는 것이 예의이다. 이때 "정말 마음에 듭니다.", "필요한 것이었는데 주셔서 감사합니다." 등의 인사말로 기쁨을 표시한다.

1) 선물할 때의 주의사항

- 선물 자체보다 선물을 하게 된 동기, 즉 마음의 표현이 중요하다.
- 선물에 대한 답례를 기대해서는 안 된다.
- 선물은 직접 전달하는 것이 좋으나 부득이한 경우에는 편지나 카드를 함께 쓰고 전화로 미리 알려 주는 것이 좋다.
- 선물은 정성이 깃든 물건을 선택한다.

2) 선물받을 때의 주의사항

선물을 받았을 때에는 즉시 진심이 담긴 감사의 말과 함께 기쁨을 나타내는 것이 좋다. 인편이나 우편으로 선물을 받은 경우에는 감사의 편지나 전화로 고마운 마음을 즉시 전달하여야 한다. 회사에서 업무와 관련하여 거래처에서 선물을 받은 경우에는 상사에게 보고하고 이메일이나 엽서로 감사의 마음을 전한다.

3) 선물을 보내는 시기

① **설날 등 명절 선물** : 정초나 1주일 이내

② **생일, 결혼기념일 선물** : 당일이나 1주일 전

③ **결혼 축하 선물** : 결혼식 1개월 전부터 1주일 이내

④ **출산 축하 선물** : 출산 후 1주일 후부터 3주 정도까지

⑤ **조문시 부조금** : 발상 당일부터 장례식 당일까지

⑥ **크리스마스 선물** : 크리스마스 이브까지

⑦ **여행을 떠나는 사람이나 본국으로 귀국하는 손님** : 일정 2~3일 전

4) 선물의 숫자

원칙적으로 선물의 수는 경사에는 홀수, 조사에는 짝수로 한다. 특히 결혼 축하 선물의 경우에는 그릇이나 수저를 반드시 짝수로 보낸다.

5) 삼가야 할 선물

흰 손수건, 거울, 칼, 가위 등은 되도록 선물하지 않으며 속옷은 부부 사이와 같이 친한 경우에만 선물하는 것임을 명심한다. 지나치게 고가인 선물은 상대가 부담을 느끼므로 역효과를 낼 수 있다. 개인적 취향을 잘 모르는 경우에는 스카프나 옷, 액세서리는 피하는 것이 좋다.

2. 결혼 매너

결혼식은 많은 사람들 앞에서 주례를 통해 혼인을 널리 선포하는 자리다. 최근에는 결혼식 방식이나 장소도 차츰 다양해지고 자신들의 개성을 살린 결혼도 늘어나는 추세이나 아직은 예식장에서의 결혼이 주를 이룬다. 예식장에는 정장을 입고 참석해야 하며, 식전에 도착하여 혼주와의 인사 및 축의금을 전달한다. 무엇보다 마음으로 행복을 기원하는 것이 중요하다. 축의금이나 선물을 할 경우에는 결혼하는 사람과의 관계를 생각해서 알맞게 한다.

- 결혼식에 참석하는 손님은 결혼식 10분 전에는 미리 식장에 도착해서 조용히 예식을 기다리는 것이 예의이다. 결혼식이 시작된 후 허둥지둥 들어오는 모습은 보기에 좋지 않다.
- 의상은 정장을 입는 것이 좋다. 흰색은 신랑 신부의 색이므로 삼가고, 검은색의 옷일 경우에는 액세서리나 스카프로 밝은 분위기를 연출하도록 한다. 아무리 친한 사이라고 해도 청바지나 셔츠 같은 일상복 차림은 예의에 어긋난다.
- 축의금 대신 선물로 축하의 마음을 전달하고 싶은 경우에는 결혼 전에 미리 상의하여 당사자들이 필요한 물건을 선택하도록 하는 것이 좋다.
- 49재가 끝나지 않은 상중일 때는 초대를 받더라도 참석하지 않는 것이 상대방에 대한 예의이다.

1) 축의금

① 축하금은 자기의 처지에 맞게 분수에 넘치지 않도록 한다.

② 봉투와 내면지를 쓸 경우는 깨끗하게 성의를 다한다. 이때 회사의 양식을 사용하여도 좋다.

③ 축의금을 넣은 봉투 입구는 봉하지 않는다.

세계의 결혼 풍습

1. 인도 : 상당한 지참금을 신랑에게 줘야 하기 때문에 딸을 낳는 것은 불행이라고 생각하며 실제로 많은 문제의 요인으로 작용한다. 또한 결혼한지 사흘째가 되어서야 초야를 맞는다.
2. 인도네시아 : 신랑은 신부의 부모, 친척에게 친부모 대하듯 하며 축제기간 및 휴일에 처가를 위해 모든 음식을 장만해 찾아뵈어야 한다.
3. 일본 : 신랑은 신부를 지금까지 길러 준 신부의 부모에게 감사의 의미로 결납이라는 것을 보낸다. 결납은 우리나라의 사주단자와 비슷한 성격이다.
4. 말레이시아 : 약혼 후 1~2년간의 결혼 준비기간을 갖고 결혼을 한다. 이 기간에 신랑은 신부에게 혼수감 준비를 위해 매달 돈을 보내야 한다.
5. 태국: 아침과 저녁으로 나누어 결혼식이 치러진다. 오전에 불교식, 오후엔 브라만교의 의식으로 두 번 결혼식을 한다.
6. 프랑스 : 결혼식보다 법률이 우선이다. 식을 치르고 결혼 신고를 하는 우리와는 다르게 법률혼을 통과한 후 결혼식을 치룰 수 있다.
7. 미국 : 결혼 허가증 취득이 필요하며 이때 혈액 검사는 의무 조항, 혈액 검사의 성병 감염 여부를 조사해서 감염된 경우에는 완치될 때까지 결혼할 수 없다.
8. 이집트 : 이슬람교 남자는 네 명의 여자와 결혼이 허용되며 이혼 절차도 간편해서 이혼율이 높으며 심각한 사회적 문제이다.
9. 중국의 소수 민족
   - 러빠족(서남지역), 하스크족(서북지역) : 인척혼(姻戚婚)
     인척 간의 결혼을 축복으로 인식한다. 남편이 사망하면 부인은 남편의 형제와 결혼하고, 부인이 사망하면 남편은 미혼인 처제와 결혼한다.
   - 황남 티베트족 : 형제 일처 혼
     장남이 결혼하면 부인은 형제 공동의 아내 – 아이의 아버지는 장남의 자식으로 인정
   - 미아오족, 칭뽀족, 나씨족 : 약탈혼
     친구들과 신부 납치. 신랑감이 흡족하면 중개인 통해 허락 – 신랑의 술 2잔으로 허혼
     신랑감이 불만인 경우 창 들고 추적 – 대개 중개인이 타협 – 불허의 경우 신부를 돌려보내고 돼지 2마리를 바치면 용서

2) 축하의 문구

축혼인(祝婚姻), 축화혼(祝華婚), 축의(祝儀), 축성전(祝盛典), 결혼을 축하드립니다.

3. 출산 매너

새로운 생명의 탄생은 아이의 부모뿐만 아니라 모든 사람들의 축복을 받아야 하는 일이다. 아기의 부모는 아기의 출산을 부모와 친척, 친지, 친구 등 알려야 할 사람들에게 통보를 하며 통보받은 사람은 축하 인사를 하게 된다. 출산한 집에 바로 방문하는 것보다는 전화나 편지로 축하를 먼저 전하고 3주가 지난 뒤에 방문하는 것이 좋다. 선물을 할 때는 신생아나 산모에게 필요한 것을 물어보아 선물하는 것이 좋고 화환은 되도록 하지 않는 것이 좋다. 축하 인사말은 신생아의 성별을 묻기 전에 먼저 순산하였는지를 물어 아이와 어머니의 건강을 빌어 주고 그 다음에 축하의 말을 하여 함께 즐거움을 나누는 것이 좋다. 서구 기독교 국가의 경우는 아기의 명명식을 교회에서 행하고 가까운 친지들을 초대하여 파티를 하는데 이때도 아기용품을 선물하며 현금으로 대신하기도 한다.

4. 조문 매너

사랑하는 가족을 잃은 사람의 심정은 아무도 이해하지 못한다. 상심한 사람의 마음을 되돌리기에는 매우 힘들고 어렵다. 그러나 이처럼 마음의 평정을 잃은 사람에게는 그 어느 때보다 더 예의에 어긋나지 않게 신경을 써야 할 것이다. 조문이란 죽은 분에게 예를 올리고 상주나 상제를 위문하는 행위이다. 가까운 친척 친지 가운데서 상을 당한 연락이 오면, 가급적 빨리 상가에 가서 상제를 도와 장의 준비를 함께하는 것이 좋다. 상가에 가면 우선 상제들을 위로한 다음, 장의 절차나 예산 관계 등을 상의하고 할 일을 서로 분담하여 책임감 있게 수행한다. 내용도 모르면서 이 일 저 일에 참견하는 태도는 바람직하지 못하다. 또한 아무리 가까운 사이라도 복장을 바르게 하여 영위에 분향을 하고, 재배한 다음 상주에게 정중한 태도로 위로를 한다.

1) 조문의 기본 매너

① 사망을 알리는 부고를 받은 즉시 상가에 가서 조문을 하거나 편지, 조전 등으로 애도의 뜻을 전한다. 부음을 듣자마자 가야 하지만 아주 친한 사람이 아니면 돌아가시고 하루 지나서 가는 것이 좋다. 첫날에는 입관을 하거나 상제들이 제의 등을 맞을 준비가 안 되어 있을 수 있다. 그러나 삼일장을 지내는 경우에는 소식을 듣고 바로 가는 것도 무방하다.

② 일반 문상객은 화려하지 않은 검은색 계통의 단색 평상복을 입는다. 남자의 경우는 가능한 검은색 넥타이를 매는 것이 좋다. 또한 흰 와이셔츠를 입는 것이 예의이다. 여성은 검은색 상의와 검은색 스커트를 입는 것이 무난하다. 주름치마는 폭이 넓어서 앉아도 신경이 쓰이지 않아 편리하다. 색조화장은 피한다.

③ 상가에 들어서기 전 휴대전화는 진동으로 하거나 전원을 끈다.

④ 상가에서 오랜만에 반가운 친구나 친지를 만나더라도 큰소리를 내지 않는다.

⑤ 유족은 매우 지쳐 있는 상태이므로 너무 말을 많이 시키지 않도록 한다.

⑥ 고인의 사망 원인, 경위 등을 유족에게 상세히 묻지 않는다.

2) 조문의 바른 순서

① 호상소의 안내를 받아 빈소에 들어가 영정 앞에 분향이나 헌화한다. 헌화를 할 때는 꽃대가 영좌 앞쪽으로 가도록 헌화대에 놓는다.

② 잠시 명복을 빈다.

③ 영정 앞에 공수를 하고 절을 두 번 올리고 일어서서 반절한다. 공수를 할 때는 평상시와 반대로 남자는 오른손이 위로, 여자는 왼손이 위로 오게 한다. 이때 종교에 따라 합장을 하거나 묵념을 올리기도 한다.

④ 조상이 끝나면 상주를 향해 선다. 상주와 맞절을 하고 일어섰다가 다시 앉아 정중하게 인사말을 한다.

3) 분향 예절

① 향에 불을 붙여 불꽃을 손으로 끈 후 향로에 꽂는데, 이때 불꽃을 입으로 불지 말고 왼손을 흔들어 끈다.

② 향은 홀수로 분향한다(1개 혹은 3개).

4) 조문 인사말

① 상제의 부모인 경우

- 얼마나 망극하십니까?
- 상사 말씀 무어라 드릴 말씀이 없습니다.

② 상제의 자제인 경우

- 얼마나 애통하십니까?
- 얼마나 가슴 아프십니까?

③ 상제의 형제인 경우

- 백씨 상을 당하여 얼마나 비감하십니까?
- 계씨 상을 당하여 얼마나 애통하십니까?

④ 상제의 남편인 경우

- 상사에 어떻게 말씀드려야 할지 모르겠습니다.
- 상사에 여쭐 말씀이 없습니다.

⑤ 상제의 아내인 경우

- 위로할 말씀이 없습니다.
- 얼마나 상심이 되십니까?

⑥ 자식을 잃은 부모인 경우

- 얼마나 상심하십니까?

- 참척을 보셔서 얼마나 마음이 아프십니까?

⑦ 조문할 때 덧붙여 할 수 있는 말

- 천수를 다하셨습니다.
- 호상(好喪)입니다.
- 춘추는 얼마나 되셨습니까?
- 장지는 어디로 정하셨습니까?

5) 부의(賻儀)

부의는 오래전부터 전해 내려오는 상부상조의 뜻이다. 돈을 백지에 싼 뒤 흰 봉투에 넣어 호상소에 내거나 분향하기 전에 영전 앞에 놓는다. 액수보다 성의가 중요하므로 엄숙한 분위기에서 전달한다.

조의금 봉투 쓰는 법

근조(謹弔), 추모(追慕), 추도(追悼), 애도(哀悼), 조의(弔意), 부의(賻儀), 위령(慰靈), 근도(謹悼), 삼가 고인(故人)의 명복(冥福)을 빕니다.

5. 문병 매너

지인이 병에 걸린 사실을 알게 되면 가능한 빠른 시일 내에 문병을 가는 것이 매너이다. 환자가 중병일 때는 무리해서 꼭 본인을 만날 필요가 없으며 환자 가족을 통해 신속한 쾌유를 바라는 뜻을 전하면 된다. 또한 병문안을 가기 전에 환자의 상태와 방문이 가능한 면회시간 등을 알아보아 환자에게 부담이 덜 가도록 한다.

- 문병을 갈 때는 두세 사람 정도가 좋으며 다른 환자나 가족에게 폐가 되지 않도록 조용히 이야기하고, 환자를 간호하는 사람 외에는 장시간 머물러 환자를 피로하게

만들어서는 안 된다.

- 문병을 할 때는 병원에서 정한 면회시간 또는 오전 10시경이나 오후 3시경이 좋으며 환자의 식사시간, 의사의 회진시간은 피한다.
- 회진시에는 복도에서 끝날 때까지 기다린다.
- 향기가 진한 꽃을 가져가거나 향수를 진하게 뿌리고 문병을 하는 것은 좋지 않으며 어린아이나 애완동물을 동반하고 방문하지 않도록 한다.
- 환자의 안정에 저해되는 행동(고성방가, 화투놀이, 취사 등)이나 집단 종교 행사 등은 하지 않는다.

문병 인사말

문병에서의 대화는 가급적 위로와 함께 건강을 회복할 수 있도록 희망적인 이야기를 하며 자극적인 화제는 피하는 것이 좋다.

- "사고를 당하였다기에 무척 놀랐습니다. 이만 하기가 다행입니다."
- "친환(내환)이 계시다니 얼마나 걱정되십니까?"
- "요새는 병환이 좀 어떻습니까? 차도가 좀 있다니 반갑습니다."
- "요전보다는 안색이 훨씬 나아 보입니다. 이제 얼마 지나면 완쾌되겠네요. 이대로 꾸준히 조리 잘 하셔야겠습니다."

Chapter 8
직장매너

01 취업 준비

1. 면접 준비

인터뷰는 “inter(마주) + view(보다)”의 의미이다. 인재 선발 과정에서 응시생과 면접 위원이 대면하여 질문하고 대답하는 과정을 통해 대상자의 잠재적 능력, 책임감, 인내력, 사고력, 창의력, 업무 추진력, 대인관계, 성격을 파악하고자 하는 것이다. 서류전형이 끝난 후 최종적으로 응시자의 인품, 언행, 지식의 정도 등을 알아보는 구술시험 또는 인물시험이다. 보통 서류전형으로 그의 기초 실력을 확인할 수 있으나, 그것만으로는 그 수험생의 사람 됨됨이를 모두 알 수 없기 때문에, 직접 그의 면모를 통해 잠재적인 능력이나 창의력 또는 업무추진력, 사고력 등을 알아낸다.

면접은 잠재적인 능력과 창의력 또는 업무추진력, 사고력 등을 알아보며 마지막 선택을 하는 전형과정이다. 인사담당자의 마지막 선택은 곧 지원자의 마지막 기회가 된다는 것이다.

사람 대 사람으로 이루어지는 면접에 정답은 없다. 기업체나 직종에 따라 선호하는 인재상이 다를 수밖에 없기 때문에 문제도 100% 예측할 수 없다. 하지만 기본적으로 평가되는 요소가 있다. 어떤 질문이라도 숨은 의도가 있으며 호감을 주는 말씨나 태도는 합격의 기본이 된다.

1) 기업이 원하는 인재상

기업마다 원하는 인재상은 각기 다르겠지만 서비스 기업에서 원하는 인재상은 전문지식과 기술 이외에도 다른 사람의 기꺼운 협조를 얻어낼 수 있는 인간관계가 원활한 사람임을 명심해야 한다. 성품과 원활한 인간관계는 하루아침에 만들어지는 것이 아니다. 자신이 지원하려는 직무, 회사에서 원하는 인재는 어떤 사람인지 분석하는 것이 필요하다.

- 기본과 됨됨이가 갖추어진 사람
- 정직하고 성실하며, 예의바른 사람
- 인화, 단결, 협동의 자세가 되어 있는 사람
- 조직의 발전과 자신의 성장을 동시에 성취할 수 있는 사람
- 실패를 두려워하지 않는 도전적 용기를 가진 사람

2) 서류전형 통과하기

입사지원서, 졸업증명서, 성적증명서, 이력서, 자격증 등의 서류를 바탕으로 하여 후보자의 적격성을 가려내는 것이 서류전형이다. 이 여러 가지 서류 중에서 핵심적인 서류는 이력서와 자기소개이다. 인사담당자는 제대로 된 이력서와 자기소개서를 보며 이 사람은 다른 업무도 잘할 것이라는 믿음을 가진다고 한다. 그만큼 이력서와 자기소개서는 좋은 직장을 빨리 구할 수 있는 좋은 홍보창구 역할을 한다.

3) 이력서

취업에서 첫인상은 이력서이다. 이력서에서 살아남아야 면접의 기회도 주어진다. 이력서에서도 사진이다. 사진을 통한 첫인상은 1차 서류전형에서 상당한 영향을 미친다. 인터넷 입사지원이 일반화되면서 이력서와 자기소개서의 검토 시간은 점점 줄어들고 있다. 인사담당자는 사진에서 첫인상을 받은 후 여러 가지 정보를 검토하기 위해 시선을 움직인다는 것을 명심해야 한다.

좋은 자기소개서의 조건

- 솔직하게 쓴 객관적인 글
- 표현이 명료한 글
- 지원 기업에 맞게 작성한 글

(1) 기본 자격요건의 확보

회사에서 제시한 기본적인 자격요건을 확보하지 못하면 당연히 취업에 성공할 수 없다. 여행사, 호텔, 항공사 시험을 볼 때 토익점수는 기본적인 자격요건이다. 아무리 다른 것이 뛰어나다 하여도 기본조건을 갖추지 않으면 취업은 불가능하다.

(2) 업무와 관련된 다양한 사회경험

기업에서 원하는 인재는 채용과 동시에 바로 능력을 보여 줄 수 있는 사람이다. 업무와 관련된 다양한 사회경험을 보여줌으로써 기업에 준비된 인재임을 알릴 수 있다.

(3) 이메일 접수에서의 유의점

현대사회는 인터넷의 발달로 이메일로 접수하는 기업이 늘고 있다. 빠르고 간편하지만 실수하기가 쉽다는 단점이 있다. 사진도 회사에서 지정한 사이즈와 파일포맷, 용량을 준수하여야 하며 혹시 누락된 항목이 있지는 않은지 주의 깊게 살펴보아야 한다. 경우에 따라 가산점을 얻을 수 있는 항목을 체크하지 못해 손해를 볼 수도 있다는 사실을 명심한다.

4) 대상 기업의 파악

흔히 이력서나 자기소개서를 작성하라고 하면 취업 사이트에서 견본을 보고 작성하는 경우는 많다. 그러나 취업 사이트에 저장된 이력서는 특정기업을 염두에 두지 않고 작성하였기 때문에 상대가 필요로 하는 정보에는 부족한 면이 많다. 따라서 채용정보를 보면 먼저 직무 분석을 하고 사람을 왜 뽑는지를 지원 회사 입장에서 생각해 보고 서류를 작성하는 것이 필요하다.

5) 낙방 원인의 분석

취업 지원에서 실패를 한다면 반드시 실패의 원인과 해결 방법을 찾아야 한다. 자신의 잘못된 부분을 그때 수정하고 기록하고 똑같은 실수를 반복해서는 안 된다. 주변에서 도움을 줄 만한 사람을 선정하여 도움을 받는 것이 좋다. 지원 과정과 결과 그리고 부족했던 것들에 대해서 함께 고민하며 찾는다면 쉽게 낙방 원인을 찾고 그에 맞는 해결방법 또한 찾을 수 있을 것이다.

이력서 작성시 주의사항

- 중요한 경력사항이나 학력사항은 자기소개서에 기술하고, 자격증 사본을 첨부했어도 반드시 이력서에 요약 기재한다.
- 오자, 탈자는 탈락 0순위이므로 맞춤법과 띄어쓰기 등의 가장 기본적인 사항을 몇 차례라도 확인한다.
- 그림이나 여러 가지 색깔, 채팅 용어, 이모티콘의 사용은 인사담당자에게 신뢰감을 줄 수 없으므로 피하는 것이 좋고, 필기구는 검정펜을 이용해서 또박또박 신중히 작성한다.
- 응시부서와 연락처가 빠지지 않았는지 반드시 확인하고 경력사항은 퇴사 직전의 업무 내용이 명확히 드러나도록 상세히 기재한다.
- 종종 서류를 받았을 때 파일이 열리지 않거나 깨진 경우가 있으니 이런 경우에 대비하여 본인이 보낸 이력서를 복사본으로 만들어 두거나 이메일을 통해 친구에게 복사본을 저장시킨다.

6) 면접 통과하기

일반적으로 면접이란 서류심사와 직무적성검사 등을 실시한 후 최종적으로 응시자를 직접 만나 인성과 지식수준, 성장가능성 등을 평가, 그 회사에 필요로 하는 인재인지를 판단하는 시험이다. 최근에는 신입사원 채용제도가 변하면서 필기시험 없이 면접만으로 바로 사원을 뽑는 경우도 있어 면접 점수가 당락의 비중을 크게 차지하므로 면접에 대한 철저한 준비가 필수적이다.

면접은 자신을 표현하면서 동시에 기업이 요구하는 인재임을 보여 주는 과정이다. 최근에는 개별면접, 그룹토의 면접, 프레젠테이션 면접 외에도 다양한 이색 면접이 시도되고 있다. 또한 영어로 집단토론 면접을 진행하는 것과 같이 한 가지 면접 형태가 아닌 복합적인 면접 방법이 실시되고 있는 추세이다. 따라서 기업체에서 실시하는 면접 형태에 대해 사전에 충분히 파악하여야 한다.

표 8-1 ●●● 면접의 형태

개별면접	1명 또는 다수의 면접관과 지원자 1인이 n:1 형태의 개별적 면접을 치르는 형태
집단면접	1명 또는 다수의 면접관과 다수의 지원자가 n:n 형태의 집단적 면접을 치르는 형태
영어면접	말 그대로 영어로만 면접을 진행하거나 영어(회화 중심)를 주된 키워드로 면접을 실시하는 방식
압박면접	다양한 분야의 질문을 통해 지원자를 압박하는 것으로서 궁지에 몰렸을 때나 극도로 긴장했을 때의 위기대처능력(임기응변)을 보기 위한 면접으로 대기업에서 많이 실시
집단토론 면접	어떠한 주제를 하나 주고 거기에 대해 토론하라고 한 후 토론에 임하는 자세(질문/답변/이의제기)를 통해 평가
프레젠테이션 면접	일정 주제를 놓고 혼자 발표하는 과정을 통해 지원자들의 발표력, 논리력, 설득력, 창의성, 의사소통능력 등을 종합적으로 판단하는 면접
블라인드 면접	면접관에게 지원자의 이력서 등 일체의 개인신상자료를 주지 않고, 다만 평가 결과만 적을 최소한의 필기도구만 가지고 지원자를 평가하게끔 하는 면접

지원 회사에 대해 반드시 알아야 할 사항

- 회사의 연혁
- 회장 또는 사장의 이름, 그의 출신학교, 그의 전공과목
- 기업이 요구하는 신입사원의 인재상
- 회사의 사훈, 사시, 경영이념, 창업정신
- 업종별 계열회사의 수
- 해외지사의 수와 그 위치
- 신제품에 대한 기획 여부
- 현재의 광고 콘셉트 및 느낀 점
- 업계에서의 순위와 국내외의 경쟁상대
- 회사에 대해 자기 나름대로 평가한 장단점
- 회사의 잠재능력 개발에 대한 제안

(1) 면접 노트를 만든다.

한 번 생각을 하고 답변을 하는 것은 면접 현장에서 자신감으로 이어진다. 선배 등의 인적 네트워크를 통해 해당 기업의 면접에서 물어 보았던 기출문제를 확보하고 사보나 매체를 통해 회사의 최근 동향을 파악하여 예상 질문을 만들어 봄으로써 면접에 대한 두려움을 조금이나마 해소할 수 있다. 예상 문제를 모아 모범답안을 적은 면접 노트는 자신감을 갖게 하는 필수품이 될 것이다.

(2) 모의 면접을 한다.

면접은 누구에게나 긴장된 상황이다. 긴장 상태에서 자신의 생각을 적절하게 표현하는 데에는 연습이 많은 도움이 된다. 전문가의 지도하에 모의 면접을 해보는 것이 열 번 상상하는 것보다 훨씬 효과가 크다. 또한 모의 면접시 영상을 촬영해 본인의 모습을 직접 보고 스스로를 평가해 보는 것도 매우 좋은 방법이다.

(3) 면접 오답 노트를 만든다.

요즘처럼 취업난에서 한두 번의 취업 실패 경험은 누구나 가지고 있다. 바로 그 실패를 거울삼아 성공으로 가기 위해서는 실패 원인을 알아야 한다. 그러나 유감스럽게도 지원 회사는 왜 탈락시켰는지 그 이유를 말해주지 않는다. 따라서 지원자 자신이 왜 떨어졌는지를 분석해 보지 않으면 실패는 반복될 수밖에 없다. 지원 회사의 채용조건을 사전에 분석하고 그에 맞춰 전략적으로 준비했었는지, 꼭 취업하고 싶은 열정과 패기를 잘 전달하였는지, 내가 그 일에 적격자임을 증명할 용기와 역량을 갖추었었는지, 그리고 몇 번 실패했다면 방법에 문제가 있지는 않았는지 깊이 생각하고 분석해 보아야 한다.

2. 면접 클리닉

1) 면접 전날

- 교통편과 소요시간을 파악한다.
- 지원 기업의 정보를 파악하고 제출한 서류의 사본을 훑어 본다.
- 충분한 수면은 아침의 기분을 상쾌하게 할 뿐만 아니라 안정감을 유지할 수 있게 한다.
- 면접 복장(정장, 셔츠, 타이, 양말, 구두)을 점검한다.

2) 당일 아침

- 꼭 합격한다는 생각으로 긍정적인 마음가짐을 가진다.
- 첫인상은 면접의 당락에서 매우 중요한 결정적 요인이므로 좋은 인상을 주도록 노력한다. 특히 생기 있고 밝은 이미지와 총명한 눈빛을 보여주기 위해 노력한다.
- 면접시험을 대비해 서류전형 통과 후부터 지원 기업에 맞추어 준비한 면접 노트를 확인한다.

3) 면접장

- 면접시간 전에 도착
- 지각은 금물이며 2~30분 먼저 도착해서 회사를 둘러보고 환경에 익숙해지는 것이 좋다.

(1) 대기실에 착석

면접시험은 대기실에서부터 시작되므로 대기실에서의 행동을 조심해야 한다. 진행 요원이 없더라도 행동을 가지런히 하며, 마음을 가다듬고 수험상의 주의나 순번을 잘 기억한다.

(2) 입실할 때

담당직원이 이름을 부르면 똑똑히 대답하고, 면접실 문을 두세 번 노크한 뒤 응답이 있으면 문을 열고 들어간다. 면접실에 들어서면 문을 닫은 다음 정면으로 향해 가볍게 허리를 굽혀 절을 하고, 면접관이 지시한 자리에 가서 정식으로 인사한다. 이때 고개만 숙이는 인사는 품격을 떨어뜨린다. 절도 있는 인사는 보다 신뢰감을 준다는 것을 명심한다.

(3) 착석할 때

앉으라는 권유에 따라 착석한다. 특히 외국인으로부터 영어면접을 받을 때 앉으라는 말이 없으면 서서 면접을 보라는 뜻이다. 의자가 눈에 띄더라도 앉으라는 말이 없으면 기다린다. 앉을 때는 의자 끝에 걸쳐 앉지 말고 깊숙이 들여 앉는다. 남자는 무릎을 약간 벌리고, 여자는 붙인다. 양손은 무릎 위에 가지런히 얹는다.

(4) 질의 응답

밝은 미소와 밝은 태도로 예의를 지키며, 질문에 대해서 논리적으로 대답한다. 질문사항에 대한 과장이나 거짓은 금물이며, 불필요한 사족을 달거나 수다를 떨지 않는다. 결론부터 말하고 나중에 부수적인 설명을 덧붙이는 형태로 대화를 끝내고, 모르는 것은 모른다고 대답하는 자세가 중요하다. 대답을 잘못했다 하더라도 머리를 긁적이거나 혀를 내미는 등의 행동은 삼간다.

(5) 퇴 실

면접위원이 "수고하셨습니다."라는 말로 면접이 끝났음을 얘기하면, 앉았던 의자에서 일어나 반걸음 이동 후 '감사합니다.' 라는 인사말을 15도로 한다. 혹시 면접시험에서 언짢은 내용이 있었더라도 끝까지 최선을 다하는 모습을 보이기 위해서 마지막 면접실 문을 닫을 때까지 예의 바르게 행동한다. 면접실 문을 닫는 순번의 지원자라면 면접관을 향해 다시 한번 목례를 한 뒤 문을 닫는 것이 좋다.

표 8-2 ●●● 면접관이 좋아하는 10가지 유형과 싫어하는 10가지 유형

	면접관이 좋아하는 10가지 유형	면접관이 싫어하는 10가지 유형
1	자기 나름대로의 가치관, 인생관, 직업관이 뚜렷한 사람	현실을 직시하지 못하고 능동적이지 못한 사람
2	조직구성원으로서의 목표 달성에 협조적인 사람	자기중심적이며 단체행동에 어울리지 않는 사람
3	난관을 헤쳐 나갈 수 있는 진취적이고 씩씩한 사람	지원 동기에 대한 주관이 뚜렷하지 않은 사람
4	성실하며 예의범절이 바른 사람	창조성, 투지, 솔선수범하는 태도로 답변을 하지 않는 사람
5	장점은 살리고 단점은 솔직하게 인정하며 개선하려고 노력하는 사람	용모(특히 두발)와 복장이 단정하지 못한 사람
6	첫인상이 좋고 명랑한 사람	외견상으로 건강해 보이지 않는 사람
7	자신의 감정을 적당히 자제할 수 있는 사람	발전가능성이 없고 발랄한 패기가 없는 사람
8	질문의 요지를 정확히 파악하고 대답을 하는 사람	발을 포개거나 팔짱을 끼는 등의 태도와 건방진 말투를 쓰는 사람
9	논리 전개가 정연하며 융통성 있게 대처할 수 있는 사람	질문하지 않은 말을 꺼내거나 한 말에 사족을 다는 사람
10	질문에는 반드시 "네"라고 대답으로 받고, 모르면 "모르겠습니다"라고 당당하게 말하는 사람	유행어, 외래어, 전문용어를 연발 사용하는 사람

자료 : www.jobpion.com, 전미화 작성

면접시 주의사항

- 당당함이 지나치면 당돌함이 된다. 지나친 자기선전은 삼간다.
- 해당 직무에 대한 열의, 흥미를 보이지 않거나, 자신감이 결여된 태도를 보이는 경우, 면접관의 관심에서 제외된다.
- 모범답안형의 무표정한 얼굴이나 목적의식이 없는 사람처럼 보이면 실패하기 쉽다.
- 존대어나 겸양어를 혼동하여 해프닝을 겪는 경우가 의외로 많다. 정확하고 올바른 말을 사용하도록 미리 연습해두는 것이 좋다.
- 면접에서 임금이나 기타 복지부분 등에 지나치게 집착하는 것은 일할 의욕을 의심받을 수 있다.
- 지각은 절대 금물이다.
- 앉으라고 할 때까지 앉지 마라. 의자로 재빠르게 다가와 앉으면 무례한 사람처럼 보이기 쉽다.
- 옷을 자꾸 고쳐 입지 마라. 침착하지 못하고 자신 없는 태도로 보인다.
- 시선을 다른 방향으로 돌리거나 긴장하여 발장난이나 손장난을 하지 마라.
- 응답시 너무 말을 꾸미지 마라.
- 질문이 떨어지자마자 바쁘게 대답하지 마라.
- 혹시 잘못 대답하였다고 해서 혀를 내밀거나 머리를 긁지 마라.
- 머리카락에 손대지 마라, 정서불안으로 보이기 쉽다.
- 면접실에 타인이 들어올 때 절대로 일어서지 마라.
- 동종업계나 라이벌 회사에 대해 비난하지 마라.
- 인사 관리자 책상에 있는 서류를 보지 마라.
- 농담을 하지 마라, 쾌활한 것은 좋지만 지나치게 경망스런 태도는 취업에 대한 의지가 부족해 보인다.
- 대화를 질질 끌지 마라.
- 질문에 대해 대답할 말이 생각나지 않는다고 천장을 쳐다보거나 고개를 푹 숙이고 바닥을 내려다보지 마라.
- 자신 있다고 너무 큰소리로, 너무 빨리, 너무 많이 말하지 마라.
- 면접위원이 서류를 검토하는 동안 말하지 마라.
- 과장이나 허세로 면접위원을 압도하려 하지 마라.
- 최종결정이 이루어지기 전까지 급여에 대해 언급하지 마라.
- 은연중에 연고를 과시하지 마라.

Chapter 8. 직장매너

02 근무 매너

1. 직장 예절

직장은 출생 · 성장 · 교육 · 전공 · 취미 · 소질 각기 다른 이질적인 타인들이 일정한 목표를 위해 자기의 특성을 조율해 전체에 맞추어 성취하고, 더러는 거기에서 얻어지는 이윤을 균점하는 조직사회이다.

직장이 일반사회와 다른 점은 일반 사회보다 더 제한적이며, 국지적, 폐쇄적인 규범이 존재한다는 점이다. 때문에 일반 사회보다 더욱 타율적이며 강요적인 규범의 적용을 받아야 한다. 어떤 면에서는 오히려 수월할 수도 있지만 일반적으로 구속력에 의해 압박감을 받는 경향이 있다. 따라서 개개인은 조직의 목표와 규범에 맞추어 자신의 특이성을 조화시켜야 하기 때문에 직장사회에서 요구하는 예절은 더욱 엄격하다.

일반적인 예절이 인간으로서의 자기 관리와 사회인으로서의 대인관계를 원만히 이루어 나가기 위한 것임과 같이, 직장 예절은 직장인으로서의 자기 관리와 대인관계를 공동의 목표 성취를 위한 방향으로 이루어 나가기 위한 것이다.

직장에는 최소한의 기본수칙이나 규범이 있다. 개성과 성격이 상이한 사람들이 모여 공동의 목표를 추구하는 직장에서 자신이 지켜야 할 행동규범을 지키지 않을 때 모래알 같은 조직이 되고 말 것이다. 직원들 간에 예의 있는 행동, 즉 에티켓이 잘 지켜지는 회사일수록 업무능률도 향상되고, 일터에서 느끼는 보람도 클 것이다. 직장 예절은 지식으로 익히는 것이 아니므로 예절이 몸에 배도록 하기 위해 반복적인 훈련이 필요하다.

1) 직장인의 정신자세

자기의 직장에 대해 책임의식을 갖느냐 아니면 의무관념에 매이느냐의 문제이다. 자기를 위해 자기가 직장을 선택했다고 생각하는 사람은 "내가 무엇을 할 것인가"라는 책임의식을 갖고 일을 찾고 만들지만, 직장을 위해 직장에 의해 선택받았다고 생각하는 사람은 "직장에서 무엇을 어떻게 시킬 것인가"라고 일이 주어지기를 기다리는 의무관념에 매이게 된다. 책임감이 왕성하면 모든 일에 자기의 모든 것을 경주해 정성스러워지지만 의무관념에 매이는 사람은 자신이 편하고 이로운 것만을 택해 일을 기피하는 경향으로 기울게 된다.

2) 직장인의 근무태도

자기를 위해 능동 자율적으로 직장인이 되어 책임의식을 불태우는 사람은 마침내 그 직장에서 자기 자신을 성취하겠다는 의욕이 팽배해진다. 그러나 직장을 위해 피동 타율적으로 자세를 정해 의무관념에만 매이는 사람은 요령과 적당이라는 무사안일에 빠지고 만다. 성취의욕이 팽배하면 성공할 것이고 무사안일에 젖어버리면 언젠가는 도태되고 말 것이다. 현대의 직장은 참여와 성취에 큰 비중을 두고 의욕적으로 일하는 사원을 요구한다는 사실에 유의해야 한다.

2. 출 · 퇴근 매너

1) 출 근

① 출근시간은 직장인의 성실성을 가늠하는 일차적인 기준이 된다. 적어도 근무시간 15분 전에는 출근하여 여유를 가지고 근무에 임하는 것이 좋다. 직장에서의

지각은 자신의 모든 인간관계를 비롯하여 업무능력까지도 의심을 받을 수 있다는 것을 명심한다.

② 출근해서 밝고 명랑하게 인사하는 것은 새롭게 일을 시작하는 서비스 전문인과 동료의 기분을 밝게 만들어 줄 것이다.

- 단정한 용모 및 복장으로 출근한다.
- 최소한 업무시작 15분 전까지 회사에 도착하여 여유롭게 하루의 업무를 준비한다.
- 인사는 밝고, 힘차게 웃는 얼굴로 "안녕하십니까? "하고 동료나 선, 후배 모두에게 먼저 한다.

표 8-3 ●●● 출근시 체크리스트

항 목	적합 여부
• "안녕하십니까?"하고 언제나 아침인사를 하고 있습니까?	
• 출근과 더불어 오늘 할 일에 대한 계획을 세우거나 잠시 생각을 합니까?	
• 업무시작 전에 제반업무에 필요한 서류 및 집기, 재료 등을 준비하고 있습니까?	
• 용모와 복장은 항상 단정하고 깨끗합니까?	
• 항상 배지, 명찰 등을 패용하고 있습니까?	
• 이따금 지각하거나 결근하는 일은 없습니까?	
• 술 냄새 또는 충혈된 눈으로 근무에 임한 적은 없습니까?	

2) 퇴 근

퇴근 준비는 근무시간이 끝난 후에 시작하도록 한다. 근무시간이 끝나기도 전에 퇴근 준비를 하는 모습은 좋지 않다. 오늘 한 일을 점검하고 내일 할 일을 메모한 후, 상사에게 필요한 보고를 하고 퇴근한다. 상사나 동료가 바쁜 경우에는 혹시 도움을 줄 일이 없는지 물어 보고 먼저 퇴근하게 될 경우에는 "먼저 퇴근해서 죄송합니다."와 같이 적절한 인사말로 위로한다.

- 당일(근무조)의 업무를 점검하고 마무리한다.
- 다음날의 업무계획을 작성한다.
- 주변을 정리정돈한다.
  - 사무실의 경우 모든 서랍이나 캐비닛에 보관하도록 하고 책상은 깨끗이 치워둔다.
  - 영업부서의 경우 당일(근무조) 업무 후에는 backside를 정리, 정돈한다. 이때 특히 재떨이나 쓰레기통에 화재 위험요소는 없는지 주의 깊게 확인한다.
- 영업장이나 사무실의 열쇠는 반드시 경비부서로 반납한다.

표 8-4 ●●● 퇴근시 체크리스트

항 목	적합 여부
● 잔무를 정리합니까?	
● 인계사항을 철저히 재확인합니까?	
● 다음날의 업무를 계획합니까?	
● 퇴근시간까지 성실히 근무에 임합니까?	
● 먼저 퇴근할 경우 동료와 상사에게 작별인사를 합니까?	
● 소등 및 불필요한 전원 플러그는 뽑아 놓습니까?	
● 문단속이나 화기단속은 반드시 합니까?	
● 영업장이나 사무실의 열쇠를 경비부서로 실수 없이 반납합니까?	

3) 이석과 외출

근무 중 자리를 비워야 하는 경우에는 반드시 상사나 동료에게 알린다. 방문한 곳에서의 용무가 길어지거나 예기치 않은 일로 회사로의 복귀가 늦어지는 경우에는 반드시 그 사실을 회사에 알린다. 외부에서 일을 마치고 바로 집으로 귀가할 때에는 반드시 회사에 전화를 걸어 활동상황을 보고하고 별다른 지시사항이 있는지 확인한다.

- 상사에게 외출의 용건, 목적지, 소요시간을 말하고 허가를 받는다.
- 귀가 예정시간을 알린다.
- 연락처를 남긴다.

- 외출 중 업무에 어려움이 있거나 예정보다 시간이 오래 걸리는 경우 상사와 의논하고 지시를 받는다.
- 30분 이상 자리를 비울 때는 책상을 간단히 정리하고 옆 동료에게 외출의 목적과 행선지를 알린다.
- 외출(이석)에서 돌아온 후 상사와 동료에게 돌아왔음을 알린다.

4) 출 장

① 회사의 직무 수행을 위해 출장을 갈 때는 언제나 회사를 대표한다는 생각으로 임해야 한다.

② 출장 계획은 사전에 목적에 맞게 계획을 치밀하게 세운다.

③ 출장 명령을 받은 경우에는 출장 일정을 반드시 상사와 동료에게 알린다.

④ 출장에서 돌아오면 우선 상사에게 구두나 전화로 보고하고 차후에 정식 보고서를 제출한다.

3. 정리정돈

- 정돈하여 가지런하게 하고 질서를 바르게 한다.
- 필요한 것과 불필요한 것을 구분한다.
- 불필요한 것은 즉시 처분한다.

책상 정리정돈 3대 원칙

- 항상 깨끗하게 한다.
- 책상 위나 서랍은 업무능률을 향상시킬 수 있도록 사용 빈도에 따라 서류 및 사무용품을 분류 정리한다.
- 잠시 자리를 비울 때는 작업 중인 서류가 보이지 않도록 덮어 놓고 "작업 중"이라는 메모를 남긴다.

4. 회의 참가시 에티켓

1) 참가 전

- 회의 개최 장소와 시간을 알아둔다.
- 회의의 성격(주체, 목적)을 파악한다.
- 사전에 배포된 자료와 설명을 숙지해 놓는다.
- 자신의 견해는 미리 메모해 두었다가 언제 지명받든 의견을 제시할 수 있도록 준비한다.

2) 회의 중

- 회의 진행 중 지루하다고 느껴 졸지 않는다.
- 다른 사람의 발언 중 옆 사람과 잡담을 하며 무관심을 보이는 것은 실례이다.
- 옆 사람과 연락하고 싶은 때는 메모를 돌린다.
- 다른 사람의 발언을 경청하며 의견을 존중해 준다.
- 다른 사람과 동시에 발언하게 되었을 경우 "실례합니다. 미안합니다."하고 자기 순서를 기다린다.
- 회의장에서 남을 비난하거나 인신공격하는 행동을 삼간다.
- 발언을 독점하지 않는다.
- 회의 중 부득이 화장실에 가고 싶을 때 누군가 발언하고 있을 경우 자리를 일어서지 말고 이야기의 매듭이 지어진 시점에서 방해가 되지 않도록 조용히 일어선다.
- 지각을 했을 경우, 조용히 회의실에서 들어서고 "늦어서 죄송합니다."하고 사과한다.
- 줄 담배를 피우거나 줄곧 음료수를 마시는 행동은 삼간다.

3) 회의 후

- 회의시에 메모한 사항을 정리한다.
- 회의 결과 자신이 해야 할 사항을 구체적으로 생각한다.

- 계획을 세운다.
- 실행에 옮긴다.

5. 수명 및 보고

회사의 일은 "명령 · 지시로 시작되어 보고로 끝난다."라는 말처럼 명령 · 지시 · 보고의 반복이다. 만약 이것이 제대로 이루어지지 않으면 최고 경영진과 현장 직원 간의 의사소통이 없어 회사는 제대로 된 기능을 발휘하지 못할 것이다.

1) 수 명

- 상사가 부를 때는 하던 일을 멈추고 밝고 명랑한 목소리로 "예"하고 대답한다(통화 중, 계산 중, 고객 응대 중 즉시 응답할 수 없을 때는 주위 동료가 ○○○씨는 "통화중입니다."라고 알린다. 해당사원은 용무가 끝나는 대로 상사를 찾아가면 된다).
- 메모지 및 필기구를 준비한다.
- 요점을 필기한다.
- 지시사항은 머리 속으로 5W(WHY, WHAT, WHEN, WHO, WHERE) 2H(HOW, HOW MUCH, HOW MANY)로 정리하면서 듣는다.
- 도중에 말을 끊지 않고 끝까지 잘 듣는다.
- 필요한 경우 질문하여 지시사항을 확인한다.
- 요점을 복창한다.
- 직속상사 이외의 상사로부터 지시를 받은 경우 그 내용을 직속상사에게 보고하고 지시를 구한다.

2) 보 고

- 회사의 일은 반드시 다음 사람과 연결되어 있다. 보고가 늦어지면 그 만큼 회사의 업무도 늦어지는 것이다. 그러므로 보고는 일이 끝나자마자 곧바로 하는 것이 원칙이다.

- 지시한 상사에게 보고한다.
- 지시사항을 수행한 후 즉시 보고한다.
- 보고내용은 정확하고 간결하게 육하원칙에 의거하여 보고한다.
- 사실을 토대로 한다.
- 간결하고 요령 있게 한다(우선 결론을 말하고 데이터를 갖고 올바르게 보고한다).
- 필요시 대안을 마련하여 보고한다.
- 의사결정에 도움이 되도록 모든 자료를 빠뜨리지 않고 준비한다.
- 기타 : 다음의 경우에는 중간보고를 한다.
  - 상황이 변경되었을 때
  - 처리기간이 오래 소요될 때
  - 차상사와 상사의 지시가 상충될 때
  - 실수를 저질렀을 때

보고의 포인트

- 지시 명령한 당사자에게 보고한다.
- 5W3H를 바탕으로 한다.
- 중간보고를 한다.
- 사실을 정확하게 보고한다.
- 결론을 먼저 보고한다.

6. 안 내

새로운 곳은 방문했을 때는 누구나 긴장을 하게 된다. 고객이 기다리는 경우에는 어느 정도의 시간을 기다려야 하는지 어디로 안내를 하는지 알려 주어야 한다. 이동거리가 조금 긴 경우에는 계절이나 날씨 등을 이용하여 가벼운 주제로 고객과 담소를 나누어 고객을 보다 편안하게 하는 것도 좋다.

1) 고객 맞이

고객(방문객)이 사무실에 들어서면 하던 일을 멈추고 곧바로 일어서서 인사를 먼저 한다. 고객이 온 것을 알면서도 딴 사람이 맞이하겠지 하는 태도로 모두가 응대한다면 고객(방문객)은 당혹감과 함께 심한 불쾌감을 느끼게 될 것이다.

2) 용건 확인

방문객이 사무실에 들어서면 먼저 인사를 한 다음 처음 온 분이거나 낯선 분에게는 "누구를 찾아 오셨습니까?" 또는 "무슨 일로 오셨습니까?"하고 분명하고 정중하게 묻는다. 만나러 온 사람이 자리에 있으면 그 사람에게 손님이 오셨음을 전하고, 자리에 없으면 무슨 일로 온 누구인가를 자세히 알아 두었다가 나중에 당사자에게 전해 주어 연락하도록 한다. 또 용건이 있는 경우에는 사안에 따라 자기가 처리할 수 있는 것은 처리하고, 자기가 처리하기 곤란한 일은 적절한 담당자를 재빨리 파악하여 안내하는 것이 바람직하다.

방문객 안내 매너

- 고객이 보이면 즉시 일어난다.
- 낯익은 고객은 반갑게 맞는다.
- 성함과 용건을 묻는다.
- 명함을 받았을 때 회사명과 성함을 확인한다.
- 약속 여부를 확인한다.
- 담당자에게 알린다.
- 면회가 가능하면 안내한다.
- 부재 중일 경우는 그 사실을 알리고 전언을 메모해 둔다.

3) 안내하기

(1) 복도에서의 매너

고객을 응접실 등 다른 곳으로 안내할 때는 반드시 고객보다 두세 걸음 앞장서서 안내한다. 걸을 때의 위치는 고객의 오른편 앞쪽이 좋다. “이쪽으로 오십시오.”하고 말을 건네고, 손가락을 가지런히 모아 방향을 안내한다. 걷는 속도를 고객에게 맞추고, 가끔 뒤를 돌아보아 고객과의 거리를 확인한다. 모퉁이를 돌 때는 돌아보면서 가야 할 방향을 손으로 가리키며 안내한다. 이때 손가락 사이가 벌어지지 않도록 주의한다.

(2) 엘리베이터에서의 매너

엘리베이터를 타야 할 때는 방문객에게 “3층 상담실로 안내해 드리겠습니다.”라고 사전에 행선 층을 알려주는 것이 좋다. 안내자가 먼저 타서 방문객이 엘리베이터에 탈 때까지 열림 버튼을 누르고 있어야 하기 때문에 안내자가 먼저 탑승한다. 승무원이 있는 경우에는 방문객이 먼저 타도록 한다. 엘리베이터에서 내릴 때는 방문객에게 “도착했습니다.”라고 알려 드리고, 열림 버튼을 누르면서 방문객을 먼저 내리게 한 뒤 안내자가 내린다. 안내자가 먼저 내리면 방문객을 그대로 안쪽에 둔 채 문이 닫히는 불상사가 일어날 수도 있으므로 주의한다. 승무원이 있는 경우에는 안내자가 먼저 내린다. 엘리베이터에서의 가장 좋은 위치는 입구를 향해 왼쪽 안쪽이며, 안내자는 작동 버튼 쪽에 선다. 엘리베이터 안이 혼잡할 때에는 “다음 층입니다.”라고 말해서 방문객에게 알리고 주위 사람들에게도 넌지시 배려를 구한다.

(3) 응접실에서의 매너

● 문을 열고 닫는 매너

응접실 문 앞에 도착하면 “여기입니다.”하고 알린다. 응접실에 들어설 때는 안에 아무도 없더라도 반드시 노크한 후 문을 연다. 문이 열리는 방식에 따라서도 방문객을 안내하는 방법이 다르다. 당기는 문이면 손잡이를 잡아 충분히 열고 문 옆에 서서 방문객을 먼저 들어가게 한 후 문의 안쪽으로 도는 듯이 들어가 문을 대면하는 자세로 닫는다. 미는 문이면 문을 밀고 먼저 들어가 충분히 연 후 문 안쪽으로 돌아 방문객을 맞이하여 실내에 완전히 들어온 것을 확인하고 나서 문을 닫는다.

● 자리를 권하는 매너

응접실 내에서는 입구 쪽에서 가장 먼 곳이 상석이다. 그러므로 방문객에게 권하는 자리는 안쪽이 상석이라고 할 수 있다. 창문이 있는 경우는 경치가 좋은 자리, 사무실과 함께 있는 경우는 책상에서 멀리 떨어진 자리가 상석이다. 방문객에게 자리를 권할 때는 방문객의 옆에서 서서 "이쪽으로 앉으십시오."라고 오른손으로 가리키며 말한다. 만일 자리를 권하기 전에 방문객이 아랫자리에 앉았을 때는 "저쪽으로 앉으십시오."라고 말하며 상석을 권하는 것이 매너이다.

방문객이 착석하면 "○○님은 곧 오십니다. 잠시 기다려 주시기 바랍니다."라고 말한다. 만약 방문객이 청한 사람이 바빠서 바로 응접실로 오지 못할 경우에는 신문, 잡지, 사보 등 읽을거리를 제공하여 무료함을 달래도록 한다.

응접실 안내 매너

- 응접실 안내 매너(1)
  - 우선 노크를 한다.
  - 당기는 문은 방문객을 먼저 들어가게 한다.
  - 미는 문은 안내자가 먼저 들어가 방문객을 안내한다.
  - 착석 위치를 가리키는 것도 방문객에 대한 예의이다.
- 응접실 안내 매너(2)
  - 응접실의 정돈 상태를 확인한다.
  - 방문객을 자리로 안내한다.
  - 방문객을 상석에 앉게 한다.
  - 오래 기다리게 할 때는 담당자가 올 때까지 상대가 되어 드린다.
- 응접실의 좌석 배치
  - 문에서 좌측 안쪽의 긴 의자가 방문객용 상석이다.

4) 면담 중에 고객이 방문했을 때의 매너

다른 고객과 면담 중이거나 회의 중에 안내를 해야 하는 경우는 먼저 노크를 한 다음 문을 열고 들어가 가볍게 목례를 한다. 문이 열려 있을 경우에는 "실례합니다."라고 인사한 다음 들어가도록 한다. 면담 중에 다른 고객의 방문을 알려야 하는 경우에는 연락 내용을 반드시 메모를 이용해 전달한다. "말씀 중에 죄송합니다."라고 양해를 구한 다음 손님에게 메모 내용이 보이지 않도록 건네준다. 면담 중 상사가 인사차 들어왔을 때에는 반드시 일어나서 상사를 손님에게 소개한다. 소개가 끝나면 손님과 상사가 앉은 다음에 자신도 앉는다. 상사에게 지금까지의 상담 결과를 간결하게 보고한 다음 계속 상담을 한다. 방문객을 장시간 기다리게 할 경우에는 우선 기다리게 하는 사유와 사과의 말씀을 드린다. 손님을 오랫동안 기다리게 할 경우에는 담당자를 대리할 수 있는 사람이 고객을 상대한다.

5) 고객 배웅

고객과의 대화가 끝났을 때 서비스 전문인이 고객보다 먼저 일어나서는 안 된다. 고객이 먼저 일어서면 뒤따라 일어나 앞장서서 출구까지 안내하고, 문이 있다면 문을 열어 고객이 나가는 것을 도와 드리고 마지막 인사로 마무리한다. 배웅은 일반적으로 고객과의 관계, 중요성, 서비스 현장의 특성에 따라 달라지지만 일단 고객의 모습이 보이지 않을 때까지 배웅하는 것이 원칙이다. 고객을 출입구까지 안내하지 못하는 경우에는 반드시 양해를 구한다.

7. 접 대

최근에는 서비스 기업마다 고객만족을 위해 고객이 머무는 곳이라면 어디든 차를 준비해 놓고 있다. 서비스 전문인은 자신이 근무하는 곳에 준비되어 있는 차의 종류와 끓이는 방법, 접대 방법을 익혀 막상 고객에게 접대할 때 당황하지 않도록 한다. 고객에게 차 한 잔을 접대할 때에도 반드시 쟁반을 이용한다. 종이컵을 사용하여 접대할 때에도 쟁반을 미리 준비하여 사용하도록 한다. 쟁반을 사용하지 않는 경우에는 반드시 컵의 하단을 잡아 건네 드리고 양해를 구한다.

여러 고객에게 접대를 해야 하는 경우에는 처음부터 찻잔 받침은 따로 쟁반 위에 올려놓는다. 고객에게 방해가 되지 않는 방향에 서서 받침을 놓은 후에 찻잔을 놓고 한 분씩 드린다. 드리면서 뜨거운 차는 "뜨겁습니다."라고 안내를 한다. 커피의 경우에는 설탕이 필요한지 다시 한 번 여쭈어 본다.

1) 차의 준비

방문객에게 차를 접대할 때는 다음과 같은 점을 점검한다.

- 찻잔에 흠이 있거나 금이 가지 않았는지를 살펴본다.
- 찻잔과 받침은 충분히 준비되어 있는지를 확인한다. 일회용 컵은 환경보호 측면뿐 아니라 접대시 무게가 실리지 않아 위험할 수 있으므로 되도록 사용하지 않는다.
- 시원한 차는 차갑게, 따뜻한 차는 뜨겁게 준비한다.
- 양, 온도, 농도는 적당한지 살핀다.
- 쟁반이 더럽거나 물기가 있지 않은지 살핀다.
- 청결한 행주가 준비되었는지 확인한다.
- 손의 청결 상태를 확인한다(향수나 화장품 냄새가 남아 있지 않은지 확인한다).

2) 차 접대 매너

- 인원수를 확인하고 무슨 차를 접대할지 결정한 뒤 같은 종류의 잔으로 차를 준비한다.
- 노크를 두 번 가볍게 하고는 응답을 기다리지 말고 "실례합니다."라는 말과 함께 목례를 하며 응접실로 들어간다. 이때 한 손으로는 쟁반을 꼭 잡고 다른 한 손으로는 문을 연다.
- 문을 조용히 닫고 쟁반을 가슴 높이로 하여 인사를 드린다.
- 보조 테이블에 쟁반을 내려놓는다. 보조 테이블이 없는 경우에는 왼손으로 쟁반

을 잡고서 오른손으로 내려놓는다. 서류 등으로 테이블이 꽉 찬 경우에는 차 놓을 곳을 물어 본 후에 내려놓는다.

- 쟁반의 가까운 쪽부터 차를 낸다. 받침접시를 오른손으로 쥐고 왼손으로 받쳐 두 손으로 정중하게 손님 앞으로 옮긴다.
- 상석부터 한 사람씩 두 손으로 조용히 드리되, 찻잔을 내려놓는 위치는 고객의 정면에서 약간 우측, 테이블 끝에서 10cm 가량 안쪽이 적당하다. 커피잔의 경우 손잡이는 손님이 보는 방향에서 오른쪽으로 향해야 하며, 티스푼은 받침접시의 오른쪽이나 하단에 놓는 것이 좋다.
- 차를 다 낸 다음에는 쟁반의 윗면이 몸 쪽을 향하도록 하여 두 손으로 쥔 다음에 깍듯이 인사를 한다.
- 인사한 다음에는 손님에게 등을 보이지 않도록 뒤로 물러서면서 조용히 나온다. 손님이 보지 않더라도 문 앞에서 다시 한 번 목례를 한다.

03 고객 응대 매너

1. 고객 응대 매너

1) 고객을 안내할 때

직장 내에서 고객과의 만남은 너와 나의 개인적인 만남이 아니라 회사를 대표하는 자격으로 만나게 되므로 더욱 중요하다. 보다 친절하고 세련된 고객 응대는 회사를 찾는 방문객들에게 좋은 이미지를 심어줄 수 있다.

(1) 고객과 함께 걸을 경우

윗사람과 나란히 걸을 때는 윗사람의 왼쪽에 서는 것이 예의이다. 단 상황에 따라 우측이 위험한 경우는 꼭 이것을 지키지 않아도 된다. 고객도 윗사람과 마찬가지로 적용하면 된다. 또한 남성과 여성이 나란히 걷는 경우는 일반적으로 여성이 우측에 서게 되지만 남성이 윗사람일 경우는 여성이 좌측으로 서는 것이 예의이다.

(2) 어떤 장소를 안내할 경우

"제가 모시겠습니다. 이쪽입니다."라고 말을 하고 정성을 다해 안내한다. 이때 고객이 중앙으로 걸을 수 있도록 비스듬히 반걸음 앞서서 걸어가는 것이 좋다.

(3) 계단을 오르내릴 때

고객의 오른쪽, 또는 왼쪽에서 2보 정도 옆에서 비스듬히 걸어가며 안내한다. 계단을 오르내릴 때는 2~3계단 앞서 안내하는 것이 원칙이다.

(4) 회전문을 이용할 때

회전문은 먼저 들어서서 문을 미는 것이 예의이다. 간혹 자동으로 회전하는 경우에는 고객이나 상사가 앞서도록 한다.

(5) 엘리베이터나 에스컬레이터를 이용할 경우

엘리베이터를 조작하는 사람이 있을 때는 고객이 먼저 타고 나중에 내리도록 한다. 조작하는 사람이 없을 때는 안내자가 먼저 엘리베이터에 타고 버튼을 조작한 후 고객이 타도록 해야 하며 내릴 때에는 고객이 먼저 내리도록 한다.

2) 고객과 함께 소개할 때

소개할 때는 어느 쪽을 먼저 소개해야 하는지를 생각하고 자연스럽게 말을 건넨다. 소개를 하는 사람이나 소개를 받는 사람이나 반드시 일어서서 웃는 얼굴로 "안녕하십니까, 잘 부탁합니다."라고 인사해야 한다. 대부분 소개가 끝나면 대체로 악수로 나누게 되나 소개를 받았다고 곧바로 손을 내밀지 않도록 유의해야 한다.

- 남성을 여성에게 먼저 소개한다.
- 아랫사람을 윗사람에게 먼저 소개한다.
- 연소자를 연장자에게 먼저 소개한다.

3) 고객과 함께 배석할 때

상석은 일반적으로 입구로부터 먼 자리이지만 음료를 내기 쉽도록 고려해 배정하는 것도 좋다. 의자에서 좌측으로부터 착석하는 것이 원칙이며, 식탁에 앉을 때를 제외하고는 그 때의 상황에 따라 어느 쪽으로 앉아도 상관없다. 그러나 고객이나 상사가 먼저 앉도록 해야 한다. 긴 의자일 경우 오른쪽 끝이 상석이다. 또한 같은 모양의 의자라면 출구에서 먼 쪽이 상석이 된다.

4) 고객과 악수할 때

악수는 서양의 인사방법 중 하나로 허리를 굽혀 인사하는 우리의 전통적인 인사방법과는 달리 인사하는 방식이 다소 차이가 있다. 하지만 요즘에는 국제화 시대에 맞게 악수하는 것도 많이 보편화되어 가고 있다.

악수를 할 때 중요한 포인트는 상대의 얼굴을 보면서 하는 Eye Contact이다. 따라서 허리를 굽혀 시선을 아래로 떨어뜨리는 것은 별로 바람직하지 않다. 윗사람과 악수할 때 수평적인 시선이 부담스러울 경우에라도 한손으로 상대의 손을 잡고 다른 한손은 흔들리지 않게 몸 옆으로 붙여 놓고 허리를 약간만 구부려 시선을 피하지 않는 것이 좋다.

- 손윗사람이 아랫사람에게
- 선배가 후배에게
- 상급자가 하급자에게
- 여성이 남성에게(업무상 남성이 먼저 청해도 무방)

상대가 윗사람이거나 고객일 때는 상체를 10도 정도 숙이고 왼손을 팔꿈치 위치에 가볍게 댄다.

5) 고객에게 차를 대접할 때

진심이 담긴 한 잔의 차는 고객과 원활한 대화를 진행하는 윤활유가 될 수 있다.

다음은 고객에게 차를 서비스 하기 전에 체크할 사항이다.

- 손은 깨끗한가?
- 찻잔과 받침은 손님 숫자만큼 준비되어 있는가?
- 찻잔을 따뜻하게 데워 놓았는가?
- 찻잔의 손잡이 및 티스푼을 찻잔 받침의 오른쪽에 오도록 미리 준비해 두었는가?
- 차의 양은 적당한가?
- 차의 농도와 온도는 적당한가?
- 쟁반이 더럽혀져 있다거나 물기가 있지는 않는가?
- 서비스 전 용모와 복장은 단정한가?

응접실에서 차를 서비스할 때

먼저 노크를 가볍게 두 번 한 후 응접실로 들어간다. 들어간 다음 조용히 문을 닫고 '실례합니다.'라고 인사한다. 그러나 이때 상사와 고객이 말씀을 나누는 중에는 인사말을 생략하는 것이 좋다. 차는 고객에게 먼저 서비스한다.

차를 옮길 때는 소리가 나지 않도록 조용하게 하며 양손으로 정중히 고객 앞에 전달하도록 한다. 서류나 물건 등의 위에는 놓지 않도록 유의해야 한다. 차를 서비스한 다음에는 쟁반을 왼손에 들고 목례로 인사한 다음 고객에게 등을 보이지 않도록 하며 조용히 나오도록 한다.

2. 유형별 고객 응대

인간관계에서는 상대방의 사정을 알고 나면 달리 대응해야 되는 경우가 있다. 고객과의 관계에 있어서도 일반적인 고객의 심리를 파악하는 한편, 고객 한 사람 한 사람의 특수한 사정까지 헤아려서 응대하는 유능한 서비스 전문가가 되어야 한다.

고객의 상황을 제대로 이해하지 못하여 고객의 욕구와 기대에 어긋나는 서비스를 제공하면 고객은 불만 고객이 되는 것이다. 모든 고객의 기본적인 심리는 같지만 각각 표현방법이 달라 고객의 욕구를 제대로 파악하는 것은 매우 어렵다. 이렇게 다양한 고객을 응대하는 기본적인 응대법은 먼저 고객을 섬긴다는 마음가짐에서 시작한다. 고객을 돕고자 하는 마음으로 긍정적으로 접근한다면 어떠한 고객이라도 감동하는 서비스를 제공할 수 있을 것이다.

1) 화가 난 고객 응대법

고객을 응대하다 보면 가끔 영문도 모른 채 처음 보는 고객이 화부터 내는 경우를 접하게 된다. 그 상황을 살펴보면 접점에 있는 서비스 전문인은 처음이지만 고객은 이미 여러 번 응대를 거치면서 화를 키운 경우가 많다. 따라서 서비스 전문인은 "왜 저한테 그러세요." 등 책임 회피적인 응대가 아닌 적극적 응대로 고객의 화를 진정시켜야 한다.

- 무조건 화부터 내는 고객에게는 일단 먼저 사과를 드린 후 고객의 불만을 귀 기울여 경청하여 원인을 파악한다.
- 불가능한 것보다 긍정적으로 가능한 것을 우선 제시하고 객관성을 유지한다.

2) 무리한 요구사항이 많거나 거만한 고객의 응대법

세세한 일에 주관적인 태도를 취하는 편이므로 상황에 따라서는 예기치 못했던 일이 발생할 수도 있다. 고객의 의견을 경청한 후에 이쪽의 상황을 있는 그대로 설명한다.

- 질문을 던져 고객이 원하는 것을 파악한다.
- 목소리를 높이거나 말대꾸하지 말아라.
- 고객을 존중하라.
- 문제해결을 위해 긍정적으로 임하라.
- 고객이 회사의 원칙과 거리가 먼 무리한 요구를 하거나 다른 고객과는 다른 서비스를 요청하는 경우 서비스 전문인은 매우 당황하게 된다. 싸움을 걸기 위해 일부러 무리한 요구를 하는 고객도 없지는 않지만 서비스 전문인이 염두에 두어야 할

것은 고객은 항상 자신의 입장만을 생각하고 옳다고 믿는다는 것이다.

- 고객의 입장을 충분히 이해하고 있음을 알려 준 후에 그 요구를 받아들이기 어려운 사유를 납득할 수 있도록 차근차근 설명한다.
- "그건 안 됩니다."나 "잘 모르시니까 그러시는데요." 등으로 고객을 무안하게 하지 않는다.

3) 거절을 해야 하는 경우의 응대법

분명히 거절을 해야 함에도 불구하고 제대로 하지 않으면 고객은 다음에는 되겠지 하는 기대를 갖게 된다. 또한 "상사분이 안 된대요."라고 응대를 하면 서비스 전문인은 되는데 상사가 거절을 한다는 듯한 인상을 주어 오해를 낳을 수도 있다. 그렇다고 회사 방침과 규정만을 내세워 거절한다면 고객은 무안함과 서운함을 가지게 된다. 서비스 전문인에게 가장 어려운 것이 바로 거절이다. 우선 고객의 입장을 인정해 준 후 공손한 태도로 "죄송합니다. ~사유로 제가 도와 드릴 수가 없는데 ~."라고 정중하면서도 정확하게 거절의 의사를 표현하는 것이 좋다. 이때 대안을 제시한다면 더욱 좋은 응대라고 할 수 있다.

4) 모르는 것을 물었을 때의 응대법

간혹 고객을 응대하다 보면 미처 모르는 것에 대해 질문을 받을 때가 있다. 이때 그 상황을 모면하기 위하여 어물어물 넘기거나 불확실한 정보를 고객에게 제공해서는 안 된다. 정확히 알지 못하는 경우에는 동료의 도움을 받거나 정보를 찾아 정확한 사실만을 고객에게 알려 주어야 한다.

- "제가 지금 그것에 대해서 잘 모르겠습니다. 담당자에게 물어본 뒤에 알려 드리겠습니다."라고 사실을 알리고 고객에게 답변을 하기 위한 소요시간도 정확하게 알려 드린다.

- 답변을 한 후에는 제때 답변을 해 드리지 못해 죄송하다는 말씀을 드리고 다른 사항은 도와 드릴 일이 없는지 확인한다. 만약 서비스 전문인이 응대를 다른 동료에게 부탁을 한 경우에는 반드시 확인하도록 한다.

5) 깐깐한 고객의 응대법

별로 말이 없으나 잘못은 꼭 짚고 넘어가는 편이며 서비스맨에게 예의 있게 대하는 고객이다. 정중하고 친절하게 응대한다. 잘못을 지적할 때는 반론을 펴기보다는 "지적해 주셔서 감사합니다."하고 받아들이는 자세를 보인다.

6) 고객의 말이 길어질 때의 응대법

고객과 대화를 하다 보면 길어지는 경우가 많이 있다. 맞장구를 치고 경청을 하면 고객은 더욱 신이 나서 서비스 전문인과의 대화를 즐기게 된다. 그러나 다른 고객을 응대해야 하거나 다른 일을 처리해야 될 경우 고객과의 대화를 중단하는 데는 어려움이 따른다. 고객의 상황을 살펴 요점을 정리함으로써 고객과의 대화를 정리할 수 있다. 또는 고객과의 대화가 즐거웠음을 알려 드리고 다른 고객을 응대해야 하는 상황을 말씀드려 양해를 구하는 방법이 있다. 그러나 이때 고객의 기분이 상하지 않도록 최대한 친절을 베풀면서 대화의 중단을 고객 스스로 하게끔 하는 것이 중요하다.

7) 장애 고객 응대법

장애가 있는 고객의 경우에는 장애 종류에 따라 응대법이 달라진다. 장애 고객은 '특별한 사람이 아니라 우리와 똑같은 사람이다.'라는 의식을 먼저 가져야 한다. 특히 '장애인'이라는 말을 장애 고객 앞에서 사용하지 않도록 유의한다. 전면에서 서비스를 제공하는 사람으로서 자주 당황하게 되는 경우는 장애 고객에게 언제 어떻게 도움을 주어야 할지, 혹은 도움을 주어도 되는 건지 어떤지를 모르는 때이다. 장애 고객을 응대할 때는 필요 이상의 사람이 모여 들지 않게 하고 몸을 터치하기 전에 먼저 말을 하는 것이 좋다. 재촉하거나 서두르는 인상을 주지 않고 여유를 가지고 접근한다. 스스로 하고자 하는 의지를 보이는 경우에는 시간이 걸리더라도 기다려 주는 것이 좋다. 지나친 도움은 오히려 장애 고객의 자존심을 다치게 할 수도 있다.

- 몸을 만지기 전에 먼저 말을 건네도록 한다. 지나친 관심은 오히려 자존심을 건드려 역효과가 날 수 있음을 기억해야 한다.
- 어떻게 도와야 할지 판단이 서지 않는 경우에는 "괜찮으세요?", "어떻게 도와 드릴까요?"라고 구체적으로 물어보는 것도 좋은 방법이다.

8) 의심이 많은 고객 응대법

자기가 충분히 납득할 수 있을 때까지 질문을 하므로 대충 정확하지 않은 설명은 금물이다. 자신감을 갖고 확실한 태도와 언어로 응대해야 한다.

이것저것 캐물으면서 이리 갸우뚱 저리 갸우뚱 의심이 많은 고객을 응대할 때 의심을 대수롭지 않게 받아들이면 난처한 상황에 빠질 빌미를 제공할 수도 있다. 고객이 의심을 나타내면 반드시 의심을 해결해 주는 것이 필요하다. 의심 많은 고객에게는 자신감 있는 태도로 명확하고 간결하게 응대하여야 한다. 너무 자세한 설명이나 친절도 또 다른 의심의 대상이 되므로 분명한 증거나 근거를 제시하여 스스로 확신을 갖도록 유도하며, 때로는 책임자로 하여금 응대하도록 하는 것도 좋다.

9) 말수가 적은 고객 응대법

- 머리 속에서는 이렇게 생각하고 마음 속으로는 여러 가지를 원하고 있어도 일단은 사양하고 좀처럼 확실한 의사표시를 하지 않는 고객이다.
- 수동적이고 서비스맨의 응대에 무반응인 고객은 적절한 질문으로 서비스를 리드하도록 한다.

10) 신경질적인 고객 응대법

- 보통 아무것도 아닌 일을 대단히 마음에 걸려 하는 고객이다. 말씨나 태도에 주의해서 상대를 자극하지 않도록 한다.
- 불필요한 대화를 줄이고 신속히 고객의 요구에 조치한다.

3. 불만 고객 응대

서비스 실패의 원인은 매우 다양하다 고객의 욕구가 점차 개성화되고 주변 소비환경이 빠르게 바뀌는 여건에서 서비스 전 과정에서 수많은 요인들이 고객의 기대를 저버릴 수 있으며 고객 불만족 요인이 만족 요인만큼이나 까다롭고 다양하다.

고객의 불만이 발생하는 원인은 서비스의 결과가 고객의 기대치에 미치지 못하기 때문이다. 불만이 생기면 대부분의 고객은 말없이 그 기업을 떠나 버리고 약 46%만이 기업에 불평을 한다고 한다. 불평을 하는 고객은 아직도 그 기업에 미련이 남아 있는 고객이다. 따라서 불평을 하는 고객은 그렇지 않은 고객보다 회사의 발전과 경쟁력 향상에 없어서는 안 될 소중한 고객이다. 고객 불만을 잘 처리하면 고객 유지율을 증가시키고 좋지 않은 평판을 사전에 예방할 수 있으며 비용과 시간을 절약할 수 있다.

고객의 불만이 발생하는 원인은 대개 다음과 같다.

- 고객의 기대에 미치지 못하는 서비스
- 상품 이상
- 불확실한 약속, 다짐, 그리고 약속 불이행
- 신뢰감을 주지 못하는 업무 지식
- 책임 전가
- 고객이 오해나 오인을 할 소지를 남겼을 경우
- 담당 직원의 불쾌한 언행 등

고객의 불만 원인은 시스템과 상품에 관련된 회사 문제, 고객 자신의 문제 그리고 직원의 응대에 관련된 문제로 크게 분류할 수 있다. 이 중 고객 불만이 가장 많이 발생하는 부분이 바로 고객 응대 과정에서 일어나는 것으로 조사되었다. 이 결과는 처음에는 상품과 회사에 대한 불만으로 시작되었는데 일선 직원의 무성의한 응대를 겪으면서 상품과 회사에 대한 불만을 잊고 직원에 대한 불만이 더 크게 쌓이기 때문이다. 서비스에 만족한 고객은 평균 3명에게 전달하고, 불만족한 고객은 평균 10명에게 알린다고 한다. 또한 입소문은 눈덩이처럼 불어나 실제보다 더욱 과장된 나쁜 소문으로 성장하면서 잠재고객 상실로까지 이어진다. 따라서 기업은 불만 고객의 불만을 정기적으로 모니터링하여 관리할 수 있는 체계를 만들어 같은 불만을 가진 고객이 또 발생하지 않도록 주의해야 한다. 그리고 최접점에 있는 서비스 전문인은 본인의 태도를 통해 불만 고객이 다시는 그 기업을 찾지 않는 테러리스트로, 또는 언제나 그 기업만을 찾는 충성 고객으로 바뀔 수도 있다는 것을 명심하고 불만 고객을 효과적으로 응대하는 방법을 익혀야 할 것이다.

불만 고객 응대 9단계

최근 많은 국내 기업들은 불황기를 맞아 고객 확보를 위해 치열한 경쟁을 펼치고 있다. 높은 품질, 뛰어난 서비스를 제공하는 것을 뛰어넘어 고객만족경영을 통해 고객의 총체적인 만족을 추구하는 것은 다양한 기업에서 관찰할 수 있다. 그러나 뛰어난 제품과 서비스를 제공하고 고객만족경영을 아무리 잘하는 기업이라도 고객들의 불만은 발생할 수밖에 없다. 기업과 서비스맨은 고객 불만을 해소하고 로열티를 제고하기 위한 서비스 회복 전략을 터득함으로써 고객의 불만을 고객 만족으로 전환시켜 평생고객을 만들 수 있다.

불만을 제기하는 고객들이 원하는 것은 대부분 기업이 자신의 불평을 경청하고, 잘못된 내용을 인식하고, 제대로 고치겠다고 약속하면서 사과하는 것이다. 불만 고객에 대한 응대법은 크게는 3단계로, 작게는 9단계로 나눌 수 있다.

(1) 신속한 처리를 한다.

불만이 발생하여 기업을 찾은 고객을 자신이 담당자가 아니라고 "어디로 가세요." 하며 빙빙 돌리는 것은 다시 돌아오지 않는 고객을 만드는 지름길이다. 어느 누구의 잘못이든 빠르게 접수를 하는 것이 중요하다.

(2) 진심 어린 사과를 하라.

진심을 담은 "죄송합니다." 이 한마디는 불만 고객 응대에서 가장 중요한 포인트이다. "미안합니다."보다는 "죄송합니다."가 더욱 정중한 느낌을 주어 사과의 표현이 한 단계 높게 여겨진다.

(3) 고객 불만을 경청하라.

선입관을 버리고 고객의 입장이 되어 성의 있는 태도로 듣는다. 고객의 말을 중도에 끊지 않도록 주의하며, 불만의 문제를 정확하게 파악할 수 있도록 한다. 이때 고객이 말하는 도중에 절대로 변명하거나 덮어놓고 반박하지 않도록 하여야 한다. 잘 듣는 것만으로도 고객은 50%의 화가 풀릴 수 있다.

(4) 원인을 파악하라.

어떤 점이 고객을 불편하게 하였는지 불만의 원인을 정확하게 파악할 수 있어야 한다. 그래야 해결책을 강구할 수 있다. 업무적으로 화가 난 것인지 심리적인 것인지 여러 가지가 복합된 것인지 메모를 하며 정확한 원인을 찾는다 . 이때 메모를 하는 것은 고객으로 하여금 불만이 해소될 수 있으리라는 기대감을 갖게 만든다.

(5) 고객과 공감대를 형성하라.

"정말 불편하셨겠습니다.", "~ 때문에 기분 많이 상하셨죠.", "많이 속상하셨겠습니다. 진심으로 사과드립니다.", "정말로 그러셨겠어요. 저희가 미처 생각을 못했습니다." 등 고객 관점의 어휘를 사용하여 고객과 대립의 관계가 아닌 고객의 입장에 서서 문제를 해결하고 있음을 고객이 느끼도록 한다. 이때 화가 난 고객과 정면으로 대하면 도전적인 인상을 줄 수 있으므로 나란히 서거나 대각선으로 응대하는 것이 더 좋다.

(6) 신속한 해결방안을 모색한다.

가능한 빠른 시간 내에 해결하는 것이 바람직하다. 고객 불만의 정도에 따라 대책을 강구한다. 불만의 정도가 심한 고객이라면 사람을 바꾸어 응대하는 것도 좋은 방법이다. 물론 불만은 접수한 당사자가 해결하는 것이 원칙이지만 대다수의 고객은 책임자와 문제 해결을 하고 싶어 한다. 이런 경우에 상사에게 고개의 불만 내용을 정확하고 객관적으로 전달하여 고객이 불만사항을 다시 반복함으로써 더욱 화나는 일이 없도록 주의한다.

(7) 대안을 제시한다.

먼저 해결방법을 찾은 것을 제시한다. 만약 고객의 기대에 미흡한 해결책이라면 사과와 함께 실현가능한 최선의 대안을 제시한다. 해결방법을 찾는 데 시간이 걸리거나 다른 고객의 시선이 많이 집중되는 곳이라면 장소를 바꾸어 응대하는 것이 좋다. "죄송하지만 상담실에 가서 말씀해 주시겠습니까?, 여기는 너무 복잡해서 불편하실 것 같습니다."하면서 자연스럽게 고객상담실이나 한적한 곳으로 안내하여 차를 대접하면 고객은 어느 정도 시간을 가지면서 화를 가라앉히게 된다.

(8) 거듭 사과와 감사의 인사말을 드린다.

불만 고객 응대에서 가장 중요한 것은 "죄송합니다."라는 사과의 말이다. 한 번 더 정중하게 사과를 드리고 미흡한 해결책을 이해해 주는 경우에는 감사의 인사도 드린다.

(9) 고객에게 제시한 해결책을 성실하게 시행하고 효과를 검토한다.

고객과의 약속을 성실하게 시행한 후 고객에게 사실 중심으로 명확하게 설명하고 잘못된 내용의 시정 등 결과를 알린다. 이때 고객이 만족했는지를 확인하는 절차가 필요하다. 또한 동일한 불만 고객이 발생하지 않도록 불만 내용을 정보화하여 고객 불만을 미연에 방지한다.

Chapter 9 관광서비스 실무 매너

Chapter 9. 관광서비스 실무 매너

01 호텔리어(Hotelier)

1. 업 무

호텔은 작은 사회의 기능을 갖는 만큼 호텔리어의 업무는 실로 다양하며 가사적 성격의 기업 특성상 세심한 부분까지 살피는 배려가 무엇보다 필요하다. 고객에게 호텔은 하루를 시작하는 곳이고 아침식사를 하는 장소이고 업무를 할 수 있는 사무공간도 될 수 있으며 휴식공간으로서의 역할도 하는 경우가 있으며 하루의 일과를 마치고 수면을 취하는 공간인 만큼 편안함과 즐거움을 주는 공간이어야 한다. 그리고 호텔리어는 그 역할을 전문가의 마음과 행동으로 실현시켜야 하는 것이다. 호텔이라는 공간의 구성원은 고객을 자신의 가족보다 더욱 배려해야 한다. 가족끼리는 갈등도 있을 수 있고, 또 가족이기에 해소할 수 있는 기회가 주어지지만 고객은 그야말로 우리 집을 찾은 손님인 만큼 갈등이 생긴다면 해소할 수 있는 기회가 없을 뿐만 아니라 호텔리어는 고객에게 안락함을 판매하는 사람이기에 고객에 대한 긴장의 끈을 놓치지 않도록 자신의 능력을 키워가고 전문가가 되어서 고객 앞에 서야 할 것이다.

2. 적성과 자질

호텔리어의 기본 자질은 서비스 마인드와 전문가로서의 행동이라 하겠다. 이것이야말로 자신의 존재 의미이며, 이를 실현하는 것이 회사에 기여하는 것이고 자신의 발전을 도모하는 것이다. 또한 호텔리어의 서비스는 개인의 탁월함만이 아니라 시스템화 되어야 한다. 같은 업무를 하는 사람의 개인차가 심하다면 고객은 불편함을 느끼게 되므로 전 구성원의 서비스 수준은 탁월한 개인을 기준으로 삼아야 한다.

- 호텔리어는 세심한 배려를 통해 내 집을 찾은 고객을 맞아야 하기 때문에 서비스의 핵심을 이루며 그 나라의 서비스 수준은 호텔리어의 태도에서 나타나야 한다.
- 단정한 용모를 통해 고객에게 신뢰를 줄 수 있어야 한다.
- 성실함으로 자신의 내부에 잠재한 안일함을 떨치고 고객에게 다가서는 것이 서비스다.
- 친화력은 고객에게 편안함을 준다.
- 진정한 인간미를 전하는 것이 최고의 서비스이다.
- 자신이 근무하는 동안 발생되는 일에 대한 책임의식이 필요하다.
- 업무 인수인계 과정에서의 세심함이 고품질 서비스를 가능하게 한다.

3. 호텔리어의 매너와 금기

- 호텔은 근무 교대가 많다. 자신의 근무시간을 엄수해야 한다.
- 외국인 고객이 불편하지 않도록 외국어 구사능력을 배양해야 한다.
- 고객이 편안함을 느낄 수 있도록 세심한 배려를 한다.
- 업무의 인수인계 과정에서 누락이 없도록 한다.
- 청결과 단정함은 고객에 대한 예절이며 호텔리어의 의무이다.
- 고객, 동료와 잘 지내는 사람이 되어야 한다.
- 철저한 위생관리를 몸에 익혀야 한다.
- 철저한 자기관리가 자신과 호텔의 가치를 높이는 것이다.
- 고객을 차별하지 말라.
- 고객과 논쟁하지 말라.
- 고객을 기만하지 말라.

- 고객의 불편을 외면하지 말라.
- 술이나 음식 등의 냄새가 가시지 않은 상태에서 고객 앞에 서지 않는다.
- 호텔의 기물이나 고급 비품 등을 사유화하지 말라.
- 자신이 근무하는 호텔 시설을 개인적으로 이용하지 않는 것이 원칙이다.
- 정해진 용모, 복장 규정을 위반하지 않는다.

02 항공서비스 실무

항공기를 이용하는 사람들은 비행기의 입구에 들어서면서부터 밝은 미소의 승무원을 처음으로 마주치게 된다. 그 순간이 항공사의 첫인상과 서비스에 대한 평가는 이미 절반은 이루어졌다고 볼 수 있다. 승무원이 하는 일은 한마디로 탑승한 승객들이 비행기에서 내릴 때까지 비행시간을 편안히 보낼 수 있도록 도와주는 역할이다. 즉, 항공사 승무원은 탑승구에서 승객을 맞이하는 것에서부터 승객이 내리기까지의 전 과정에 참여하게 되므로, 승객은 비행 내내 마주칠 수밖에 없는 승무원들의 이미지로 항공사를 평가하고 기억하게 된다.

비행기가 이륙하기 전 객실승무원은 국제선의 경우 2시간 30분 전에 객실 사무장의 주관하에 업무 분담, 용모 및 휴대품 점검, 유의사항 및 신규 업무지식 등에 관한 지시사항을 전달받는다. 그리고 기장의 주관하에 목적지, 비행시간, 항로 및 기상조건, 기타 유의사항 등에 대해 들으며 항공기 출발 1시간 전에 탑승하여 비상 장비 및 기내시설의 이상 유무, 비행 중 제반사항을 확인하여 이상이 없도록 준비한다.

1. 비행 전 업무

컴퓨터로 공지사항이나 새로운 업무지시사항들을 읽어 본 후 비행에 관련된 준비를 한 후 선배 승무원으로부터 Apperance Check(용모 복장 점검)를 받는다. 객실사무장의 주관하에 임무 분담, 휴대폰 점검, 유의사항 및 신규 업무지식 등에 관한 지시사항을 전달받는다. 이어서 객실 브리핑에서는 항공안전과 보안, 비행 구간에 관한 서비스에 관한 사항들을 클래스별로 브리핑을 한다. 노선의 특징과 상위클래스인 경우 탑승객에 대한 정보, 탑재 식사 현황 및 입국서류, 기내 영화, 목적지에 대한 정보 등에 대해 브리핑이 된다. 객실 브리핑 후 운항승무원과의 운항 브리핑을 통해 비상연락방법 및 보안장치 취급 요령과 비상사태 발생시 대응절차와 운항에 관한 전반적인 사항을 전달한다.

기내에 탑승한 후에는 기내서비스에 필요한 물품 탑재상태 체크, 기내식 수량 체크, 기내청소상태를 점검한다. 화장실 용품을 세팅하고 신문, 잡지를 챙기고, 고객의 탑승이 시작되면 탑승인사와 함께 좌석안내, 수하물 정리를 도우며 각 갤리 내에 탑재된 음식들을 락킹한다.

2. 기내서비스

- 비상시의 승객 행동 요령 시연
- 담요, 헤드폰 등 승객의 요청에 따른 서비스 제공
- 식전 음료 제공
- 기내식 제공
- 기내 면세품 판매

3. 적성과 자질

- 건강한 체력 및 신장
- 밝고 부드러운 이미지
- 업무에 적합한 언어구사능력
- 서비스직 이미지를 고려한 용모와 적합한 인성

- 위기 때의 침착성
- 서비스 마인드와 요양
- 영어실력(TOEIC 550점 이상, 또는 G-TELP 3급 63%, 2급 45% 이상 성적표 소지)
- 예의바른 몸가짐

4. 매너와 금기

- 비행과 관련한 시간을 준수한다.
- 승객과의 잡담을 삼간다.
- 자기절제를 통해 적정 체중을 유지한다.
- 파마나 염색은 하지 않는다.
- 단정함을 유지한다.
- 지나치게 튀는 화장을 삼간다.
- 지정된 복장, 스타킹을 착용한다.
- 상식적으로 매너에 벗어나는 행동을 삼간다.
- 승객을 차별하지 않는다.
- 어린이나 노인, 환자 등 도움을 필요로 하는 승객을 주의 깊게 살핀다.
- 회사의 이미지를 실추시키는 행동을 삼간다.

03 투어 가이드(통역 안내원)

1. 투어 가이드

투어 가이드는 국내를 방문한 외국인 여행객들을 대상으로 국내의 관광지를 외국인들의 언어로 소개하는 일을 하는 사람을 말한다. 외국인 여행객들이 우리나라를 관광지로 선택했다는 것은 관심의 표현이다. 이러한 외국인 관광객들을 대상으로 우리나라를 안내하면서 우리의 문화와 역사 등 사회 전반에 대한 이해를 돕고 그들의 기억 속에 좋은 이미지를 새기고 자신만의 소중한 추억을 새길 수 있도록 하는 문화의 가교이며 민간 외교관인 것이다.

- 관광객을 위한 교통, 숙박시설 안내, 관광 및 기타 일정을 계획, 조정한다.
- 여행 경로와 일정 및 관광에 필요한 전반적인 안내와 소개
- 역사적 유물, 유적지 및 관광명소 등에 관한 설명
- 교통편, 숙박시설 및 식당 예약 또는 예약 확인을 하기 위해 여행사와 상의
- 국외여행 또는 외국인 관광객의 출입국 수속 대행

2. 적성과 자질

- 투어 가이드는 자기가 안내를 맡은 팀과 최대한 빨리 친숙해져야 한다.
- 관광여행에 관련된 흥미롭고 역사적 가치가 있는 정보를 소개할 수 있도록 자기

계발에 힘써야 한다.

- 여행일정, 예약과 관련된 여행사, 호텔 등의 직원과 효과적으로 의사교환을 하고 다양한 계층의 관광객들에게 흥미 있는 것에 대하여 상세한 설명을 할 수 있는 언어 구사력이 필요하다.
- 투어 가이드는 자신의 팀을 이끌 수 있는 리더십을 갖추어야 한다. 필요한 상황에서 적절한 의사결정을 할 수 있는 리더십은 고객을 안심시킨다.
- 외국인 관광객들은 한국에 대해 잘 알지 못하는 상태인바 긴장할 수 있다. 세심한 배려를 통해 편안함을 느낄 수 있도록 한다.

3. 매 너

- 한국을 대표하는 민간 외교관으로써 국제 수준의 품위와 매너를 갖추어야 한다.
- 자신의 직업에 자부심을 갖는 전문가의 모습을 보인다.
- 자신의 팀의 특성을 파악하고 관광객들이 서로 친해질 수 있도록 분위기를 조성한다.
- 관광객과 하루에 한 번씩 대화를 나누도록 한다.
- 전문가다운 복장을 착용한다.
- 행사 중에는 항상 명찰을 착용한다.
- 지나친 화장은 피한다.
- 담배를 피우고 난 후, 식사 후 양치질을 한다.
- 시간 · 약속을 잘 지킨다.
- 관광객에 대한 선입견이나 고정관념을 가져서는 안 된다.
- 관광객의 협조로 행사가 무사히 완료되었다는 인사를 정중히 한다.

4. 금기사항

- 국가 안보에 저해되는 언동

- 외환관리법에 저촉되는 행위
- 폭음, 폭력, 난동행위
- 매춘 알선행위
- 금수품의 소지, 밀수 및 범법행위
- 불성실한 업무태도
- 관광객으로부터 부당한 요금을 받거나 계약을 위반하는 행위
- 관광객에게 물품의 판매, 기타 알선과 관련하여 판매업자로부터 금품을 받는 행위
- 기타 관광 진흥에 저해되는 행위

04 국제회의 기획자

컨벤션 기획자의 주요 업무는 컨퍼런스, 정기총회, 회의, 세미나를 계획, 조직하며 조정하는 것이다. 관광협회, 업계 및 전문가협회, 컨벤션 및 컨퍼런스 센터, 정부 및 이벤트 기획사에서 일하게 된다. 협의회나 회견, 컨벤션 및 시사회서비스의 흥행을 주최하고 논의하기 위해 업계협회, 전문협회 및 기타 집단들과 만나야 하고 후원자들을 만나 행사의 범위 및 형식을 계획하고 예산을 세우고 모니터하며 관리 절차 및 행사 진행사항을 검토하기 위한 위원회를 구성한다. 참가자들에 대한 숙박 및 운송, 컨퍼런스 및 기타 시설, 연회, 표시물, 통역, 비디오, 오디오장비, 인쇄물 및 보안과 같은 행사 서비스를 조정하는 역할도 매우 중요하다. 또한 참가자가 정해지면 참가자의 등록을 조직화하고 프로그램 및 홍보자료를 준비하며 행사를 선전해야 한다. 행사에 필요한 행사지원자들을 고용하고 교육시키며 감독하는 일까지 기획자가 모두 도맡아 한다.

1. 적성 및 자질

- 각양각색의 회의 형태를 통해 각 분야의 전문가들이 만나는 국제회의를 차질 없이 진행하기 위해서는 서로 다른 문화와 개성을 지닌 사람들을 대하기 위해 국제 수준의 매너와 에티켓을 갖추어야 한다.
- 각기 개성이 다른 사람들과 원활하게 행사를 진행하기 위해서는 내가 먼저 다가서고 상대에게 편안함을 느끼게 하는 친화력을 갖추는 것이 중요하다.

- 국제회의 업은 여러 분야의 유기적인 협조가 절대 필요하고 그런 만큼 완벽한 행사를 수행하는 것은 쉬운 일이 아니다. 따라서 문제가 발생되었을 때 이를 해결할 수 있는 순발력과 유연성이 필요하다.
- 국제회의 준비업무를 하고 본 행사의 현장 진행을 하기까지 평균 3년 정도의 국제회의 실무 경험을 토대로 하여 주최측과 업무진행을 위한 상호 의견교환이 가능하고 독립적으로 행사를 운영할 수 있는 자격이 인정되면 비로소 국제회의 기획자(Meeting Planner)가 될 수 있다.
- 국제회의에 관련된 일을 하는 경우, 기본적인 외국어 활용능력을 갖추어야 한다. 동시통역의 수준까지를 원하는 것은 아니지만 외국인을 접대하는 데 있어 필요한 기본적인 회화는 물론, 기본적인 비즈니스 회화 정도는 할 수 있어야 한다. 그리고 회의 기획과 진행단계에서 필요한 서류를 작성할 수 있는 영어실력을 갖추어야 한다.

2. 매너와 금기

- 회의에 참석하지 않는 참석자의 동반자에 대한 배려가 필요하다.
- 행사와 관련해서 책임을 회피하거나 전가하지 말아야 한다.
- 업무범위가 방대한 만큼 철저하면서 세심한 준비를 해야 한다.
- 행사가 끝날 때까지 초심을 잃지 말아야 한다.
- 행사진행자들을 격려하고 그들에게도 의지할 수 있는 버팀목이 되어야 한다.
- 회의 참석자의 종교, 관습적 특성을 고려한 준비에 소홀함이 없어야 한다.
- 주관하는 회의와 관련한 지식 습득을 위해 노력해야 한다.
- 행사 후 감사의 E-mail 등을 통해 후속관리를 해야 한다.
- 회의 기획, 준비과정에서 다양한 사람들을 만나 협상을 해야 하는 만큼 협상능력은 물론 따뜻함을 지닌 인간적인 면모를 갖추어야 한다.
- 회의가 이벤트이기도 한 만큼 참석자들에게 유익함, 즐거움, 감동을 줄 수 있도록 한다.

부록

각 나라 에티켓

일 본

1. 인사와 상담

- 상대가 허리를 숙이는 정도를 잘 보았다가 그만큼 허리를 숙여 인사한다. 허리를 굽히는 정도가 상하관계를 나타내기도 한다.
- 허리를 숙여 인사할 때는 양손을 허벅지에 두기도 한다.
- 인사 후 명함을 교환한다.
- '생각해 보겠습니다.'는 실제 'No'에 해당된다.
- 인맥이 가장 중요하다. 중간 소개자에 대한 의리를 중요하게 여기기 때문에 신중하게 고른다.
- 교섭이 잘 안 될 때는 중간 소개자를 이용하여 협상을 하는 것이 좋다.
- 일본에서는 업무성과가 집단으로 평가되기 때문에 특정 개인을 칭찬하는 것은 바람직하지 않다.
- 거절을 하거나 비난을 할 때는 직접적인 표현보다는 우회적인 방법으로 완곡하게 표현한다.
- 영어를 하는 일본인과 이야기하거나 통역을 이용할 때는 인내심을 갖고 천천히 간격을 두고 이야기한다.

2. 접 대

- 접대는 비즈니스가 시작되자마자 바로 받기도 한다. 스모관전이나 가라오케를 접대받는 쪽으로 제안하면 좋아할 수도 있다.
- 주문은 상대에게 맡긴다.
- 사교적인 자리에서 조금 늦게 가는 것도 무방하다.

- 접대에 대한 답례를 할 경우 일본인들이 자신들이 지불하겠다고 제의하더라도 이를 진짜로 받아들이지 말고 계산은 이쪽에서 하겠다고 명확하게 이야기를 한다.

3. 제스처

- 코를 푸는 것은 자제하고 손수건에 코푸는 것은 불결하다고 생각한다.
- 사람이 많은 곳을 빠져 나갈 때 한 손을 들어 올리면서 고개를 숙이면 '잠깐 실례합니다'의 의미이다.
- 미소는 즐거움의 표현이지만 당혹감이나 불쾌감을 감출 때 사용하기도 한다.

미 국

1. 인사와 상담

- 미소가 최고의 인사이며 보통 악수를 한다.
- 친한 친구나 가족 간에는 서로 껴안고 상대의 등을 한두 차례 토닥인다. 멀리서 아는 사람을 만났을 때도 손을 흔든다.
- 교섭 진행방식은 다른 나라에 비해 빠른 편이며, 첫 만남에서 교섭을 마무리하는 경우도 있다.
- 인맥도 중요하지만 영업자에게 더욱 중요한 것은 과거의 업적, 평가나 보수의 결정은 장래성이 아닌 실적에 의해 결정된다.
- 상담장소를 불문하고 가볍게 잡담을 나눈 뒤 상담에 들어간다.
- 미국인은 서로를 칭찬하는 습관이 있는데 이를 대화의 실마리로 활용한다. 상대의 액세서리나 복장 등을 칭찬하거나 일이나 스포츠 등의 업적을 칭찬한다.

- 명함은 갖고 있으나 교환은 앞으로 거래를 계속하고 싶은 경우에만 이루어진다. 명함 교환 후 명함을 지갑 속에 넣거나 바지 뒷주머니에 바로 넣기도 하는데 이에 크게 신경쓸 필요는 없다.

2. 접 대

- 상담은 점심식사를 겸해서 이루어지는 경우가 많다.
- 조식 모임도 흔하다.
- 친구 사이에는 식사비를 함께 부담한다.
- 비즈니스시에는 접대하는 쪽에서 계산을 하는 것이 통례이다.

3. 제스처

- 대화시 50~60cm 정도의 거리를 유지하고 그 이상 다가가면 불쾌감을 준다.
- 남자끼리 손을 잡으면 동성애자로 여긴다.
- 손으로 사람을 부를 때는 손바닥을 위로향하고 검지 손가락을 앞으로 당기듯 한다.
- 동의를 표시하는 동작은 엄지와 검지로 동그라미를 만드는 OK 사인과 주먹을 쥐고 엄지손가락을 세우는 thumbs up 사인이 있다.
- 등을 살짝 치는 것은 우정의 표시이다.
- 검지 손가락 위에 가운데 손가락을 겹치는 동작은 '행운을 빈다.', '나는 거짓말을 하고 있다'의 두 가지 의미가 있다.
- 사람에게 물건을 전달할 때 상대에게 가볍게 던지거나 한 손으로 건네는 것도 무방하다.

4. 선 물

개인가정을 방문할 때 반드시 선물을 가지고 갈 필요는 없지만, 꽃이나 화분, 와인 등 작은 선물 정도는 좋다.

영 국

1. 인사와 상담

- 인사는 악수로 한다. 하지만 사교적인 자리에서 반드시 악수를 해야 하는 것은 아니다. 상황을 보고 한다.
- 첫 대면 때는 비서의 소개를 받지만, 그렇지 못할 경우에는 방문자가 자기 소개를 한다.
- 영국인과 일을 할 때는 제3자의 중개를 받는 것이 가장 빠르다.
- 회의가 끝나면 상대방에게 상세한 자료를 넘겨줘야 한다.
- 원활하게 연락이 되지 않을 때는 개인, 부서보다는 회사 앞으로 우편을 발송하는 것이 훨씬 일의 진행이 순조롭게 된다.
- 일반적으로 영국인은 장기적인 결과보다는 단기적 결과에 관심이 있다.
- 변화를 반드시 좋은 것이라고 생각하지 않는다.
- 영국인은 과장된 표현을 하지 않고 쉽게 흥분하는 등의 자신의 감정을 잘 노출시키지 않기 때문에 차분한 태도로 상담에 임한다.
- 무리한 세일즈는 하지 않는 것이 나으며, 상품이나 계획에 대해서도 무리한 요구를 하지는 않는다.
- 가식 없이 단도직입적으로 말을 하기 때문에 기분 상할 필요는 없다.
- 영국은 연장자를 존중하기 때문에 나이가 많은 사람이 상담에 참여하면 좋다.
- 영국인은 스스로 '유럽인'의 일원이라고 생각하지 않기 때문에 유럽 연합에 대해 말할 때는 주의한다. 대체로 동물에 관한 이야기를 좋아하고 개인적인 질문은 삼간다.
- 영국인은 사소한 실수에도 즉각 사과한다.

2. 접 대

- 상대방과 친해진 다음에 접대를 한다.
- 자신의 경력과 비슷한 사람을 포함시켜 초대하는 것이 바람직하다.
- 식사 후의 사교모임에서는 영국인이 먼저 꺼내지 않는 한 업무에 관한 이야기는 되도록 하지 않는다.
- 식탁에서 음식을 돌릴 때는 왼편부터 돌린다.
- 자신이 초대를 받았을 경우는 호스트가 먼저 일어나라는 소리를 할 수 없기 때문에 자신이 먼저 일어나겠다는 말을 한다.
- 밖에서 식사를 할 때 옆 테이블의 음식이 무엇이냐고 묻는 것은 실례이다.
- 식사 중에는 깍듯이 매너를 지킨다.
- 여성의 경우 채식주의자가 많다. 여성과 식사시 유의한다.
- 비즈니스시 선물 교환을 하지 않는다.
- 가정에 초대받았을 때는 샴페인이나 초콜릿 등을 가지고 가는 것이 좋다.

3. 제스처

- 주머니에 손을 넣은 채 이야기를 하지 않는다.
- 상대의 눈을 보지 않고 이야기를 나누는 영국인도 많은 편이다.
- 남 앞에서 다른 사람의 등을 두드린다거나 어깨에 팔을 두르는 것만으로도 불쾌해 할 수 있으므로 몸을 건드리지 않는 것이 좋다.
- 대화시 거리를 상당히 멀리 둔다.
- 말을 할 때 과장된 몸짓은 자제한다.
- 대중교통 이용시 남성이 여성에게 자리양보를 한다.

인도네시아

1. 약 속

- 일반적으로 지위가 높을수록 시간관념이 철저하고 노동자 계급은 2~3시간 늦더라도 신경을 쓰지 않는다.
- 라마단(단식월)에는 이슬람교도는 단식을 한다. 따라서 이 시기에는 작업효율이 떨어진다.

2. 인사와 상담

- 악수를 할 때는 오랜만에 만난 경우에 한정하며 힘은 약하지만 오랫동안 손을 잡고 있다. 특히 마음을 담아서 할 때는 한 손을 가슴에 얹는다.
- 대부분의 국민은 이슬람교도이고 힌두교도 많지만 양쪽 모두 전통적으로 신체적 접촉을 허용하지 않는다.
- 이름이 발음하기 어렵거나 이상하게 들리더라도 웃지 말아야 한다. 이름을 신성하게 여긴다.
- 인내심이 필요할 정도로 느리기 때문에 여러 번의 출장은 각오하고 첫 회의 때는 얼굴을 익히는 정도에 만족한다.
- 인니인은 자신보다 계급이 높은 사람에게 상당한 경의를 표한다. 상급자가 늦게 나타났을 때 불쾌함을 표현해서는 안 되며 반대의견을 많은 사람들 앞에서 스스럼없이 제기하면 예의에 어긋난다. 따라서 나중에 개인적으로 자신의 의견을 전달하는 방식을 취해야 한다.
- 서류에 사인을 할 때까지 거래가 성립되었다고 볼 수 없다. 인니(印尼)인 중 특히 중국계는 사인하는 길일을 점성술사에게 물어봐서 하는 경우도 있다.

- 남 앞에서 상대를 욕하거나 비난해서 체면을 깎을 수 있는 일에는 특히 신중을 기해야 한다.
- 멕시코인은 지위에 민감하기 때문에 상담 시 최소 경영간부를 포함시켜야 한다.

3. 접 대

- 그룹으로 식사를 한 경우 누군가 한 사람이 계산을 한다. 상황에 맞게 자신이 지불해야 할 상황이면 이를 분명히 언급을 한다.
- 남성을 접대해야 하는 경우 반드시 상대방을 혼자가 아닌 복수로 하거나 부부 동반으로 한다.
- 점심은 숙박하고 있는 호텔에서 하는 편이 좋고 계산은 미리 조치를 취한다.

4. 제스처

- 대화시 상당히 접근해서 이야기를 한다. 뒤로 물러나면 다가오며 이야기를 하기 때문에 자기를 멀리한다는 느낌이 들지 않도록 한다.
- 멕시코인은 마음씨가 따뜻하고 친절하며 상대의 몸을 터치할 때도 있고 어깨를 치거나 팔을 잡을 때도 있다. 이때 몸을 빼거나 불쾌해 하지 않도록 한다.
- 높이를 나타낼 때는 집게손가락을 사용할 것. 손바닥 전체를 사용하는 것은 동물의 키를 나타낼 뿐이다.

5. 선 물

- 꽃을 선물할 경우 예부터 황색 꽃은 죽음, 붉은 꽃은 마법을 걸고 흰 꽃은 마법을 푸는 의미가 있다고 여긴다.
- 라틴 아메리카에서는 나이프는 우정을 끊는다는 의미가 있으므로 선물로 부적절하다.

칠레

1. 인사

칠레인들은 까다로운 듯 보이나 내면은 전반적으로 매우 친절하고 성실하다. 손님을 대하는 방식이 자신의 명예와 직결된다고 생각하기 때문에 상대방을 매우 따뜻하게 대해주고 처음 만나는 사람들 간에는 악수가 일반적이지만 가벼운 포옹은 서로 잘 알고 있는 사람들 사이에서 일반적인 인사법이다.

악수하며 인사할 때는 기본적으로 서로 눈을 마주보며, 눈을 감는 것은 오해의 소지가 있다. 여성과 가족에게는 "운 베시또"라고 하여 오른쪽 볼에 가볍게 키스하고 동시에 포옹할 때도 있다.

칠레 사람들은 처음 만나서 서로 명함을 주고받는 것에 그렇게 익숙하지 않다. 일단 그들의 명함을 받게 되면 성과 이름을 분명히 구분해야 한다. 많은 한국 사람들이 미국식으로 명함의 제일 끝에 있는 것을 성(Last Name)으로 생각하여 실수하곤 하는데, 예를 들어 명함에 이름이 Juan Carlos Gonzalez Lopez라고 되어 있으면, 아버지 성은 Gonzalez이고 어머니 성은 Lopez 이다. 따라서 Mr. Gonzalez라고 불러야지 Mr. Lopez라고 부르면 다소 무례한 행위가 된다.

2. 상담

- 칠레는 중남미에서 오랜 법치국가 전통을 가진 나라이고, 모든 것이 문서화되어야 하는 나라다. 아무리 구두상으로 약속을 하였더라도 문서화시켜 놓지 않으면 자신의 권리 주장을 할 수가 없고 이는 상대편도 마찬가지이다. 따라서 회의가 끝나고 나면 간단한 회의록을 작성하고 이에 서명하여 서로 교환하는 것이 일반적이

고, 특히 모든 계약서, 증빙서류, 팩스 교환, 사본 관리 등을 철저히 하여 향후 있을지도 모르는 언쟁을 미리 예방하는 것이 좋다.

- 칠레와 아르헨티나 회사에서 CEO 다음으로 힘이 있는 사람은 엉뚱하게도 그의 비서라고 할 수 있다. 비서를 소홀히 관리하면 많은 불이익을 받을 수 있고, 비서에게 잘 해주면 뜻밖의 혜택을 받는 경우가 많다. 실제로 칠레에는 일년 중 하루 "비서의 날"이 있고, 이날에는 모든 "보스"들이 자기 비서에게 꽃을 선물하고 감사를 표하는 것이 관례이다. 비서는 젊은 사람보다 나이든 사람들이 많은데 우리가 대강 연령을 어림잡아 "Mrs. 누구"라고 부르면 아주 싫어한다. 아무리 나이든 노인이라도 "미스" 또는 "세뇨리따"(스페인어로 아가씨)라고 애교 있게 불러주면 부드러운 비즈니스 분위기를 형성하는 데 많은 도움이 된다.
- 칠레, 아르헨티나인들은 여타 다른 중남미 국가에 비해 다소 보수적이기 때문에 좀 딱딱하다 싶은 비즈니스 정장을 항상 차려 입는다. 여성들도 보통 원피스나 스커트, 정장바지 같은 보수적인 옷차림을 선호한다. 따라서 외국인 비즈니스맨들도 칠레인들처럼 정장을 입어야 자연스러워 보인다. 금방 눈에 띄는 동양인의 경우 특히, 색깔이 화려한 옷이나 화려한 로고나 문장이 찍혀 있는 옷은 피하는 것이 좋다.

3. 접 대

자생적인 문화 중에 칠레가 와인만큼이나 자랑하는 것 중의 하나가 바로 공무원들의 청렴결백이다. 정부와 관련된 일이나, 사업 추진에 있어서 공무원에 대한 뇌물 또는 과도한 한국식 향응 제공은 안 좋은 결과만 불러올 수 있다.

4. 선 물

칠레의 비즈니스맨들은 근본적으로 외국인, 특히 동양인에 대한 호감을 가지고 있다. 이러한 점을 잘 활용하여 처음 만날 때 한국의 전통공예품(열쇠고리, 장식인형)을 전달하는 것은 평범하고 고전적이지만 아주 바람직한 에티켓이다

참고문헌

고재윤 · 이종욱(2012), 한식당의 서비스 품질이 고객만족과 경영성과에 미치는 영향. 한국조리학회지 제18권.

고재윤 · 이종욱 · 정미란(2006). 고객접점서비스요인이 고객만족에 미치는 영향-서울시내 특1급 호텔 레스토랑 중심으로. 호텔경영학연구.

권오탁 외 4인(2007), 관광서비스인을 위한 매너와 에티켓, 새로미.

금한나(2011), 이미지와 국제매너, 한올출판사.

김동승(2005), 비즈니스맨을 위한 국제매너, 백산출판사.

김시중 · 백사인 · 김수경 · 양리나(2007), 매너클리닉, 대왕사.

김영준 · 김숙희(2008), 글로벌 비즈니스 에티켓, 새로미.

김진익(2000), (생명을 살리는) 친절 도우미 감동 교육비결, 예사랑.

도미경(2003), 고객감동을 위한 관광서비스의 이해.

도영태 · 김순희(2005), 기업이 원하는 인재가 되기 위해 반드시 알아야 할 직장예절, 영진미디어.

박기용(2008), 한식체인 레스토랑 서비스 품질이 고객만족과 재방문의도, 구전효과에 미치는 연구 : 부산지역을 중심으로. 동의대학교 석사.

박시범 외 5인(2006), 서비스 매너, 새로미.

박종원(1999), 직장예절, 학현사.

박혜정(2010), 고객서비스 실무, 백산출판사.

박혜정(2007), 서비스 실무, 백산출판사.

박혜정(2007), 서비스맨의 이미지메이킹, 백산출판사.

서진우 · 김옥기(2009), 이미지메이킹 & 국제매너, 대왕사.

손일락 · 이채안 · 홍미선(2010), 국제매너의 이해, 한올출판사.

신강현(2005), 글로벌 매너테크, 형설출판사.

심하균(2011), 내부고객이 외부고객만족에 미치는 영향연구-국내호텔 베이커리를 중심으로-. 단국대경영대학원 석사.

안공열(2002), 호텔 내부고객 만족이 음식품질에 미치는 영향에 관한 연구, 경기대학교 일반대학원 석사.

윤여송(2009), 관광서비스 개론, 한올출판사.

이기홍 · 이경미(2011), 글로벌 문화와 매너, 한올출판사.
이상민(2010), 고객만족경영실전바이블.
이유재 · 김우철(1998), 물리적 환경이 서비스 품질 평가에 미치는 영향에 관한 연구. 마케팅 연구.
이정학(2001), 국제매너, 기문사.
이향정 · 강미라, 서비스와 이미지메이킹, 백산출판사.
이형룡 · 김영화(2005), 외식업의 서비스 실패에 대한 회복고객의 감정반응 및 구매의도에 미치는 영향. 호텔경영연구.
임성욱외(2005), KANO 모델을 기반으로 한 잠정적 고객만족 개선지수. 성균관대학교 박사.
임철환 · 한진수(2012), 호텔 레스토랑의 서비스 회복 공정성 지각과 고객감정 및 고객만족에 관한 영향 연구. 고객만족경영연구.
정연아(1997), 성공하는 사람에게는 표정이 있다, 명진출판사.
조영신 · 김선희 · 이석호(2010), 서비스 매너, 방송통신대학교 출판부.
지현주(2004), 이미지메이킹, 부산외국어대학교출판부.
최동열(2004), 관광서비스, 기문사.
최정아(2010), 고객만족 서비스 동화.
한명숙 · 하희정(2005), 자기이미지 커뮤니케이션, 교문사.
한홍렬 · 서규선 · 최문기 · 정문현(2001), 생활예절과 국제매너, 인간사랑.
황정선, MENS IMAGE TUNING(내 남자를 튜닝하라), 황금부엉이.
Anderson, E, W, Fornwll, C., & Lehman, D. R. (1994), Customer Satisfaction, Market Share and Profitability: Finding from Sweden. *Journal of Marketing*.
Clark, M. S., Milberg, S., & Ross, J.(1983), Arousal Cues Arousal-Related Material in Memory: Implications for Understanding Effects of Mood on Memory. *Journal of Verbal learning and Verbal Behavior*.
Oliver, R. L., & Swan, J. E.(1989), Consumer Perceptions of Interpersonal Equity and Satisfaction in Transactions: Afield Survey Approach. *Journal of Marketing*.
http : // www.itdaily.co.kr
http : // www.idisc.co.kr
http : // www.newsprime.co.kr
http : // www.seoulwine.co.kr

나태영

- 고려대학교 산업공학과(석사)
- 고려대학교 산업공학과(박사수료)
- 두원공과대학교 경영과 교수
- 현) 두원공과대학교 관광경영과 학과장
- 현) 두원공과대학교 관광영어과 학과장

천민호

- 경기대학교 관광경영학과(학사)
- 경기대학교 관광경영학과(석사)
- 경기대학교 관광경영학과(박사)
- (주)하나투어 근무
- 현) 한국관광 · 레저학회 이사
- 현) 관광경영학회 이사
- 현) 두원공과대학교 관광경영과 교수

김수연

- 동신대학교 경영학과(석사)
- 경기대학교 관광경영학과(박사)
- (주)태평양 여행사 근무
- 현) 두원공과대학교 관광경영학과 강의전담 교수

관광서비스 매너

2013년 3월 5일 초판1쇄 발행
2016년 2월 5일 초판3쇄 발행

저 자 나태영 · 천민호 · 김수연
펴낸이 임순재

한올출판사
등록 제11-403호
주소 서울시 마포구 모래내로 83(한올빌딩 3층)
전화 (02) 376-4298 (대표)
FAX (02) 302-8073
홈페이지 www.hanol.co.kr
e-mail hanol@hanol.co.kr
정가 14,000원

■ ISBN 978-89-98636-05-0